古典文獻研究輯刊

五　編

潘美月・杜潔祥　主編

第 2 冊

郡邑叢書之研究

林照君　著

國家圖書館出版品預行編目資料

郡邑叢書之研究／林照君著 — 初版 — 台北縣永和市：花木蘭
文化出版社，2007〔民96〕

目 2+266 面；19×26 公分（古典文獻研究輯刊 五編：第2冊）

ISBN：978-986-6831-45-4（全套精裝）
ISBN：978-986-6831-47-8（精裝）
1. 叢書　2. 地方文獻　3. 研究考訂
086　　　　　　　　　　　　　　　　　96017632

ISBN - 978-986-6831-47-8

古典文獻研究輯刊
五　編　第　二　冊　　　　ISBN：978-986-6831-47-8

郡邑叢書之研究

作　　者　林照君
主　　編　潘美月　杜潔祥
企劃出版　北京大學文化資源研究中心
出　　版　花木蘭文化出版社
發 行 所　花木蘭文化出版社
發 行 人　高小娟
聯絡地址　台北縣永和市中正路五九五號七樓之三
　　　　　電話：02-2923-1455／傳真：02-2923-1452
電子信箱　sut81518@ms59.hinet.net
初　　版　2007 年 9 月
定　　價　五編 30 冊（精裝）新台幣 46,500 元　　　　版權所有・請勿翻印

郡邑叢書之研究

林照君　著

作者簡介

林照君，民國六十一年出生，臺北市人。臺灣大學中國文學研究所碩士。

提　　要

　　中國歷代書籍散佚頗多，許多古籍是藉由叢書而流傳下來的，是以叢書具有重大的文獻價值，值得探討與研究。

　　叢書的種類繁多，本文以郡邑類叢書為研究主題，綜合歷來的整理和研究的成果，歸納出八十六部郡邑叢書，除了對臺灣可見的五十五部叢書逐部地介紹其實質內容與編刊情形外，並探討郡邑類叢書的定義、興起的原因、特色與價值，以期對此類叢書有所瞭解。

目錄

前　言

　　中國歷史悠久，歷代書籍散佚頗多，自唐代發明雕版印刷之後，刻書事業發達，有利於書籍的流傳，減輕了散佚的情形。承刻書之便，同樣對古籍產生很大貢獻的，是集眾書為一編的古籍叢書，其價值可歸納為兩點，一是保存古籍，使書籍得以流傳；二是整理古籍，在某種編纂動機下，按某主題將古籍彙總或分類匯刻，並對所收書加以校刊、補遺、輯佚，或作題跋敘其源流等，便利學者求書。現存最早的叢書是南宋俞鼎孫、俞經所輯的《儒學警悟》，後來經過明代的發展，清代大盛，沿至今日，仍是書籍的形式之一，絕大多數的著作是藉古籍叢書才得以流傳和保存。

　　古籍叢書既有如此重大的文獻價值，我們應當認識、整理，終而利用它。古籍叢書的整理研究工作，主要有三項：一是我們必須知道有哪些叢書、內容如何、某書收在哪些叢書中，即作目錄和索引；二是我們要瞭解每部叢書的淵源、特色和優劣等，即作提要；三是在前面兩項的基礎上，多角度地全面探討叢書，即組織架構起叢書史和叢書學。

一、古籍叢書整理研究的概況

　　目前古籍叢書整理研究的成果，在叢書目錄和索引方面，可參見附錄一。叢書始於宋元，但為數不多，在目錄中亦未與四部分立，如《宋史・藝文志》將《儒學警悟》列於子類類事下。明清以後，叢書大盛，明代祁承㸁《澹生堂藏書目》首次在子類下設「叢書類」，認識到叢書和其他四部分立的必要，之後沿襲者，有他的孫子清祁理孫《奕慶藏書樓書目》設「四部匯」，清姚際恆《好古堂書目》設「經史子集總」部，清張之洞《書目答問》設「叢書」部等。

　　目前所知最早的中國叢書目錄是日人一色時棟在 1699 年編的《二酉洞》，收四十部書，但其中《三才圖會》是類書，故共收三十九部叢書。其次是清顧修於 1799

年編的《彙刻書目》，收有二百六十一部叢書，後來續編、補編的目錄很多，其收入的數量亦持續增加。中國古籍叢書的數量，據楊家駱《叢書大辭典》〔註1〕收入歷代著錄或所見、不分存佚者，約有六千部，據《中國叢書綜錄》（以下或簡稱爲《綜錄》）收錄現今四十七個圖書館所藏，則有二千七百九十七部，可知數量之浩繁。

在提要方面，主要有《四庫全書總目》〔註2〕、《續修四庫全書提要》〔註3〕、上海商務印書館《叢書百部提要》〔註4〕、《中國善本提要》〔註5〕、劉尚恆《古籍叢書概說》〔註6〕後附七十五種提要、新文豐出版公司《叢書集成新編》、《叢書集成續編》、《叢書集成三編》的總目提要和索引〔註7〕等書，爲多部叢書的提要。其次有散見於期刊的相關文章，則大多是討論一部或少數幾部叢書，如王咨臣〈陶福履校刊《豫章叢書》緣起、內容及版本特點〉〔註8〕、丁良敏〈《四明叢書》考評〉〔註9〕等是。此外，有蔡斐雯《鮑廷博「知不足齋叢書」之研究》〔註10〕、連一峰《黎庶昌、楊守敬「古逸叢書」研究》〔註11〕，是專就一部叢書研究的論文。

在叢書史和叢書學方面，乃探討名稱、定義、淵源、發展、種類、價值等問題。關於叢書的討論，除了叢書的序跋外，散見於筆記小說中，如清王鳴盛《蛾術編》

〔註1〕臺北市：中國學典館復館籌備處，民國80年出版。此書民國25年南京初版，56年在臺北再版時，收入48年上海圖書館編印的《叢書總目類編》。

〔註2〕《四庫全書總目》未立叢書一目，而列入子部雜家類。

〔註3〕《續修四庫全書提要》根據王雲五的序言，是1925年由日本東方文化事業委員會用庚子賠款聘請學者寫成，民國60年臺灣商務印書館出版。分經史子集四部，經、史、子三部末均有彙編一目，收入叢書，子部下另收有雜叢、郡邑、族姓、自著四類叢書。

〔註4〕上海商務印書館於1935年選一百部叢書，分類刊印，多是排印，名曰《叢書集成初編》，因而寫了《叢書百部提要》。原計劃出版4000冊，後因抗戰而中斷，實際出版3467冊（據北京中華書局1983年《叢書集成初編目錄》的重印說明）。1970年起，藝文印書館將這百部叢書按部印出，不分類，重出的書則選較好的版本，名曰《百部叢書集成》。1983年起，北京中華書局重印上海商務印書館已刊出的部分，名曰《叢書集成初編》。1984年起，新文豐出版公司將上海商務印書館所選的百部叢書分類刊印，名曰《叢書集成新編》，並補正《叢書百部提要》題爲〈新編百部叢書提要〉，刊入1986年出版的《叢書集成新編總目·書名索引·作者索引》中。

〔註5〕〈出版說明〉云王重民寫於1939至1949年。上海古籍出版社1983年出版。

〔註6〕1989年，上海古籍出版社出版。

〔註7〕《叢書集成續編提要、總目、書名及作者索引》是民國80年出版，《叢書集成三編提要、總目、書名及作者索引》是民國88年出版。

〔註8〕《江西大學學報（社會科學版）》1980年第一期，73～79頁。

〔註9〕《圖書館研究與工作》1991年第二、三期合刊，101～103頁。

〔註10〕民國83年臺灣大學圖書館學研究所碩士論文。

〔註11〕民國86年文化大學史學研究所碩士論文。

卷十四〈合刻叢書〉條，清法式善《陶廬雜錄》卷四，清平步青《霞外攟屑》卷六〈叢書〉條等是，皆屬短文短論。直至民國，有汪辟疆〈叢書之源流類別及其編索引法〉〔註12〕、謝國楨〈叢書刊刻源流考〉〔註13〕、楊家駱〈叢書大辭典草創本序例〉〔註14〕等較長的論述，其後論文很多，但篇幅短而簡略者居多。至於專書則有劉尚恆《古籍叢書概說》和李春光《古籍叢書述論》〔註15〕。

　　現在若要閱覽古籍叢書，除了原刊本外，不少已有重刊本。大量重刊者，有（一）藝文印書館《百部叢書集成》〔註16〕、《原刻景印叢書菁華》（即《叢書集成續編》、《三編》），取原刊本影印整部叢書，為兩部以上叢書收錄的書籍則採擇版本較佳者影印，不重出。（二）上海商務印書館《叢書集成初編》，北京中華書局《叢書集成初編》，新文豐出版公司《叢書集成新編》、《續編》、《三編》，上海書店《叢書集成續編》〔註17〕，刪除了叢書原有的總序、凡例、目錄等，將上百部叢書所收的書分類出版，重複的書亦選擇版本較佳者影印。至於單部叢書的重刊，有些會整理出最完整的本子，或者校正原書的錯誤，亦是重要的整理成果。

二、研究的動機與目的

　　目前古籍叢書的研究成果較少，在目錄和索引方面，應當使海內目錄和索引更完善，並擴及海外漢學資源；在提要方面，相對於近三千種確知現存的叢書，實在不足；在叢書史和叢書學方面，已可掌握幾個問題，但還需叢書提要來補充。本文

〔註12〕《讀書雜志》1932年第二卷第六期，後收入《目錄學研究》，上海商務印書館1934年初版，1955年再版。

〔註13〕《中和》1942年第三卷第十二期，後收入《明清筆記談叢》，1960年，北京‧中華書局出版，文末云此文草於1942年，1957年重改定。

〔註14〕〈叢書大辭典草創本序例〉第二章叢書目錄史第14條云：「民國21年6月神州國光社《讀書雜志》載汪辟疆〈叢書之源流類別及其編索引法〉一文，識見至深，思慮亦密，余前論明清兩代叢書之梗概多就此文以廣之者。……」

〔註15〕1991年，遼海書社出版。

〔註16〕洪湛侯《百部叢書集成》評云：「編者吸收了當代文獻研究成果，重視版本更新，抽調和增補了一些古本、足本、校本和精刻本，訂偽正誤，刪重補缺，做了大量的整理工作，並編有分類目錄和書名、作者索引。另外，在每部叢書之前，編有總目，總目中每種書的下面，列『說明』一項，敘述所採版本以及整理情況，頗便查考。」又云：「做了大量的細致的整理工作，初步歸納，至少包括以下十個方面：一曰改影印，二曰補缺書，三曰換底本，四曰述原委，五曰訂書名，六曰考作者，七曰核卷次，八曰辨偽作，九曰刪複出，十曰存剩本。」又云：「刪去的複本，大致有這樣幾種情況：一種是已有全帙，故刪去摘鈔本，一是已有全帙，故刪去析出本；再一類已有注本，刪去白文無注本；或同書異名的已有精本，則刪去其他一般版本。」見於《中國文獻學新探》，臺灣學生書局民國81年出版。

〔註17〕1994年出版。

以為，研究一、二部叢書較不易看出其地位和價值，不如乘分類之便，研究某類的多部叢書，先瞭解某類叢書的特色，以及同類叢書彼此的異同，如此逐類研究，應當較易掌握到叢書的內涵。

著錄古籍叢書者，有藏書目錄、叢書目錄和索引等。索引多是按書名、作者索引，不分類，如楊家駱《叢書大辭典》。藏書目錄和叢書目錄則有的分類，有的不分類。一般藏書目錄收錄叢書的情形有二，一是於經、史、子、集四部各設「彙編」一目，收專類叢書，叢書部則單收彙編類叢書；二是將所有的叢書全放在叢書部，下分專類和彙編等。由於藏書目錄所收的叢書往往比叢書目錄為少，所以即使有分類，其分類亦多簡略，如首立叢書類的明代祁承㸁《澹生堂藏書目》，分國朝史、經史子雜、子彙、說彙、雜集、彙輯六目，清張之洞《書目答問》叢書部分「古今著述合刻叢書」和「國朝一人自著叢書」兩類。叢書目錄目前以《中國叢書綜錄》的分類最為繁密，後來補正者多沿用之。

《中國叢書綜錄》收入大陸四十七個圖書館現存的二千七百九十七部叢書，均為古典文獻，不包括新學叢書和釋藏，編成於 1959 年，1982 年作過校補，未言其時代上下限。較之楊家駱《叢書大辭典》所收存佚不明的六千部叢書，數目上少了將近一半，但因為確實存在，並且將各部叢書加以分類、列出子目、編纂子目索引，所以實用性高，雖然有板本著錄不全、異名反映欠詳、子目遺漏、人名、書名、時代著錄有錯字和漏字、著錄不夠規範等缺點，不失為當前最好的叢書目錄。臺灣有王寶先《臺灣各圖書館現存叢書子目索引第一部》和《臺灣各圖書館現存叢書作者索引第二部》，收臺灣十所圖書館一千五百部叢書，但因為是索引資料，並無分類，所以本文採用《中國叢書綜錄》的分類，並以「彙編郡邑類」為研究對象。

要說明的是，《中國叢書綜錄》所收者皆為大陸館藏，無臺灣館藏資料，亦無臺灣新編的叢書資料，目前僅有莊芳榮《叢書總目續編》〔註18〕依《中國叢書綜錄》的分類，搜集民國 38 年至 63 年臺灣新編或重刊的叢書，但獨缺輯佚和郡邑兩類，所以本文以《中國叢書綜錄》及其後補正之作，如《中國叢書綜錄補正》、《中國叢書廣錄》等所收入的郡邑叢書為主要研究範圍，並參考臺灣公藏書目及其他資料，本文雖於第一章整理出郡邑叢書目錄，但未可稱備。

《中國叢書綜錄》郡邑類叢書，其他書目或稱作地方叢書、方域叢書、郡邑合刻叢書。本文認為，「郡邑」一詞由來已久，雖然明代即已廢郡，但明清人仍習用郡邑一詞，意指府縣，方志中頗為常見。此類叢書收書的地域範圍有省、府、縣、鎮

〔註18〕台北市德浩書局 1974 年出版。

等，雖非「郡邑」所能蓋括，但不妨以小名大，作爲一個特殊的類名。再者，此類叢書雖兼收地方掌故，但終以收一地人之著述爲主，「地方」、「方域」二詞意義寬泛，既可指一地人之著述，亦可指一地之掌故，易與專收一地掌故的史類輿地叢書混淆，是以本文採用「郡邑」爲此類叢書的名稱。

　　本文的目的在瞭解郡邑叢書的定義，有哪些叢書屬之，並探討其興起的原因及其特色與價值，希望綜合歷來整理和研究的成果，進一步瞭解此類叢書，便於我們去使用。

三、論文的結構

　　本文除了前言和結語外，共分四章。本文的第一章是瞭解郡邑叢書的定義，以及哪些叢書屬之。本文綜合文獻學家的看法和叢書編者的動機及其收書情形，就書目與相關資料得知，有八十六部郡邑類叢書，明代天啓年間的《鹽邑志林》爲第一部郡邑叢書，清末同治、光緒時大爲增加，民國以後亦盛，其中江浙兩省所編者尤多。郡邑叢書收書的情形可分三種，（一）專收一地鄉先哲的著述；（二）以收一地鄉先哲的著述爲主而兼收一地掌故；（三）收一地人記一地事的著述。其興起，本文以爲有（一）刻書、藏書風氣興盛；（二）重視鄉邦文獻的傳統；（三）清同治、光緒時國勢衰微，政府與民間因而致力於振興文化等三個主因。

　　專收一地人著述的叢書，實有彙輯經史子集和單收詩文的不同，如繆荃孫〈江陰叢書序〉云前人搜集鄉先輩著作有二體：「……一則採摭詩文，選擇精審，部別代分，彙成總集，如孔延之之《會稽掇英》，鄭虎文之《吳都文粹》是也。一則經史子集各因其類，首尾悉具，序跋仍之，或就舊帙翻雕，或勒行款如一，如前則胡震亨之《鹽邑志林》，近則邵子顯之《婁東雜著》是也，之中尤以叢刻爲最善。……」劉世珩〈貴池先哲遺書序目〉亦云：「昔宋人彙編郡縣總集，如《會稽掇英》、《成都文類》，詳於題詠而略於文獻。林詠道《天臺集》，汪澤民《宛陵群英集》則專輯一郡之詩，並考其仕履軼事，以備後人徵文考獻，有所據依，較模範山水、吟弄風月者，固有間矣。至若薈粹群書，不加刪節，搜采隱秀，編校遺文，前明則有《鹽邑志林》，近今則有《武林掌故叢編》、《常州先哲遺書》，所以景仰前賢，嘉惠後學，乃士大夫鄉里所應爲之事也。」《中國叢書綜錄》將其中彙輯經史子集者收入彙編郡邑類，單收詩文者收入類編集類總集，是可取的。

　　八十六部郡邑叢書中，臺灣可見的僅五十五部，其中浙江、江蘇兩省有三十一部，其他省分有二十四部，除了第一章曾簡介過的叢書以外，分別於第二、三章簡介各部叢書編刊的情形，並於第四章綜合分析郡邑叢書的特色和價值。末有三個附

錄，分別爲叢書目錄、江浙兩省地圖、臺灣未見之郡邑叢書子目，以供參考。

　　本文表格很多，除了臺灣可見郡邑叢書子目之表格外，第一章有兩個郡邑叢書目錄，第一個是按編成的時代排列，著錄其編者、版本及臺灣可見與否等，因爲有的叢書沒有確切的編成時代，只能著錄其子目中最早的編刊時代，所以表格標示爲「大約的西元時代」；第二個是按各部郡邑叢書收書的地域排列，以瞭解各地編刊此類叢書的情形。第二章和第三章之首，有臺灣可見的郡邑叢書目錄，著錄臺灣原刊本的藏書單位和重刊本的情形，以利查尋。第四章末有郡邑叢書編刊情形簡表，包括其收書之地域範圍、時代起迄、種數等，臺灣可見的叢書則尚有其叢書總序、凡例、編者序跋、校記等項目，以對各部叢書有概括的認識。

第一章　郡邑叢書的定義和內容

　　郡邑叢書是叢書的一種，本章試從文獻學家的看法、叢書目錄的著錄和叢書本身的序跋及凡例等，來瞭解何謂郡邑叢書，以及有哪些叢書屬之。

第一節　文獻學家的說法

一、葉德輝《書林清話》〔註1〕卷九刻鄉先哲之書條云：

　　　　會萃鄉邦郡邑之書都爲叢刻，自明人《梓吳》一書始，樊維城《鹽邑志林》繼之，國朝嘉慶間有趙紹祖刻《涇川叢書》、宋世犖刻《臺州叢書》、祝昌泰刻《浦城遺書》、邵廷烈刻《婁東雜著》；道光時朝有伍元薇〔註2〕刻《嶺南遺書》、同治朝有胡鳳丹刻《金華叢書》、孫衣言刻《永嘉叢書》：光緒朝此風尤盛，如孫福清刻《檇李遺書》、丁丙刻《武林掌故叢編》、又刻《武林先哲遺書》、陸心源刻《湖州先哲遺書》、趙尚輔刻《湖北叢書》、王文灝刻《畿輔叢書》、盛宣懷刻《常州先哲遺書》。力大者舉一省，力小者舉一郡一邑，然必其鄉先輩富於著述而後可增文獻之光。如《梓吳》、《鹽邑志林》，雖有開必先而卷帙零奇，殊嫌瑣細，《涇川》亦多無用之書，不必爲世傳誦。惟《臺州》漸有巨冊，《浦城》採集益宏。《婁東》全屬小書，乃以八音分集。《金華》頗多專集，校刻又嫌不精。《武林》卷帙浩繁，濫收山水寺觀志書，未免不知鑒別。惟《常州》出自繆藝風老人手定，抉擇嚴謹，刻手亦工，後有作者，當取以爲師資矣。

二、謝國楨〈叢書刊刻源流考〉五，認爲叢書按其內容可分爲彙刻、類刻、辨

〔註1〕文史哲出版社民國77年出版。民國9年初版。
〔註2〕伍崇曜原名伍元薇。

偽輯佚、自著、郡邑、族姓六類，在郡邑叢書的部分云：

> 五、郡邑叢書：志郡邑之書，明有《梓吳》，其書未見。萬曆間，海鹽樊維城有《鹽邑志林》四十一種，六十五卷，專輯海鹽歷朝縣人著述，然搜輯未純，間有缺落，迄乎清代趙紹祖《涇川叢書》，嘉、道以降，伍崇曜刻《嶺南遺書》，王灝刻《畿輔叢書》，網羅放逸，付之剞劂，以成地方叢書者，不下數十家。南而閩、越，西而川、隴，遠至遼海，無不有刊刻叢書之舉，地方文獻，庶乎可以著明矣。

三、楊家駱〈叢書大辭典草創序例〉第一章叢書史云：

> 彙刻鄉邦著述，蔚為巨帙，肇源雖遠，而莫盛於同光，伍崇曜之《嶺南叢書》（按，應作《嶺南遺書》），王灝之《畿輔叢書》，趙尚輔之《湖北叢書》，陶福履之《豫章叢書》，胡鳳丹之《金華叢書》，傅春官之《金陵叢刊》，具成於斯時，蓋就地以求，既事半而功倍，敬恭桑梓，兼示勵於來軫，保存文獻，恢宏學術，莫善於此矣，此又一時也。

四、施廷鏞〈叢書概述〉〔註3〕（二）以為叢書按其主旨和內容可分為綜合性和專門性兩大類，在綜合性叢書下云：

> 在綜合性叢書中又可再分為下列各類：有以時代為範圍，專收某一時代的著述成為一部書的，如明程榮輯漢魏六朝諸家著作的《漢魏叢書》；有以地區為範圍，專收某一地區人的著述成為一部書的，由一邑推廣到一省，如明天啓三年（1623）海鹽知縣樊維城輯海鹽歷代著述為《鹽邑志林》，清宋世犖輯的《臺州叢書》，清陶福履輯的《豫章叢書》；有以一姓為範圍，專收同族人的著述成為一部書的，如清晁貽端輯的《晁氏叢書》；有以一人為範圍，專收一人的著述而兼及兩類以上成為一部書的，如清王夫之撰《船山遺書》。

五、劉尚恒《古籍叢書概說》第三章第三節綜合性古籍叢書的種類，分匯編、地方、氏族、自著四類說明，其中地方類的部分云：

> 二、地方類（或稱郡邑類），是指匯集某一地區的歷代或同一時代不同姓氏著者的各類著作的叢書。始于明代萬曆間樊維城《鹽邑志林》，到清代中晚期後，此類叢書刊刻增多，按其收錄範圍有專輯一省著述的，如《畿輔叢書》、《湖北先正遺書》、《安徽叢書》、《雲南叢書》；有專輯一郡一邑著述的，如《常州先哲遺書》、《臺州叢書》、《金陵叢書》、《涇川叢書》、

〔註 3〕（北京）《圖書館》，1963 年第一期，頁 45～49。

《仙居叢書》等等。經濟、文化發達的江浙一帶，地方叢書刊刻尤多，僅浙江一省就有《金華叢書》、《續金華叢書》、《湖州叢書》、《臺州叢書》、《武林往哲遺著》、《紹興先正遺書》、《檇李叢書》、《吳興叢書》、《敬鄉樓叢書》等近三十種。此類叢書對于保存和傳播地方文獻，爲功尤巨。（後略）

從以上說法，可以掌握到三點，一是郡邑叢書始於明代，有的以爲是正德嘉靖間顧元慶的《梓吳》，有的以爲是明樊維城在天啓三年刻的《鹽邑志林》。二是郡邑叢書盛於清同治、光緒朝後。三是郡邑叢書乃收集一地鄉人著述爲一編的叢書。按，《梓吳》又名《顧氏明朝四十小說》，《綜錄》收錄於類編子類小說。國家圖書館有藏本，無總序，各書無跋，不確知其編輯動機，但從書名和所收皆吳人筆記小說兩點來判定，應是以收筆記小說爲一編爲目的，故以列入子類小說較佳。

第二節　書目著錄的異同

叢書在臺灣，以臺大和史語所所藏最多。除了臺大的分類比照《中國叢書綜錄》外，其他館藏分類多簡略，因爲一般公藏所收的叢書有限，而且不是專爲叢書所設，所以分類未如收有二千七百九十七部叢書的《中國叢書綜錄》繁密。

本節以《中國叢書綜錄》爲主，其他書目資料爲輔，討論著錄異同的情況，並在第三節分析《中國叢書綜錄》所收郡邑叢書的性質，試著整理出較完備的郡邑叢書書目。

搜尋郡邑叢書的參考書目有：

甲、大陸資料

書　　名	出　版　項	分　　類
中國叢書綜錄	原中華書局上海編輯，1959 年初版，收四十一個館藏，1982 年再版時加以補正，所收圖書館增至四十七個。	彙編：雜纂、輯佚、郡邑、氏族、獨撰。 類編：經、史、子、集。
中國叢書目錄及子目索引匯編	南京大學圖書館和歷史系資料室編印，內部發行，1982 年（見劉尚恆《古籍叢書概說》第 71 頁，上海古籍出版社，1989 年）。	甲、綜合匯刻：匯編（元明、清、近代）、氏族、自著（元明、清、近代）。 乙、分類匯刻：經、哲學、宗教附堪輿、曆算、農業、醫學、歷史傳記金石附地志、政法軍事、文字附韻學、文學、詩文、詞曲、其他補遺。

書　　名	出　版　項	分　　類
中國叢書綜錄補正	陽海清撰，揚州・江蘇廣陵刻印社，1984 年。	與《中國叢書綜錄》相同
中國古籍善本書目・叢部	上海古籍出版社，1989 年。	叢部：彙編、地方、家集、自著。
中國叢書廣錄	陽海清編撰，湖北人民出版社，1999 年。	彙編：雜纂、地方、家族、自著。類編：經、史、子、集。

乙、臺灣資料

書　　名	出版項	分　　類
中央研究院歷史語言研究所善本書目	57 年	經、史、子、集、叢部。經、史、子下，各有彙編類。叢部分彙編、方域、族姓、自著四類。
私立東海大學善本書目	57 年	經、史、子、集、叢。
國立臺灣大學善本書目	57 年	經、史、子、集、叢。經、子下，各有彙編類。叢部分彙編、方域、自著類。
國立臺灣師範大學善本書目	57 年	經、史、子、集、叢，子部下有彙編類。
國防研究院善本書目	57 年	經、史、子、集（內有收叢書）。
中央研究院歷史語言研究所普通本線裝書目	59 年	普通叢書下，有前代合刻、近代合刻、現代合刻、輯逸合刻、國別合刻、郡邑合刻、族姓合刻、獨著。
臺灣公藏善本書目・書名索引	60 年	
國立中央圖書館、國立臺灣師範大學、私立東海大學普通本線裝書目	60 年	
國立臺灣大學普通本線裝書目	60 年	經、史、子、集、叢。叢部同中國叢書綜錄，分彙編和類編，彙編分雜纂、輯佚、郡邑、氏族、獨撰。
續修四庫全書提要	60 年，臺灣商務印書館	經、史、子、集。經、史、子下，各有彙編類，叢書放在子部，分雜叢、郡邑、族姓、自著。
國防研究院普通線裝書目	61 年	普通叢書，分合刻、郡邑、自著。
國立臺灣大學普通本線裝書目補編索引	67 年	
臺灣公藏普通本線裝書目・書名索引	71 年，國立中央圖書館特藏組	

書　　名	出版項	分　　類
國立故宮博物院善本舊籍總目（合善本和普通本）	72 年	經、史、子、集、叢。叢部分經、子、彙編、獨撰。
國立中央圖書館善本書目（增訂二版）	75 年	經、史、子、集、叢部。經、史、子下，各有彙編類。叢部分彙編、方域、族姓、自著四類。
國立中央圖書館臺灣分館線裝書目（收錄善本和普通本 6405 種）	80 年	普通叢書，下不再分類。

　　《中國叢書綜錄》收有七十五部郡邑叢書，和上面所列的其他書目資料比較，發現有《綜錄》未收和《綜錄》收在不同類目的情形。《綜錄》未收的主因，乃因它是大陸四十七個圖書館的聯合目錄，因此沒有藏本或是已經亡佚者，自然不會著錄，或是實際上有藏本而漏收。至於分類不同，主因是分類繁簡不同，臺灣公藏的地方類叢書，除了因與《中國叢書綜錄》認定標準不同被列入彙編雜纂外，在《中國叢書綜錄》中被細分為三，一為彙編郡邑，收一地鄉人之著述；二為史類輿地，收關於一地之著述；三為集類總集郡邑，收一地人之詩文。

　　茲將各書目著錄郡邑叢書之異同情況分析如下：

一、《中國叢書綜錄》未收者

（一）《中國叢書廣錄》補收之叢書

叢 書 名	編 者	陽 海 清 按 語	備 註
齊魯遺書	清人	山東省博物館藏抄本	《中國古籍善本書目》〈地方〉類亦著錄
南京文獻叢刊	盧前		
東臺先哲遺書	清末民初袁承業	楊家駱《叢書大辭典》收錄	《中國叢書目錄及子目索引匯編》〈匯編〉類亦著錄
海虞雜志	清人	南京圖書藏清抄本，子目 25 種；上海復旦大學圖書館藏清抄本，13 種。	《中國古籍善本書目》〈地方〉類亦著錄
虞陽說苑	□	清昭文張氏愛日精廬鈔本	國家圖書館藏
虞陽說匯	題清菰村漁父編〔註4〕	上海圖書館藏〔註5〕，清抄本。	《中國古籍善本書目》〈彙編〉類著錄

〔註 4〕清末江蘇常熟菰里村（亦作古里村）鐵琴銅劍樓瞿氏藏書，菰村漁父不詳何人。
〔註 5〕曹祖培〈古籍叢書目糾誤錄〉云此書在鐵琴銅劍樓修復開放後，已歸常熟市圖書館，文見《河南圖書館學刊》1996 年 9 月，第十六卷第三期，此文早於 1999 年的《中

叢書名	編者	陽海清按語	備註
山陽叢書	段朝端		《中國叢書目錄及子目索引匯編》〈匯編〉類亦著錄
金華叢書	□金律孔時	劉聲木《再續補彙刻書目》第五卷收錄	
翠微山房叢書	清張作楠	浙江省金華圖書館藏，稿本。	《中國古籍善本書目》〈地方〉類亦著錄
處州叢書	端木彧等〔註6〕	劉聲木《三續補彙刻書目》第五卷第9頁收錄	〈晚近浙江文獻述概〉〔註7〕列入郡邑叢書
留香室叢刊	清祝昌泰	此書後增輯四種，改名《浦城遺書》。杜聯喆《叢書書目續編初集》第58頁著錄。	《續修四庫全書提要》〈郡邑類〉亦著錄
羅田王氏校印鄉哲遺書	王葆心	《續修四庫全書提要》〈郡邑類〉著錄	
蜀皁文獻彙刻	徐仲達		

除了以上所列之外，《中國叢書廣錄》還收有《盧陽三賢集》，清合肥張氏毓秀堂編，清光緒間刻本，陽海清按語云楊守敬、李之鼎《增訂叢書舉要》卷二十五第三頁收錄。按，《續修四庫全書提要》〈郡邑類〉亦著錄，提要云清溫陵張雲祥編，光緒間合肥張樹聲重刻。子目如下：

包孝肅奏議 10 卷並附錄，宋包拯撰

青陽山房集 5 卷並附錄，元余闕撰

垂光集 1 卷並附錄，□周璽撰

本文以為，因為此部叢書已明言僅收一地三人的著述，依照《四庫全書總目》的分類，《包孝肅奏議》和《垂光集》屬於史部的詔令奏議類，《青陽集》屬於集部別集類，所以，將此部叢書收入彙編雜纂類，會較收入彙編郡邑類為佳。

上列《中國叢書廣錄》補收十四部叢書，其中《留香室叢刊》，清祝昌泰等輯，陽海清《中國叢書綜錄補正》《浦城遺書》下按語云：「浦城祝氏先於嘉慶十六年至十七年刻《留香室叢刊》，凡十種，至十九年，增刊《詹元善先生遺集》二卷、《眞

〔註5〕 國叢書廣錄》。

〔註6〕《中國叢書廣錄》原作端木彧梅鄰等編，據《浙江省圖書館館刊》第二卷第六期〈處州叢書序目〉，民國 22 年 12 月 31 日，可知編者為端木彧，字梅鄰。

〔註7〕陳訓慈作，《文瀾學報》第一卷，民國 24 年。

子四書集編》二十九卷（大學集編二卷、中庸集編三卷、論語集編十卷、孟子集編十四卷）、《四朝聞見錄》五卷、《謝參軍詩鈔》二卷，彙爲《浦城遺書》。」據此可知《留香室叢刊》是《浦城遺書》之前身，而「留香室」是祝昌泰的藏書所，內容詳見第三章《浦城遺書》，不另立一部，故實較《綜錄》增多十三部。

（二）《中央研究院歷史語言研究所普通本線裝書目》〈郡邑合刻〉類兼收彙編和類編集類總集的郡邑叢書，確屬總集者，在此皆不論，可商榷者有《海鹽張氏涉園叢刻》一種，張元濟編，宣統三年上海商務印書館排印。沈曾植序云：「張菊生參議創設圖書館於海濱，既廣羅秘笈古書，影模傳世，復取張氏先世著書已刻梓而板亡，及藏家未刻者，活板印行而屬植敘其指要。……」由沈序可知此叢書當歸爲氏族類，其子目如下：

書　　名	作　　者	書　　名	作　　者
入告編	張惟赤撰	帶經堂詩話（目錄下寫「續出」。未見）	張宗柟撰
退思軒詩集	張惟赤撰	詞村紀事（目錄下寫「續出」。未見）	張宗橚撰
賦閒樓詩集	張脭撰	藕村詞存	張宗橚撰
質谷詩選	張芳湄撰	初白庵詩評（目錄下寫「續出」。未見）	張載華輯
捫腹齋詩鈔	張宗松撰	涉園題詠	張鶴徵撰
捫腹齋詩餘	張宗松撰	竺品詩存（目錄下寫「續出」。未見）	張賜采撰

二、《中國叢書綜錄》收入，但分類不同者

（一）《中國叢書綜錄》收入「彙編雜纂」類

叢書名	其他著錄	其他著錄分類法	備　　註
墨香簃叢書（臺灣未見）	〈晚近浙江文獻述概〉	郡邑叢書	《續修四庫全書提要》收入雜叢類。
蔭玉閣叢書（臺灣未見）	〈晚近浙江文獻述概〉	郡邑叢書	〈晚近浙江文獻述概・浙江省郡邑叢書簡表〉云：四種均屬子部，亦臺屬鄉賢遺著之彙刊。
	《續修四庫全書提要》郡邑類	雜叢類、郡邑類、族姓類、自著類	《續修四庫全書提要》五種云：是書輯臨海人著述。

叢書名	其他著錄	其他著錄分類法	備註
崇雅堂叢書初編 （臺灣未見）	《續修四庫全書提要》 郡邑類		《續修四庫全書提要》云：是書彙輯明清兩代楚中著述，名賢載籍。
傳硯齋叢書 （史語所藏）	《續修四庫全書提要》 郡邑類		《續修四庫全書提要》云：是書彙輯江都前哲焦里堂、徐坦菴兩家著述。
龍潭精舍叢刻 （臺灣未見）	《續修四庫全書提要》 郡邑類		《續修四庫全書提要》云：（劉）海涵乃輯其鄉先輩何大復、王祖嫡諸君之遺書，志其鄉邦之掌，是曰「龍潭精舍叢刻」，著其地而彰其人，意至善也。
學海堂叢書 （臺大藏，題學海堂叢刻）	《續修四庫全書提要》 郡邑類		《續修四庫全書提要》云：是書雖未題編者名氏，然為陳澧題籤，審為陳氏所編，彙輯粵中時賢撰作。
粟香室叢書 （臺灣未見）	《續修四庫全書提要》 郡邑類		《續修四庫全書提要》云：是書纂輯之旨，以搜輯鄉賢著述為主，而時人撰輯亦間列入，……其後刊有《江陰叢書》，乃去時賢著述，僅錄江陰文獻，實即一書也。

上列備註欄節錄的著錄資料原文，多云收書內容為一地人之著述，究其實際成因有二，一、編者有意為之者，毫無疑問是郡邑叢書，一般可由叢書的名稱以及編者的序言得知。二、編者無意為之者，關於此類叢書，便有分類當以「內容」或是「本意」為標準的問題。本文以為，有意為之者已恐不備，何況無意為之者？故無序例或叢書名稱不足顯示動機者，即使所收作者皆為一地之人，不妨列入雜纂類。

以上所列的叢書，臺灣有可見和未見，在此略作討論：

1. 擬收入郡邑類者：

（1）《蔭玉閣叢書》，清葉書編。子目如下：

書　　名	作　　者	書　　名	作　　者
田間書1卷	宋林芳撰	梅溪先生勸學質言1卷	清葉舟撰
讀書錄存遺1卷	宋潘音撰	竹窗存稿1卷	明陳宏撰
山窗覺夢節要1卷	清葉舟撰		

　　按，所收五種，臺灣未見，不知編纂的動機，但著錄此叢書的資料有二，皆以爲是繼《臺州叢書》所編，故本文以爲可收入。

　　（2）《粟香室叢書》，清金武祥編，臺灣未見。根據上列《續修四庫全書提要》所云，可知爲《江陰叢書》之前身，內容詳見第二章《江陰叢書》。

2. 暫不擬收入郡邑類者：

　　（1）《傳硯齋叢書》，清吳丙湘輯。史語所藏，無序。子目如下：

書　　名	作　者	書　　名	作　者
邗記 6 卷	清焦循撰	傳是樓宋元板書目 1 卷	清徐乾學撰
紅薇翠竹詞 1 卷	清焦循撰	坦庵枕待問編 5 卷	清徐石麒撰
仲軒詞 1 卷	清焦循撰	客齋餘話 4 卷	清徐石麒撰
里堂家訓 2 卷	清焦循撰	古今青白眼 3 卷	清徐石麒撰
因柳閣詞鈔 2 卷	清焦廷琥撰	花月令 1 卷	清徐石麒撰

　　（2）《學海堂叢書》，清陳澧編，子目如下：

第一函光緒三年（1877）刊		第二函光緒十二年（1886）刊	
書　　名	作　者	書　　名	作　者
石畫記 5 卷	清阮元撰	周禮注疏小箋 5 卷	清曾釗撰
供冀小言 1 卷	清林伯桐撰	面城樓集鈔 4 卷	清曾釗撰
聽松廬詩略 2 卷	清張維屏撰	磨甋齋文存 1 卷	清張杓撰
續三十五舉 1 卷	清黃子高撰	止齋文鈔 2 卷	清馬福安撰
讀律提綱 1 卷	清楊榮緒撰	樂志堂文略 4 卷	清譚瑩撰
桐花閣詞鈔 1 卷	清吳蘭修撰	是汝師齋遺詩 1 卷	清朱次琦撰
		景石齋詞略 1 卷 （臺大藏本無）	清姚詩雅撰

　　臺灣大學有藏本，少一種，無總序。《中國叢書綜錄》題爲《學海堂叢刻》，又名《啓秀山房叢書》，不知編者。《續修四庫全書提要》云：「……是書雖未題編者名氏，然爲陳澧題簽，誠爲陳氏所編。」按，據《讀律提綱》楊近仁序云：「……謹質正於父執陳蘭甫（按，陳澧字）先生，先生亟命校刊……」《桐花閣詞鈔》陳良玉序云：「……家蘭甫先生極稱許之，搜訪得前後兩刻本，以余謬有同嗜，屬爲校訂，重刊入《學海堂叢書》……」亦可證之。

（3）《墨香簃叢編》，楊嘉輯。臺灣未見。子目如下：

書　　名	作　者	書　　名	作　者
籀膏詩詞 1 卷	清孫詒讓撰	瑞安黃氏蔘綏閣舊本書目初編 1 卷	楊嘉撰
二黃先生詩葺 1 卷	清黃紹箕、清黃紹第撰	曝書隨筆 1 卷	楊晨撰
輔行記校注 1 卷	楊晨撰	鮚樓遺稿 1 卷	楊晨撰

（4）《崇雅堂叢書初編》，甘鵬雲編。臺灣未見。子目如下：

書　　名	作　者	書　　名	作　者
談經 9 卷附錄 1 卷	明郝敬撰	楚師儒傳 8 卷	甘鵬雲撰
魯文恪公集 10 卷	明魯鐸撰	潛江舊聞 8 卷	甘鵬雲撰
大隱樓集 16 卷補遺 1 卷附錄 2 卷校勘記 1 卷	明方逢時撰	潛盧類稿 13 卷	甘鵬雲撰
晉陵先賢傳 4 卷	明歐陽東鳳撰	潛盧詩錄 6 卷	甘鵬雲撰
素風居士集攟遺 2 卷	明歐陽東鳳撰	潛盧隨筆 13 卷	甘鵬雲撰
逸樓論史 1 卷	清李中黃撰		

（5）《龍潭精舍叢刻》，劉海涵輯。臺灣未見。《中國叢書綜錄》子目如下：

書　　名	作　者	書　　名	作　者
信陽詩鈔 12 卷首 1 卷	劉海涵輯	王師竹先生（祖嫡）年譜 1 卷附錄 1 卷	劉海涵撰
何大復先生（景明）年譜 1 卷附錄 3 卷	劉海涵撰	學約書程 1 卷	明何景明撰
師竹堂尺牘 2 卷	明王祖嫡撰	龍潭小志 2 卷	劉海涵輯
報慶紀行 1 卷	明王祖嫡撰	賢首紀聞 2 卷	劉海涵輯
談錄 1 卷	明王詔撰	龍潭清話 1 卷	劉海涵撰
汝南遺事 2 卷	明李本固撰	兩龍潭主人藏鏡圖 1 卷	劉海涵輯
冷語 1 卷質語 1 卷	清何家琪撰		

（二）《中國叢書綜錄》收入「類編史類輿地」類

叢　書　名	其　他　著　錄	備　　　註
黔書	《續修四庫全書提要》郡邑類	
上海掌故叢書第一集	《續修四庫全書提要》郡邑類	《續修四庫全書提要》云：上海通社編。書中無主名，未詳何人也。上海自元至元間始立爲縣，歷明清兩朝六、七百年來，鄉賢之著述有關于典章國故者，爲數至夥。通社中人，懼其泯滅而無徵，因仿毘陵文獻、海陵叢刻之例，從事于鄉土掌故之搜刊，共得十四種。
	《東海大學普通本線裝書目》郡邑類	
望炊樓叢書	《續修四庫全書提要》郡邑類	《續修四庫全書提要》云：清謝家福編，董金鑑重校。家福字綏之，吳縣人，是書不著編者名氏，爲蘇州文學山房所印行者，審其內容，知爲家福所編，所錄均爲吳中掌故。
	《中央研究院歷史語言研究所普通本線裝書目》郡邑合刻	
京津風土叢書	《中央研究院歷史語言研究所普通本線裝書目》郡邑合刻	
	《東海大學普通本線裝書目》郡邑類	
北京歷史風土叢書第一集	《中央研究院歷史語言研究所普通本線裝書目》郡邑合刻	
麓山精舍叢書	《中央研究院歷史語言研究所普通本線裝書目》郡邑合刻	
嶺海異聞	《中央研究院歷史語言研究所普通本線裝書目》郡邑合刻	
會稽郡故書雜集	《續修四庫全書提要》郡邑類	
	〈晚近浙江文獻述概〉	

按，項士元〈新刊仙居叢書序〉云：

　　郡邑文獻，非僅恃有志乘，亦非僅恃有詩文總集之編。蓋志乘體製爲史之支流，紀載祇舉崖略；詩文總集之所甄錄，亦僅輔志乘所不逮，未易網羅四部、窮窺全豹。故明清以來，各地賢哲多於方志、文徵、詩錄之外，

蒐訪邦賢遺著，刊為叢書。吾浙之為是業者，若《金華》、《永嘉》、《武林》
諸輯，夐乎尚矣！

《中國叢書目錄及子目索引匯編》摘錄施廷鏞編輯《叢書綜合目錄》稿（三），認為
叢書以其內容可為「綜合匯刻」和「分類叢刻」兩類，在綜合匯刻下云：

有專輯一個地區人所著，如明天啟二年（按，樊維城序於天啟三年，
當為天啟三年）海鹽知縣樊維城輯刊的《鹽邑志林》、清光緒丁酉年錢塘
丁氏嘉惠堂刊、清丁丙輯的《武林往哲遺著》。如果記述一個地方的人和
事，而不完全是當地人所著述，則入分類叢刻。

項士元認為，郡邑文獻除了方志、詩文總集外，還有收邦賢遺著的叢書；施廷鏞認
為「專輯一個地區人所著」的叢書為綜合匯刻，「記述一個地方的人和事」的叢書為
分類叢刻。方志是中國古籍中的一大類，在歷朝官方規定修志之前，已有關於地方
的私人著作，多歸於「史部地理類」，而收此類書籍數種為一編者，即為輿地叢書，
是「記述一個地方的人和事」，和「專輯一個地區人所著」的郡邑叢書有所不同。因
此，本文以為以上諸書，除《會稽郡故書雜集》當歸入輯佚類外，以列入史類輿地
為佳。

關於《會稽郡故書雜集》，〈晚近浙江文獻述概〉、《續修四庫全書提要》〈郡邑類〉
皆有收錄。子目如下：

書　　名	作　　者	書　　名	作　　者
會稽先賢傳 1 卷	吳謝承撰	會稽土地記 1 卷	吳朱育撰
會稽典錄 2 卷附存疑 1 卷	晉虞預撰	會稽記 1 卷	晉賀循撰
會稽後賢傳記 1 卷	漢鍾離岫撰	會稽記 1 卷	劉宋孔靈符撰
會稽先賢像讚 1 卷	□賀氏撰	會稽地志 1 卷	□夏侯曾先撰

浙江圖書館〈晚近浙江文獻述概·浙江省郡邑叢書簡表〉下云：「純屬史部書。」
《續修四庫全書提要》云：「（周）作人乃效武威張澍輯甘涼文獻體例，集會稽先賢
關於人物風土遺著凡八種。」按，《中國叢書綜錄》題此書編者為周樹人。此叢書見
於《魯迅全集》〔註 8〕卷八，其序有二處題作者名，但皆缺字，不知何以然。序寫
道：「《會稽郡故書雜集》者，史傳地記之逸文，編而成集，以存舊書大略也。……
□□幼時，嘗見武威張澍所輯書，于涼土文獻撰集甚眾，篤恭鄉里，尚此之謂。而
會稽故籍，零落至今，未聞後賢為之綱紀。乃創就所見書傳，刺取遺篇，累為一

〔註 8〕北京·人民文學出版社，1973 年。

帙。……」所收各書多佚亡，由魯迅補輯佚文，故本文以爲歸入輯佚類爲佳。

（三）《中國叢書綜錄》收入其他類

　　1.　《觀古閣叢刻》

《續修四庫全書提要》收入郡邑類，《綜錄》收入彙編獨撰類。《續修四庫全書提要》所收者二十三種，云：「清鮑康編，……是書彙輯先世遺作及己所撰述都爲一編。」可知當入「族姓類」。《綜錄》所收者九種，和《續修四庫全書提要》〈郡邑〉所收者不同，皆鮑康所著，不及先世之作，故列入獨撰類。

　　2.　《遜國逸書》

史語所善本書目列入方域類，《綜錄》列入類編史類雜史。《四庫全書總目》卷五十四史部雜史類存目三著錄，總目云：「明錢士升編。士升有《周易揆》，已著錄。是書前有崇禎甲申自序。所錄書凡四種，一曰《拊膝錄》，稱玉海子劉琳撰，琳不知何許人，所記皆建文君臣事跡，分紀傳三十餘篇；一曰《從亡隨筆》，稱程濟撰；一曰《致身錄》，稱史仲彬撰，皆敘建文帝出亡之事；一曰《鐵老先生冤報錄》，所記陳瑛中之中蕣之惡，尤極穢藝，乃惡瑛者所爲，大都誕妄不可信也。」史語所善本書目藏本即明崇禎本，內容如《四庫全書總目》所云，可知當列入雜史類而非方域類。

綜合以上討論，《留香室叢刊》與《浦城遺書》併爲一部，《粟香室叢書》與《江陰叢書》併爲一部，共補入《綜錄》未收者十三部，分類不同者一部。

第三節　《中國叢書綜錄》郡邑叢書分析

由上節可知，《綜錄》較其他書目分類爲細，臺灣公藏的地方類叢書，除了因與《中國叢書綜錄》認定標準不同被列入彙編雜纂外，在《中國叢書綜錄》中被細分爲三，一爲彙編郡邑，二爲史類輿地，三爲集類總集郡邑。但就臺灣可見叢書的編者序言、凡例、內容、提要等來分析《中國叢書綜錄》收入郡邑類的七十五部叢書，發現並非全屬彙編郡邑類，依收書內容實可分爲五種情形：

　　一、專收一地鄉先哲著述
　　二、以收一地鄉先哲著述爲主而兼收一地掌故
　　三、收一地人記一地事之著述
　　四、專收一地掌故
　　五、專收一地詩文集

《中國叢書綜錄》所收郡邑叢書中最奇特的是《遼海叢書》，其刊印緣起云：

　　凡刻一地方之叢書，必以一地方爲範圍，此定例也。在吾遼海則不盡然，謂宜立四例以括之，四例維何？一曰專著，二曰雜志，三曰文徵，四曰存目。例如《湛然居士集》、《雙溪醉隱集》、《醫閭集》、《睫巢集》、《尚史》之類，作者皆隸于遼，且能卓然成家，篇章完具，保存眞面，一字不遺，是曰專著，此師《畿輔》、《豫章》諸叢書之成規也。又如洪忠宣《松漠記聞》，楊可師《柳邊紀略》，作者雖非籍于遼，而所述實資掌故，艮維故籍，此類爲多，地方叢書理宜並采，是曰雜志，此師《武林掌故叢編》之成規也。又如《中州集》、《熙朝雅頌集》、《八旗文經》、《白山詞介》著錄之詩文及詞，多屬錄自作者之專集，而今則原刻之本大半亡佚，收拾叢殘，刺取字句，分類纂輯，附錄作者小傳，以符因文傳人之旨，意在輯佚，是曰文徵，此師《湖南文徵》之成規也。又如高氏《燕志》《涼書》、張氏《華表山人集》、王氏文集及《叢辨》、耶律氏《文獻集》，年代已遠，固久付之劫灰，不可再得，即如清代李鍇之《原易》、《春秋通義》、蔣攸銛之《繩枻齋集》，年代非遠，亦皆付之若存若亡之列，諸史藝文志所載，多半有錄無書，豫懸集名，以備徵訪，是曰存目，此又師《通志·校讎略》編次必記亡書及《畿輔書徵》之成規也。蓋在他方作者如林，別擇綦嚴，猶患其多；遼海作者稀如星鳳，立例雖寬，猶患其少，以本柢之不同，故體例因以異焉。……

又凡例第二條云：

　　本編所收群籍大略不出專著、雜志、文徵三類，若遼海先正著述則屬專著；其有原書已佚，由他書綴集僅能成編者，則屬之文徵；至前代方志傳本極少，體似專著，義同雜志，本編亦取而重印之。若夫書已佚，又無零篇斷簡可徵者，則別撰遼海經籍考，預懸存目以待徵，儻亦知言君子之所深許歟？

可知《遼海叢書》已打破以上各類界限，而合鄉人著述、地方掌故、鄉人詩文輯佚及著述存目爲一編。

　　《遼海叢書》收書四例的專著、雜志和文徵三例是取自章學誠的〈方志立三書議〉〔註9〕一文，其文云：「凡欲經紀一方之文獻，必立三家之學，而始可以通古人之遺意也。仿紀傳正史之體而作志，仿律典例之體而作掌故，仿《文選》、《文苑》

〔註9〕《章學誠遺書》卷十四，方志略例一。

之體而作文徵。三書相輔而行，闕一不可；合而爲一，尤不可也。」緣起云：「其所謂志，即比專著；其所謂掌故，即比雜志；其所謂文徵，亦吾儕之所謂文徵。章氏雖無存目一例，亦即賅於三例之中，彼立三書，此創四例，三書立，而方志之體始備，四例創，而叢書之用始宏。」

按，章學誠是以方志爲一方之史的觀點提出方志的內容，對於三書的淵源，〈方志立三書議〉云：「志者，古之國史，若晉乘、楚檮杌，《春秋》之流別也。掌故者，猶《周官》之六典，漢之律令，唐宋之會要，明清之會典，官禮之流別也。文徵者，則太師陳詩之遺，若後世之文選、文鑒、文類，風詩之流別也。」他所謂的「志」，是由方志編者撰述一地之史，「掌故」是一地典章制度的原始資料，「文徵」是一地奏議、徵實、論說、詩賦、金石等原始資料。此外，他還提出將稗野說部之流別置「叢談」一門，附於志之後，可稱餘編或雜志。由此可知，《遼海叢書》緣起所理解的章學誠方志三書並不符合章氏原意，但無妨於他們分專著、雜志、文徵三種來編輯叢書。

本文以爲上列五種收書情形之第一、二、三種可歸於彙編郡邑之下，第四種當收在史類輿地之下，第五種當收在集類總集郡邑之下，以符合《中國叢書綜錄》本身的分類法，說明如下。

一、專收一地鄉先哲著述

第一部郡邑叢書《鹽邑志林》明朱國祚序云：

　　《鹽邑志林》者，邑大夫齊安樊公襃彙鹽之古今豪彦註譯經子雜說，

　　合吳晉唐宋至於昭代，凡若干種，用張茲邑著記之盛也。

朱序明確說明其收書的內容是歷代一地鄉人之著述，而《綜錄》所收入的郡邑叢書大部分亦是如此，略舉數種，節錄其序例如下：

《浦城遺書》陳珏序云：

　　《浦城遺書》者，祝東巖太守之所彙刻也。太守自庚午（嘉慶十五年）

　　辛未請養里居，與同邑祖舫齋大司寇（祖之望）、長樂梁芷鄰儀部（梁章

　　鉅）搜輯先哲遺書，而太守匯其成。……

《嶺南遺書》伍崇曜序云：

　　昔左禹錫有《學海》之編，陶九成有《說郛》之撰，無分畛域，悉備

　　蒐羅，茲則專取嶺南，未遑他及，即各私其鄉曲，諒無愧於古人。

《婺東雜著》王寶仁序云：

　　伯揚邵君孤力學習，聞鄉先生之緒論，念桑梓遺書漸歸湮沒，久欲薈

　　爲一編，闡幽發隱，以存梗概，以樹典型，積愫廿年，裒集漸廣，同人輩

又適有《妻水詩文》之輯，相與旁搜博采，究所未見，伯揚更悉心鑒別，擇其有體有用者，次第時代著錄若干，出資開雕，統名之曰《妻東雜著》。

《金華叢書》胡鳳丹〈金華文萃書目提要序〉云：

> 我浙自咸豐間疊遭兵燹，先哲遺書散佚略盡，茲從散麓中覓得數十種，以次開雕爲《金華文萃》。……

《常州先哲遺書》目錄後盛宣懷識語云：

> 毘陵（按，常州舊稱）文獻盛於齊梁以迄勝朝，代有傳述，國朝人文蔚起，獨標學派，尤稱著作之林。郡志藝文自經兵燹，遺編散佚，一、二孤集大氐有目無書，斯文將墜，桑梓足徵，亦後學之責也。閒與繆筱珊、汪淵若兩編修商摧攷訂，援實齋章氏文徵之例，彙刻成書，蒐輯往代遺編數十種，別爲四類，先成初集。

《金陵叢刻》目錄後傳春官識語云：

> 金陵都會，人物斯興，稽古作者，代不乏人。是專彙上元、江寧兩縣人作刊行之，不分四部，略次時代，空文弗錄者，毋暇也。……

《三怡堂叢書》張鳳臺〈續輶軒博紀敘〉云：

> 民國9年7月，余謬綰鄉符，籌設四存分會暨通志局，與一時賢士大夫、耆舊鴻博薈萃一堂，搜集鄉先哲零紈斷簡，以啓後學而闡幽光。……

《金陵叢書》馮煦序云：

> 亡友江寧翁長森鐵梅，卓犖好古士也。嘗哀其鄉先生遺著世所罕覯者，自六朝以迄竝世凡百數十家，將授劂氏以廣其傳，名之曰《金陵叢書》，表一鄉之遺獻，網百代之隊文，甚盛事也。既而宦游浙東西，汲汲簿領，未遑董理。辛亥十月同蟄上海，每以叢書未克卒事引爲深憾。癸丑之變，百物蕩盡，而此百數十家遺著幸而得存，鐵梅復衰病日劇，懼叢書之終不克卒事也，乃舉所哀之四巨樍，盡以歸上元蔣國榜蘇盦。……

《雲南叢書》唐繼堯序云：

> 收拾叢殘，表彰先哲，亦有司事也。爰撥定款聘通人，俾之從事搜輯，精加校訂，刊爲叢書，亦猶《畿輔》、《湖北》、《金陵》諸叢書例也。

《湖北先正遺書》盧靖序云：

> 自忘衰朽，願效涓塵，搜羅鄉賢之遺著，彙爲一省之叢編，啓來學之觀摩，彰九幽之潛德。

《沔陽叢書》盧弼序云：

> 吾鄂自趙翼之學使刊行《湖北叢書》後，一時學人蔚起，爭以表章先

哲、保存文獻爲己任。就不佞所知，其已刊者，天門周泊園有《胡石莊集》，
潛江甘藥樵有《魯文恪公集》、《大隱樓集》，羅田王季薌有《漢陽魏氏遺
書》，監利龔耕畬有《容城耆舊集》，蒲圻張潛若有《郎溪集》。而伯兄木
齋（盧靖）專收四庫著錄之本，有《湖北先正遺書》第一輯。比年，不佞
兄弟復彙集沔陽先賢遺著，凡十二種、九十卷，爲《沔陽叢書》。……

《屏廬叢刻》金鉽序云：

> 天津修志局徵集鄉先輩著作，積之數稔，羅致甚多，或手稿、或傳鈔、
> 或舊刻、或殘編，計之不下數百種。……久之又久，恐今茲藝文所著錄名
> 目徒存，簡篇難獲矣，然則及今刊傳之責，惡可緩邪？閒與王君仁安計議，
> 復商之高君彤階，發書審讀，蓋藝文一門，高君主任，徵集之書，悉所收
> 掌，因互相參酌，擇取雜著，凡十五種，都二十四卷，召鈔胥即局寫定，
> 次第鋟版，浼張君君壽襄校，名之曰《屏廬叢刻》。敢云哀一鄉之典籍、
> 啓來學之徑塗？不過從吾所好，嘗鼎一臠而已。……

由以上所引的序例可知，《鹽邑志林》之後，有許多編者援用其例編纂叢書，形
成郡邑叢書一類，其目的在表彰一地著述之盛和鄉先哲，因此文獻學家認爲郡邑叢
書是專收一地鄉先哲之著述。

二、以收一地鄉人著述爲主而兼收一地掌故

雖說郡邑叢書是以鄉人著述爲主，但實際上有些叢書會基於整理地方文獻的考
量而兼收非鄉人所著的地方掌故，《關中叢書》例言說得非常清楚，例言第一條云：

> 關中爲從古人文淵藪，著作如林。是編擇其上自漢唐，下迄近代，凡
> 鄉賢遺製足助身心學問及有裨實用者，悉採付印，冀獲類聚而免散軼。

又例言第三條云：

> 叢書不限方隅，此編繫名關中，自宜界畫井然。然《畿輔叢書》如董
> 廣川、史忠正、徐星伯、朱笥河諸家所著，又未嘗不兩籍並存。今略仿其
> 意，凡他籍名賢著作繫乎關中故實者，各集酌收一二，但不宜占多數，致
> 貽喧賓之誚。

《綜錄》所收郡邑叢書如《關中叢書》所言者，不在少數，節錄數種序例如下：

《錫山先哲叢刊》俞復敬識緣起云：

> 歲辛酉（民國十年）舊曆之正月初四日，陶君達三、侯君保三過余寓
> 廬，談次及吾邑先哲遺著云，自劉君書勗長圖書館以來，對於邑先哲遺著
> 輾轉借錄成冊者已不尠，第孤本既不便傳觀，且恐有意外損失，擬擇尤陸

續付活字版排印流傳。

又，《續修四庫全書提要》云：「核其所收，非盡為邑人遺著，似兼收有關錫邑掌故之記述者。」

《黔南叢書》，《續修四庫全書提要》云：「全書分二集，首集三種，悉明清以來黔人著述；二集十種，亦明清人著述，乃彙集紀載黔南故實之書，非黔人著述，而所收亦有非完書者，……」

《仙居叢書》陳訓慈序云：

> 今仙居李君秋禪顧猶不慊于臺屬諸叢書收仙邑人遺著之獨鮮，因最平日所蒐訪鄉先生著述，別輯為《仙居叢書》，益見夫斯邦崇學愛鄉之宗風，所積者厚，而所衍者未有量也。……

又凡例第四條云：

> 本書意在徵文考獻，其有非邑人而著述有關本邑掌故者，概予甄錄。

《廣東叢書》編印略例第一條：

> 本書以有關廣東文獻為範圍，並先采集廣東人士之著述，但必要時不以此為限。

《安徽叢書》編印選擇標準有九〔註10〕：

1. 抽印皖人歷代著述為四庫及各叢書所收刻而部類重要者。
2. 蒐印皖人遺稿之未刊行者。
3. 訪印皖人撰述之為清代禁燬者。
4. 訪印外省人著述之有關於皖省學術史乘者。
5. 訪印游宦流寓皖省，於史志可稽者之撰述。
6. 訪印流寓外省，有本籍淵源可考者之撰述。
7. 翻印久已通行之著述而近時購買價值極昂者。
8. 重印重要書籍及不易得之孤本。
9. 徵印皖人之書畫作品。

《四明叢書》凡例第一條云：

> 吾浙各郡除衢、嚴、處外，若丁氏丙之《武林往哲遺著》、《武林掌故叢編》，孫氏福清之《檇李遺書》，陸氏心源之《湖州叢書》，劉氏承幹之《吳興叢書》，徐氏友蘭之《紹興先正遺書》，宋氏世犖、楊氏晨之《臺州叢書》，胡氏鳳丹、宗楙之《金華叢書》及《續編》，孫氏詒讓之《永嘉叢

〔註10〕吳景賢〈安徽文獻述略〉，安徽省圖書館館刊《學風》第五卷第一期，頁 1～11，民國 24 年。

書》，黃氏群之《敬鄉樓叢書》，近年平湖金氏蓉鏡、兆蕃續刻《檇李叢書》
一二集，先哲遺書，盡成叢刻，吾郡闃然，甯非憾事？爰輯鄉先生著作彙
之，顏曰：《四明叢書》。

又，第五條云：

是編意在徵集文獻，雖非本鄉人士，其著述有裨四明掌故者，概在甄
錄之列。

根據以上所引例言可知，郡邑叢書實際上會兼收他籍名賢有關當地故實的著
作，只是仍以本籍名賢著作為主，這是文獻學家未言明之處。

三、收一地人記一地事之著述

這種叢書的搜輯內容是以鄉邦掌故為主，雖和其他以本地人著述為主線、不限
著述內容的郡邑叢書不同，但或因記本地事者多為本地人，或因單用本地人記本地
事者，所收書多不出「一地人之著作」，可謂兼得郡邑叢書和輿地叢書之體，就臺灣
可見者有四例，說明如下：

（一）《嶺南叢書》，清吳蘭修編。

《續修四庫全書提要》云：「是書所彙輯者，均為粵中人講嶺海事輿地之著述。」
臺大藏本目次與《綜錄》不同，表列如下：

書　　名	作　　者	首行書名下題所據本
泰泉鄉禮7卷首1卷	明黃佐撰	香山黃氏家藏鈔本
嶺海輿圖1卷	明姚虞撰	
南海百詠1卷	宋方信孺撰	甘泉江氏影鈔本
海語3卷	明黃衷撰	甘泉江氏鈔本

此叢書僅臺大有藏本，可惜已破損。《南海百詠》書名下題「嶺南叢書前編」，
可能原有續編之意。

（二）《京口掌故叢編》，清陳懋恆編，清陶駿保刊。

《續修四庫全書提要》云：「清陶駿保編。駿保字璞卿，江蘇丹徒人，官道員，
是書所收，悉有關丹徒故實，故宋人胡舜申所撰《己酉避亂錄》一卷，《四庫提要》
已著錄外，其餘法芝瑞《京口僨城錄》、楊棨《出圍城記》、《鎮城竹枝記詞》、朱士
雲《草間日記》四種，均記道光間英人入寇，丹徒城破，當時亂離之情，官吏僨事
之狀，以及英人淫掠之慘，詳悉畢載，緣著者皆身居圍城中，耳聞目睹，故極詳盡

也。……」

所見史語所藏本目錄下題「丹徒陶駿保輯」，據《己酉避亂錄》光緒三十四年陳懋恆跋：「陶璞卿觀察謂此錄有關鄉故，遂刻入《京口掌故叢編》，余又爲覆校最錄其異文，別爲校勘記附於後。」又其子陳慶年序《橫山草堂叢書》云：「光緒辛卯壬辰（三十五、三十六年）間，先君子鈔集吾潤舊聞爲《京口掌故叢編》。越戊申，邑人陶氏刊以問世。先君子喜形於色，詔慶年曰：『吾身丁離亂，此所錄者道光、咸豐兵事耳，壬寅（道光二十二年）、癸丑（咸豐三年）二役外，他事顧不具，未爲全編。近錢塘丁氏刻《武林掌故叢編》，廣大悉備，且於其外更刊《武林往哲遺著》至六十餘種，此吾心所嚮往者。今此方文獻無人收拾，誠恐日就湮淪，汝他日必思有以成之。』……」可知此叢書爲陳懋恆所編輯，由陶駿保刊行，後來陳慶年也依庭訓編了《橫山草堂叢書》。

每書後有陳懋恆跋，略言此書內容及編刊過程，並發抒感慨。據跋可知有些是其子陳慶年搜輯的，版本多爲鈔本。所收書的作者皆爲邑人，記所見壬寅之役事。

《京口掌故叢編》子目

書　　　名	作　　　者	書　　　名	作　　　者
己酉避亂錄 1 卷附校勘記 1 卷	宋胡舜申撰，校勘記清陳懋恆撰	鎭城竹枝詞 1 卷	清□
京口僨城錄 1 卷	清法芝瑞撰	草間日記 1 卷	清朱士雲撰
出圍城記 1 卷	清甦菴道人（楊棨）撰	從軍紀事 1 卷	清卞乃驪撰

陽海清《中國叢書綜錄補正》按語云：「子目尙有《庚申遇賊記》一卷，清歐陽蘇撰，未知出書否？」史語所藏本的目錄和內容皆無此書。

（三）《虞陽說苑》，丁祖蔭編。

《虞陽說苑》有甲乙兩編三十二種，史語所藏本僅有甲編二十種。前有丁祖蔭敘言：「荒山殘臘，風雪拒戶，二、三野老圍爐斗室下，話鄉里舊事，輒低徊於桑海之遷流，人事之非昔，懷舊之念，爲之悢悢而不能已。志乘所傳述廣矣，故老所傳、里巷所稱，說一二遺聞軼事，係於一地、係於一人、係於一事一物，往往不在彼而在此，此稗官野史以爲采國故者所不廢，況鄉邦文獻之徵，傳聞之世，若此未遠者乎？予生長於虞，喜聞虞事，喜畜書，尤多致虞人著述，顧兵燹以來，不獲一、二。訪之故家，求之市肆。維時邑人適有修志之役，里中父老相與校理舊文，采摭遺逸，恆苦徵訪之力有未逮，乃喟然曰及今不傳，恐後此一、二者，又將與劫灰中之七八

以同盡也，可乎？爰發故篋，重整遺稿，第其中已付之鉛槧，將於某月日次第成書，先爲誌其崖略於此……。」

《續修四庫全書提要》《虞陽說苑甲編》下云：「丁祖蔭編。祖蔭字初我，又字初園，別署緗素樓主，江蘇常熟縣人，清諸生。生平藏書，於桑梓文獻，尤爲注意。……二十年中所得累累數十種，又假善本攷覈之，遂裦然成帙，因第其甲乙，排印成書，共得二十種，類皆明末清初常熟掌故，以及邑人之遺聞軼事，大半世無刻本者，祖蔭皆以己所鈔，復用他本讎校之。其記明末事者約九種，記常熟之風土人情者約五種，記清末洪揚事者約三種，記邑人之遺聞者亦三種，每種均附校語於書內，亦可見祖蔭致力鄉邦文獻之勤矣。」

前有目錄，列有書名、卷數、版本，每書後有牌記。所收書有篇幅小者，如《閣訟記略》五頁，《祝趙始末》三頁，《恭紀御試》是一篇文章，二頁，《常熟記變始末》五頁。

《虞陽說苑》子目

1. 甲編

書　　名	作　　者	目錄記其所據本	牌記記其所據本
七峰遺編 2 卷 六十回	清七峰樵道人撰	瞿氏鈔本據舊抄本校	丁巳仲夏校印瞿氏菰村漁父鈔本
海角遺編 1 卷	清漫遊野史撰	鈔藏本據瞿氏鈔本同軒藏本校	丁巳閏春校印虞山緗素樓丁氏鈔藏本
海虞被兵記 1 卷	清□儼	瞿氏鈔本	丁巳仲夏校印瞿氏菰村漁父鈔本
過爐志感 2 卷	清墅西逸叟撰	鈔藏本據瞿氏鈔本紀載彙編印本舊抄本參校	丁巳仲秋校印虞山緗素樓丁氏鈔藏本
書老生蒙難事 1 卷	清□	瞿氏鈔本據舊鈔本校	丁巳孟秋校印瞿氏菰村漁父鈔本
虞山妖亂志 3 卷	清馮舒錄	馮氏傳錄默菴先生稿本，據錢湘靈鈔本鈔各本參校	丁巳九秋校印馮氏傳錄默菴先生稿本
筆夢 1 卷	清據梧子撰	瞿氏鈔本據姚星岩寫本參校	丁巳孟秋校印瞿氏菰村漁父鈔本
張漢儒疏稿 1 卷	明張漢儒撰	鈔藏本據舊鈔本校	丁巳孟冬校印虞山緗素樓丁氏鈔藏本

書　　名	作　　者	目錄記其所據本	牌記記其所據本
閣訟記略 1 卷	明□	鈔藏本據瞿氏鈔本校	丁巳九秋校印虞山緗素樓丁氏鈔藏本
牧齋遺事 1 卷	清□	鈔藏本據瞿氏鈔本舊鈔本參校	丁巳仲冬校印虞山緗素樓丁氏鈔藏本
牧齋先生（錢謙益）年譜 1 卷	清葛萬里撰	鈔藏本據瞿氏鈔本校	丁巳孟冬校印虞山緗素樓丁氏鈔藏本
河東君殉家難事實 1 卷	清錢孫愛輯	鈔藏本據荊駝逸史本校	丁巳仲冬校印虞山緗素樓丁氏鈔藏本
虞山勝地紀略 1 卷	清張應遴撰	鈔藏本	丁巳臘月校印虞山緗素樓丁氏鈔藏本
琴川三風十愆記 1 卷	清瀛若氏撰	瞿氏鈔本據舊鈔本校	丁巳仲秋校印瞿氏菰村漁父鈔本
祝趙始末 1 卷	清□	鈔藏本據瞿氏鈔本舊鈔本參校	丁巳孟冬校印虞山緗素樓丁氏鈔藏本
邑侯于公政績紀略 1 卷	清戴兆祚撰	鈔藏本據舊鈔本校	丁巳孟冬校印虞山緗素樓丁氏鈔藏本
恭紀御試 1 卷	清陶貞一撰	鈔藏本據瞿氏鈔本舊鈔本參校	丁巳仲秋校印虞山緗素樓丁氏鈔藏本
潮災紀略 1 卷	清古虞野史氏撰	瞿氏鈔本據舊鈔本校	可巳仲秋校印瞿氏菰村漁父鈔本
常熟記變始末 2 卷	清譚噓雲撰	鈔藏本據舊鈔本校	丁巳臘月校印虞山緗素樓丁氏鈔藏本
守虞日記 1 卷	清譚噓雲撰	鈔藏本據舊鈔本校	丁巳臘月校印虞山緗素樓丁氏鈔藏本

2. 乙編（未見）

書　　名	作　　者	書　　名	作　　者
虞山雜志 1 卷	明□	㾞亭雜記 1 卷	明趙士履撰
虞書 1 卷	清劉本沛撰	殘麓故事 1 卷	清香谷氏撰
後虞書 1 卷	清劉本沛撰	養疴客談 1 卷	清近魯草堂主人撰
虞諧志 1 卷	清尚湖漁父撰	雲峰偶筆 1 卷	清屈振鏞撰
熙怡錄 1 卷	清戴束撰	思庵閒筆 1 卷	清嚴虞惇撰
鵲南雜錄 1 卷	清戴束撰	粵西從宦略 1 卷	清王庭筠撰

曹培根〈古籍叢書目糾誤錄〉〔註11〕補正《中國古籍善本書目‧叢部》的第 4
和第 6 兩點，有相關此部叢書的論述，其文云：

> 《叢部》500 頁著錄《虞陽說匯》二十九種，藏上海圖書館。按，此
> 爲常熟鐵琴銅劍樓瞿氏校清抄本。不久前鐵琴銅劍樓修復開放，該書已歸
> 常熟市圖書館。筆者前往查核原書，發現其子目實爲三十種。《叢部》于
> 《牧齋遺事》一卷後，漏錄清昆山葛萬里撰《牧齋年譜》一種。又，常熟
> 市圖書館另藏丁祖蔭校清抄本《虞陽說匯》三十八種，較之瞿氏校本又多
> 子目八種。

> 《叢部》572 頁著錄《海虞雜志》清抄本二十五種二十八卷，子目
> 第二十五種《程禹開家書》署「明程嵋撰」。按程嵋爲清人，康熙五十
> 二年（1713）舉人，其著述見諸《重修常昭合志》卷 18。《海虞雜志》
> 二十五種抄本今有南京圖書館全五冊，而前四冊封面分別署「元」、
> 「亨」、「利」、「貞」字樣，抄本字跡及開本一致，第五冊無編號，
> 開本大，抄字大而草。疑前四冊與第五冊實非同一抄本，著錄者將兩種
> 抄本揉合一書。再考《叢部》573 頁復旦大學圖書館藏清抄本《海虞雜
> 志》十三種，恰好無第五冊各子目。又，《海虞雜志》及徐兆瑋輯《海虞
> 稗乘》、丁祖蔭輯刊《虞陽說苑》三種，子目多據瞿氏鐵琴銅劍樓菰村漁
> 父輯《虞陽說匯》，與《海虞雜志》二十五種與《虞陽說匯》不同之處，
> 也是比《虞陽說匯》多第五冊中的《金姬傳》、《蜀道紀聞》、《程禹開家
> 書》三種。

上文糾正《叢部》著錄的錯誤有二，一是《虞陽說匯》實收三十種，二是《海
虞雜志》二十五種的《程禹開家書》作者程嵋實爲清人，並懷疑《海虞雜志》二
十五種五冊，前四冊和第五冊可能不是同一部叢書。此外，認爲以現存常熟圖書
館（《中國叢書廣錄》按語云藏上海圖書館）瞿氏校清鈔本《虞陽說匯》三十種爲
祖本的叢書有：

南京圖書館藏清抄本，《海虞雜志》二十五種

復旦大學圖書館藏清抄本，《海虞雜志》十三種

常熟圖書館藏丁祖蔭校清抄本，《虞陽說匯》三十八種

丁祖蔭輯刊《虞陽說苑》甲乙編三十二種

徐兆瑋《海虞稗乘》

〔註11〕《河南圖書館學刊》，1996 年 9 月，第十六卷第三期，頁 26～28。

按，據瞿鳳起和徐兆瑋來往的書信，可知瞿鳳起想續輯《虞陽說苑》，請徐兆瑋幫忙擬目，並提及丁氏《虞陽說苑》多取材自瞿氏藏《虞陽說匯》，而有數種未收，推知《海虞稗乘》當是兩人後來編成的。〔註12〕《海虞雜志》十三種和二十五種則待考。此外，《中國叢書廣錄》地方類收有清昭文張金吾愛日精廬抄本《虞陽說苑》八種，國家圖書館藏。無編者序跋，版心中為書名，下方分為二，右題「愛日精廬」，左題「彙鈔秘冊」，書末有書耳，題「昭文張金吾藏書」，內容和瞿氏《虞陽說匯》頗多重疊，可能是張氏藏書散出後，為瞿氏所得〔註13〕，而為瞿氏《虞陽說匯》所本。

綜觀以上各叢書，子目各有異同，除了未得詳目的徐兆瑋《海虞稗乘》外，表列如下：

〔註12〕民國 23 年 6 月 6 日，瞿鳳起致徐兆瑋信有云：「再，散藏邑人著述數可百計，亟擬繼芝孫先生之志，續輯《虞陽說苑》。第以名目繁多，何者可以入選，頗費周章，倘草率從事，將來必貽笑大方，是以未敢輕舉。素仰長者博覽群籍，不難立斷，懇請就藝文志中擇其尤者，開單示下（詩文專集擬從略），以便檢齊續請審核也。」6 月 11 日，徐兆瑋覆函云：「尊意欲續《虞陽說苑》，甚善。丁氏續刊說苑乙集四冊（已出版，但常熟未見寄售），共十二種，連初刊二十種，共有三十餘種，除此三十餘種外，尊藏不知尚有若干種？俟日內將藝文志內摘一略目，再商遴選之法何如？」7 月 13 日，徐兆瑋致瞿鳳起信有云：「《虞陽說苑》乙編已覓得一部，共十二種……尊藏《虞陽說匯》網羅殆盡，如賡續丁書，恐此類書一時未易採集，如但搜邑人未刊之筆記小種，聚成一集，或易為力，則不必襲《虞陽說苑》之名，另題一名可矣。尊意以為何如？」7 月 28 日，瞿鳳起覆徐兆瑋信云：「丁氏《虞陽說苑》多數取材于散藏《虞陽說匯》，其舍而未用者有：《虞山清議》、《家兒私語》、《明倫堂述》、《趙氏雜記》、《漫游野史》、《纂群芳董狐》、《馮默庵遺文》、《行朝錄》、《東明聞見錄》，此二種格式與全書同，疑後來續增，故目錄未載。俺處另有類似此書之《說部叢書》，與前書大同小異，多前集《虞故後虞故》、《金姬傳》、《虞山雜錄》、《蜀道紀聞》、《河東君遺事》、《素蘭集》、《娛花集》、《夏存古南樂府擊筑餘音》，而佼佼者已網羅殆盡，所餘非糟粕亦即非說部耳。尊意搜羅筆記小種，另定一名，深中下懷，即乞就散目遴選示下。」8 月 17 日，徐兆瑋覆瞿鳳起信云：「《虞陽說部》俟斟酌草一目再寄。」《鐵琴銅劍樓研究文獻集》，仲偉行、吳雍安、曾康編，上海古籍出版社，1997 年出版。

〔註13〕黃廷鑑《第六絃溪文鈔》卷二〈恬裕齋藏書記〉云：「時城中稽瑞、愛日兩家，競事儲藏，稱鼎峙。未幾，兩家先後廢散。君（按，指瞿紹基）復遴其宋、元善本爲世珍者，拔十之五，增置插架，由是恬裕齋藏書，遂甲吳中。」葉德輝《郋園山居文錄》卷上〈常熟顧氏小石山房佚存書目序〉云：「愛日舊藏，瞿氏得其十之一二，餘則散之異地，半罹劫灰。」

著錄資料 / 子目	中國叢書廣錄 虞陽說苑，清張氏愛日精廬鈔本（國家圖書館藏）	中國古籍善本書目·叢部彙編類 虞陽說匯，題清菰村漁父編（常熟圖書館藏）	曹培根〈古籍叢書目糾誤錄〉 虞陽說匯，丁祖蔭校清抄本（常熟圖書館藏）	中國古籍善本書目·叢部地方類 海虞雜志25種五冊，清抄本（南京圖書館藏）	中國古籍善本書目·叢部地方類 海虞雜志13種，清抄本（復旦大學圖書館藏）	中國叢書綜錄 虞陽說苑，丁祖蔭排印本（史語所只藏甲編，●為乙編，未見）
筆夢	○	○	○	○	○	○
虞山清議		○	○	○		
家兒私語		○	○			
祝趙始末	○	○	○			○
明倫堂述言		○	○	○		（見虞山妖亂）
纂定海角遺編		○	○			
海虞被兵記		○	○			○
書老生蒙難事		○	○	○（老生蒙難事）	○（老生蒙難）	○
牧齋遺事	○（牧齋績略、牧齋遺事、河東君傳）	○	○	○（題牧齋蹟略）	○	○附河東君傳，趙水部雜志4則，八十翁評初集，柳姬小傳
牧齋年譜		○	○			○
閣訟紀略	○	○	○	○	○	○
虞書		○	○			●
後虞書		○	○			●
養疴客談	○	○	○	○		●
虞山雜志		○	○	○		●
趙氏雜記		○				（見牧齋遺事）
唐亭雜記			○			●
過爐志感		○	○	○	○	○

著錄資料 子目	中國叢書廣錄 虞陽說苑，清張氏愛日精廬鈔本（國家圖書館藏）	中國古籍善本書目·叢部彙編類 虞陽說匯，題清菰村漁父編（常熟圖書館藏）	曹培根〈古籍叢書目糾誤錄〉 虞陽說匯，丁祖蔭校清抄本（常熟圖書館藏）	中國古籍善本書目·叢部地方類 海虞雜志25種五冊，清抄南京圖書館本	中國古籍善本書目·叢部地方類 海虞雜志13種，清抄本（復旦大學圖書館藏）	中國叢書綜錄 虞陽說苑，丁祖蔭排印本（史語所只藏甲編，●為乙編，未見）
思菴閑筆		○	○	○	○	●
虞諧志		○	○	○		●
（琴川）三風十愆記	○	○	○	○（虞邑）		○（2則）
潮災紀略		○	○	○	○	○
鵲南雜錄		○	○			●
熙怡錄		○	○			●
粵西從宦略		○	○			●
雲峰偶筆		○	○			●
海角遺編		○	○	○	○	○
恭紀御試		○	○	○		
群芳董狐		○	○			
河東君殉家難事實		○	○			○
馮默菴遺文		○	○			
北都宮詞			○			
南都宮詞			○			
鄭桐奄筆記			○			
殘簏故事			○			●
虞山游詠圖序			○			（見虞山勝地紀略）
邑侯于公政蹟紀略			○	○	○	○附于公伏枕申文，于公佚著

著錄資料／子目	中國叢書廣錄	中國古籍善本書目·叢部彙編類	曹培根〈古籍叢書目糾誤錄〉	中國古籍善本書目·叢部地方類	中國古籍善本書目·叢部地方類	中國叢書綜錄
	虞陽說苑，清張氏愛日精廬鈔本（國家圖書館藏）	虞陽說匯，題清菰村漁父編（常熟圖書館藏）	虞陽說匯，丁祖蔭校清抄本（常熟圖書館藏）	海虞雜志25種五冊，清抄本（南京圖書館藏）	海虞雜志13種，清抄本（復旦大學圖書館藏）	虞陽說苑，丁祖蔭排印本（史語所只藏甲編，●為乙編，未見）
竹溪見聞志			○			
張漢儒揭錢瞿奏稿	○			○	○	○（張漢儒疏稿）附顧仲恭呈稿
顧仲恭為錢瞿辯冤呈稿	○			○	○	（見張漢儒揭錢瞿奏稿）
虞山妖亂志				○		○附討叛公檄，翁嗣聖明倫堂述言
柳南隨筆				○		
顧仲恭討錢岱檄				○	○	
金姬傳				○		
蜀道紀聞				○		
程禹開家書				○		
七峰遺編						○
虞山勝地紀略						○附虞山游詠圖序
常熟記變始末						○

（四）《揚州叢刻》，陳恒和編。

首有陳延韡、徐鍾令序，末有陳恒和序，所收書皆無編者序跋。陳延韡序云：「……陳君恒和以業書自隱於市肆，慨然念此，乃裒集先哲以揚人而述揚事者為書若干種合刊之，為《揚州叢刻》，於是吾郡之掌故與紀吾郡掌故之前賢皆得託以不朽。……」

陳恒和序，敘其緣起云：「……竊考吾揚藝文志其涉及一郡掌故之書至夥，而斷簡遺篇零落殆盡，或已爲叢書所收入者，非重金莫能致，其單行本流傳既尠，而傳鈔本及稿本則尤易湮淪，不及時裒而聚之，刻而布之，則一瞬間，將與塵埃飄風而俱逝。余幸業於此，力之所能即責之所在也，曷敢不勉？第手民之資、板片之費無所從出，謀之恒娘，恒娘大喜，遽出私蓄以佐其成。於是搜集先哲所著凡廿四種，底本別寫付刊，命子履恒職校勘之事……」

《揚州叢刻》子目

書　　　名	作　　　者	書　　　名	作　　　者
揚州名勝錄 4 卷	清李斗撰	揚州竹枝詞 1 卷	清董偉業撰
邗記 6 卷	清焦循撰	望江南百調 1 卷	清惺庵居士撰
揚州鼓吹詞序 1 卷	清吳綺撰	瓊花集 5 卷	明曹璿輯
項羽都江都考 1 卷	清劉文淇撰	揚州芍藥譜 1 卷	宋王觀撰
揚州輿地沿革表 1 卷	清楊丕復撰	廣陵小正 1 卷	□
揚州城守紀略 1 卷	清戴名世撰	揚州萸灣勝覽 1 卷	清釋源印輯
揚州十日記 1 卷	明王秀楚撰	揚州水利論 1 卷	清□
揚州夢記 1 卷	唐于鄴撰	治下河水論 1 卷	清張鵬翮撰
杜牧之揚州夢 1 卷	元喬吉撰	洩湖水入江議 1 卷	清葉機撰
揚州禦寇錄 3 卷	清倪在田撰	高家堰記 1 卷	清俞正燮撰
揚城殉難續錄 2 卷	清鄭章雲撰	運河水道編 1 卷	清齊召南撰
揚州畫苑錄 4 卷	清汪鋆撰	揚州北湖續志 6 卷	清阮先撰

《續修四庫全書提要》云：「……立意甚善，然所集諸書，如李斗《揚州名勝錄》，焦循《邗記》，王秀楚《揚州十日記》，既非名鈔佳槧，率多習見之書，且刊刻不精，排前人著述，略無次序，殊非佳構，惟如張鵬翮治河諸作，堪備導淮之用。……」

四、專收一地掌故

《綜錄》彙編郡邑類收《武林掌故叢編》一種，丁丙編。羅振玉《續彙刻書目》雖未立類目，但將《武林掌故叢編》放在乙編，其後是《西湖集覽》、《小方壺齋輿地叢鈔》、《問影樓輿地叢書》，而將《畿輔叢書》、《紹興先正遺書》等放在庚編，已

指出《武林掌故叢編》與其他郡邑叢書的不同。陳訓慈〈晚近浙江省文獻述概〉云：

> 清代浙江郡邑叢書之輯刊，以臨海宋氏世犖《臺州叢書》爲最先（在嘉慶間凡七種）。……而錢塘丁氏丙既刻《武林往哲遺著》（六十種九十六冊），更先後輯有關武林掌故記敘之書，陸續刻成《武林掌故叢編》，雖識者譏其濫收山水寺志，疏于鑒別，而衡其卷帙之繁富（二十六集二〇八冊），實足陵駕諸書；至其體例之以地爲綱，不以郡人著述爲限，復足於前舉各書之外，別樹一幟，而並有保存地方文獻之效也。

《遼海叢書》刊印緣起云：

> 凡刻一地方之叢書必以一地方爲範圍，此定例也，在吾遼海則不然，謂宜立四例以括之。四例維何？一曰專著，二曰雜志，三曰文徵，四曰存目。……又如洪忠宣《松漠記聞》、楊可師《柳邊紀略》，作者雖非籍於遼而所述實資掌故，艮維故籍，此類爲多，刊叢書者理宜並采，是曰雜志，此師《武林掌故叢編》之成規也。……

綜合以上，可知《武林掌故叢編》偏重於一地掌故，依《中國叢書綜錄》的分類法，實應列入興地叢書。

　　叢書前有譚鍾麟、俞樾、袁昶序。袁昶序云：「……近日阮文達、謝蘊山、章實齋諸公論修方志，於藝文門最所注意。經史子集四目之前，必冠以舊志，及凡關涉一方掌故之書，使載筆者述事信而有徵，擇言期而不陋。是編蓋師其意，別開叢書家面目……」收書後不全有跋，其中有丁丙所作，亦有請某人編輯並寫序跋者，內容多記緣起。

五、專收一地詩文

　　從上述第一、二、三種可知，郡邑叢書主要在搜輯鄉先哲之著作，經史子集皆收，搜輯的範圍與專收一地詩文者不同，《綜錄》雖已分爲兩類，但郡邑叢書下列有原意在收一地詩文者，應當改列於集類總集郡邑之下。

（一）《海昌叢載》，清羊復禮編。

　　《續修四庫全書提要》說明三點：

　　1. 編者與編刊內容

　　提要云：「清羊復禮編，復禮字敦叔，號辛楣，浙江海寧人。……復禮熟精選理，文采斐然，性好刊書，尤注意鄉邦文獻，嘗輯其鄉先哲詩文數十家，輯爲《海昌詩文叢鈔》，共得二十九家，上起明末，下迄有清道咸之間，類多流傳至罕者，復禮皆一一搜輯，重爲編纂。」

2. 編者整理情形

提要云：「蓋復禮於是書整理完竣者，僅前數家而已，後二十餘家，雖已刊刻，而尚未整理也。」

3. 重印情形

提要云：「前數家書版，爲陝西圖書館由粵中購得。民國 6 年，海寧費寅約集同志集資重印，編爲《海昌叢載甲編》，並爲補編目錄，刊之卷首。餘廿餘家寅復編爲叢載乙編，擬賡續印行，總目尚未刊補，版即遭燬，幸寅之友人先後刷印百部，流傳於世云。」

可知此叢書初名《海昌詩文叢鈔》，其中《新坂風土》、《蠶書輯要》、《經驗痧子症良方》三種不是詩文集，應是附帶刻入，引其序跋如下：

《新坂土風》，編者跋云：

……今年春自鎮郡返桂林，適許壬伯廣文仁杰以朱苓年明經昌燕所藏《新坂土風》抄本介仲子汝達自吳門郵寄，言屬爲附刊先生集後，以徵鄉邦故實……

《蠶桑摘要》，編者跋云：

庚寅冬奉檄興辦蠶桑，鎮人未知種桑育蠶之法，問者踵於門，因纂蠶桑摘要二十餘則教之，施以刊本，質之黃兆懷太守仁濟，適安陽中丞馬公索觀，不以爲簡陋不詳，飭加仁濟繪圖說以成全帙……因補纂繅絲十則並繪圖加說，俾家喻戶曉，知所取法……

《經驗痧子症良方》，編者識語云：

今歲夏間奉議城鄉患痧子症……芸甫刺史出示雲南書局所刻經驗痧子症良方，極言須用……則此方固精於醫理者，救急之靈丹也，惜不著其姓名，芸甫刺史捐資重刻，誠爲功德無量，余併刻此二方以期廣傳，庶患急症者不致誤投他劑……

史語所藏本書名題「海昌叢刻」，目次與《綜錄》略有不同，且有未見者，據牌記或跋所記刊刻年代，當以《綜錄》爲確。

編者整理過的前數家有長跋和收輯遺聞佚事的雜綴，跋的內容是作者生平述略、作品源流、編刊過程等，有輯佚之功，如：

《河莊詩鈔》，編者跋云：

……外從曾祖陳仲魚先生所著也……至《新坂土風》一卷自序云『拾鄉邦遺事，雅俗雜陳，得詩百首』，今所輯者僅祇二十八字……乙酉春，南皮張尚書檄調來粵，留侍幕府，羽書既靖，賓佐閒得假沈丈宗濟所藏原

刻緻文六卷，喜悅不自勝，遂重付雕鋟，并裒輯先生遺文遺詩爲文鈔續編
二卷、詩一卷，及先生遺聞佚事，附緻簡端，以承先人遺志。其名以簡莊
文鈔者，從先姚所獲之本也……

《容菴遺文鈔》，編者跋云：

……板佚久不傳，今於叢殘中得先生文十數首、詩數十首，分爲二卷，
付梓以行，亦搜集宋遺民錄之意也。……

《止谿文鈔》，編者跋云：

……先生著有《止谿文集》二十卷、《止谿詩集》三十卷、《道游堂詩
集》四卷、《川南紀游詩》八卷、《兩硖紀游詩》一冊，可謂夥矣！惜久佚
不傳。儀徵相國輯《兩浙輶軒錄》僅合諸家所選採取十餘首，藥師先生《嚴
門詩話》亦謂只從邑乘中錄得數首，今搜輯叢殘，得先生文八首、詩百餘
首，絜之先生所著，尚不及十分之一，然較諸家所選已逾數倍……

《海昌叢載》子目（史語所藏）

書　名	作　者	書　名	作　者
容菴文鈔 1 卷詩鈔 1 卷	明許令瑜撰	西疇草堂詩鈔 1 卷	清周文熠撰
止谿文鈔 1 卷詩鈔 1 卷	清朱嘉徵撰	蜀中草鈔 1 卷	清朱昇撰
乾初先生文鈔 2 卷詩鈔 1 卷	清陳確撰	耘蓮詩鈔 1 卷	清曹元方撰
附補庵遺稿 1 卷詩鈔 1 卷	清陳枚撰	爲可堂詩集鈔 1 卷	明朱一是撰
附敬齋詩鈔 1 卷	清陳翼撰	與袁堂詩鈔 1 卷	清陳殿桂撰
附雲怡詩鈔 1 卷	清陳克㘭撰	飽墨堂吟草鈔 1 卷	清吳啟熊撰
簡莊文鈔 6 卷續編 2 卷	清陳鱣撰	魯化遺詩鈔 1 卷	明徐于撰
河莊詩鈔 1 卷	清陳鱣撰	艾軒詩集鈔 1 卷	清楊中楠撰
新坂土風 1 卷	清陳鱣撰	出岫集鈔 1 卷	清陳峋撰
蠶桑摘要 1 卷圖說 1 卷（史語所藏本無圖說）	清羊復禮撰	菊隱吟鈔 1 卷	清羊廷機撰
經驗痧子症良方 1 卷經驗痧症方 1 卷（史語所藏本無經驗痧子症方）	清□	敬居詩稿 2 卷	清羊咸熙撰
蕪園詩鈔 1 卷	明葛徵奇撰	贊雪山房詩存 1 卷	清羊登萊撰
月隱遺稿抄 1 卷	明祝淵撰	蟲獲軒詩鈔 1 卷	清張爲儒撰
海粟堂詩鈔 1 卷	明吳本泰撰	留爪集鈔 1 卷	清吳錫祿撰
留素堂詩集鈔 1 卷	清蔣薰撰	臆吟集鈔 1 卷	清徐蘭撰
逃禪吟鈔 1 卷	清葛定遠撰	竹巖詩鈔 1 卷	清楊煥綸撰
詠年堂集鈔 1 卷	清葛定辰撰		

（二）《海南叢書》

海南書局編，編印小啓云：「瓊崖峙島峙南陲，內聳五指蒼翠之高峰，外環萬里汪洋之大海。山川鍾毓，代有達人，其勳業氣節，載在史籍，昭昭然矣。至道德之蘊，發爲文章，或詞藻紛披，或名言至理，各有專集，未廣流傳，追念前哲，遺訓欲墜，滋可懼也。敝書局有見及此，爰搜集歷代諸先達家藏遺稿，彙刊成書，名曰海南叢書。凡章奏、記序、論辨、傳贊、銘誄、碑誌、行略、祭文、祝文、簡札、公牘，以及詩詞歌賦，體無不備。……」可知所收乃先哲詩文遺稿。臺灣大學有藏本，但只見第一、二、四、七集，其他遺失。

《海南叢書》子目

第 一 集		第 六 集	
瓊臺會稿 10 卷	明丘濬撰	石湖遺稿	明鄭廷鵠撰
第 二 集		北泉草堂遺稿	明林士元撰
備忘集 6 卷 （一名海忠介公集）	明海瑞撰	梁中丞集	明梁雲龍撰
第 三 集		許忠直公遺集	明許子偉撰
雞肋集 10 卷首 1 卷	明王佐撰	松谿小草	清王懋曾撰
湄丘集 2 卷	明邢宥撰	楊齋集	清王承烈撰
傳芳集	明唐胄撰	第 七 集	
第 四 集		筠心堂文集 2 卷	清張岳崧撰
天池草	明王宏誨撰	第 八 集	
第 五 集		聞道堂遺稿	清雲茂琦撰
陳中秘稿	明陳是集撰	第 九 集	
陳檢討集	明陳繗撰	白鶴軒集	清韓錦雲撰
鍾筠溪集	明鍾芳撰	志親堂集	清林燕典撰
張事軒集	明張子冀撰	抱經閣集	清馮驥聲撰

綜合第二節和第三節的討論，可知編叢書的人不一定有明顯的宗旨，如此自然不容易一一分類。正如本文前言所說的，分類的目的在於瞭解概況和檢索，可略分而不可強分。根據以上資料，共得郡邑叢書八十六部，臺灣可見五十五部，按時代排列郡邑叢書目錄如下，並標明所屬省分和臺灣可見與否。

郡邑叢書目（按時代排列）

可見	所屬省分	叢書名	大約的西元	時代	編者	中國叢書綜錄所記的版本	其　他　著　錄
	浙江	鹽邑志林	1623	明	樊維城	明刊本	陽海清《中國叢書綜錄補正》：明天啓三年樊維城刊；明天啓三年樊維城刊，清嘉慶八年重修本。
未見	浙江	金華叢刻	1731以前	□	金律孔時		陽海清《中國叢書廣錄》：劉聲木《再續補彙刻書目》卷五收錄，清雍正九年藕塘賢祠學重刻本。
未見	浙江	乍川文獻	1757	清	宋景關	清乾隆二十二年刊本	《中國叢書綜錄補正》：清乾隆五十六年刊本。
	福建	浦城遺書（浦城宋元明儒遺書）	1811	清	祝昌泰等	清嘉慶中（十六至十九年）浦城祝氏留香室刊本	《中國叢書綜錄補正》說浦城祝氏先於嘉慶十六年至十七年刻《留香室叢刊》，凡十種，至十九年，增刊四種，彙爲《浦城遺書》。《中國叢書廣錄》：杜聯喆《叢書書目續編初集》第五十八頁著錄。
	江蘇	虞陽說苑		清	□		《中國叢書廣錄》：清昭文張氏愛日精廬鈔本（國家圖書館藏）。
	浙江	臺州叢書（名山堂叢書）	1817	清	宋世犖	清嘉慶道光間臨海宋氏刊本	
	廣東	嶺南叢書		清	吳蘭修	清道光中刊本	
	廣東	嶺南遺書	1831	清	伍崇曜	清道光十一年至同治二年南海伍氏粵雅堂文字歡娛室刊本	《中國叢書綜錄補正》：清同治二年伍氏粵雅堂重刊本。
	安徽	涇川叢書	1832	清	趙紹祖、趙繩祖	（1）清道光十二年涇縣趙氏古墨齋刊本；（2）民國6年翟鳳翔等據清道光趙氏本景印	
	江蘇	婁東雜著（棣香齋叢書）	1833	清	邵廷烈	清道光十三年太倉東陵氏刊本	

可見	所屬省分	叢書名	大約的西元	時代	編者	中國叢書綜錄所記的版本	其他著錄
未見	江蘇	酌古準今	1839	清	□	清道光至光緒間刊	
未見	江蘇	虞陽說匯		清	菰村漁父		《中國古籍善本書目》彙編叢書:清抄本（上海圖書館藏）。《中國叢書廣錄》收入。
	浙江	金華叢書（初名金華文萃）	1862	清	胡鳳丹	（1）清同治光緒間永康胡氏退補齋刊本；（2）清同治光緒間永康胡氏退補齋刊民國補刊本	
	浙江	永嘉叢書	1868	清	孫衣言、孫詒讓	清同治光緒間瑞安孫氏詒善祠塾刊本	《中國叢書綜錄補正》:光緒二年武昌書局彙印本。
	浙江	檇李遺書	1878	清	孫福清	清光緒四年秀水孫氏望雲仙館刊	
	河北	畿輔叢書	1879	清	王灝	清光緒五年定州王氏謙德堂刊本	
	浙江	湖州叢書	1884	清	陸心源	清光緒中湖城義塾刊本	
	江蘇	東倉書庫叢刻初編	1886	清	繆朝荃	清光緒中（十二至二十八年）太倉繆氏刊	
	浙江	紹興先正遺書	1887	清	徐友蘭	清光緒中（十三至十九年）會稽徐氏鑄學齋刊本	
	湖北	湖北叢書	1891	清	趙尚輔	清光緒十七年三餘草堂刊本	
未見	浙江	蔭玉閣叢書	1893	清	葉書	彙編雜纂類:清光緒中臨海葉氏木活字排印本	《文瀾學報》第1卷第1期〈晚近浙江文獻述概〉,《續修四庫全書提要》:清光緒十九年臨海葉氏刊本,收入郡邑叢書。
	江西	豫章叢書	1893	清	陶福履	清光緒中（十九至二十一）新建陶氏刊本	
	江蘇	常州先哲遺書	1895	清	盛宣懷	清光緒中（二十一至二十四年）武進盛氏刊本	《中國叢書綜錄補正》:清光緒中武進盛氏思惠齋刊本。

可見	所屬省分	叢書名	大約的西元	時代	編者	中國叢書綜錄所記的版本	其他著錄
	浙江	武林往哲遺著	1895	清	丁丙	清光緒中（二十二至二十六年）錢塘丁氏嘉惠堂刊本	
	江蘇	金陵叢刻（國朝金陵叢書）	1897	清	傅春官	清光緒中（二十三至三十一年）江寧傅氏晦齋刊本	《中國叢書綜錄補正》說此書隨刻印，其間大約作過兩次彙印，初次彙印在光緒二十七年，第二次在光緒三十二年。
未見	浙江	續臺州叢書	1898	清	楊晨	清光緒二十四年翁氏刊本	
	河南	三怡堂叢書	1906	清	張鳳臺	清光緒三十二年至民國十八年河南官書局刊本	
	江蘇	江陰叢書	1907	清	金武祥	清光緒宣統間江陰金氏粟香室嶺南刊本	《續修四庫全書提要》：金氏先刊《粟香室叢書》，後別去時人著述，保留江陰文獻，印成此編。
	江蘇	京口掌故叢編初集	1908	清	陶駿保、陳懋恆	清光緒三十四年丹徒陶氏刊本	
	江蘇	橫山草堂叢書	1909	清	陳慶年	清宣統民國間丹徒陳氏刊本	
未見	江蘇	東臺先哲遺書	1910	清	袁承業		施廷鏞《中國叢書目錄及子目索引匯編》有著錄：陸續刊印本。《中國叢書廣錄》：楊家駱《叢書大辭典》收錄。
未見	浙江	越中文獻輯存書	1911	清	紹興公報社	清宣統三年紹興公報社排印本	
未見	山東	齊魯遺書		清	□		《中國古籍善本書目》（山東省博物館藏）：清高氏辨蟬居抄本。《中國叢書廣錄》收入。
未見	安徽	龍眠叢書		清	光聰諧	清桐城光氏刊本	

可見	所屬省分	叢書名	大約的西元	時代	編者	中國叢書綜錄所記的版本	其　他　著　錄
未見	江蘇	海虞雜志十三種		清	□		《中國古籍善本書目》：清抄本（復旦大學圖書館藏）。《中國叢書廣錄》收入。
未見	江蘇	海虞雜志二十五種		清	□		《中國古籍善本書目》：清抄本（南京圖書館藏）。《中國叢書廣錄》收入。
未見	浙江	翠微山房叢書		清	張作楠		《中國古籍善本書目》：稿本（金華圖書館藏）。陽海清《中國叢書廣錄》收入。
未見	浙江	蕭山叢書		清	魯燮光	清魯氏壺隱居鈔本	
	浙江	吳興叢書	1913	民	劉承幹	民國吳興劉氏嘉業堂刊本	
	江蘇	金陵叢書	1914	民	翁長森、蔣國榜	民國3至5年上元蔣氏慎修書屋排印本	
	雲南	雲南叢書	1914	民	趙藩、陳榮昌等	民國雲南叢書處刊本	
	江西	豫章叢書	1915	民	胡思敬	民國南昌豫章叢書編刻局刊本	
	江蘇	虞山叢刻	1915	民	丁祖蔭	民國常熟丁氏刊本	
未見	浙江	赤城遺書彙刊	1915	民	金嗣獻	民國4年太平金氏木活字排印本	
	浙江	臺州叢書後集	1915	民	楊晨	民國4年黃巖楊氏刊本	《中國叢書綜錄補正》：民國石印本。
未見	山西	雪華館叢編	1916	民	牛誠修	民國5年定襄牛氏排印本	
未見	江蘇	山陽叢書	1917	民	段朝端		施廷鏞《中國叢書目錄及子目索引匯編》：用清河王錫祺鉛版改印本。《中國叢書廣錄》：民國6年用清河王錫祺鉛版改印本。

可見	所屬省分	叢書名	大約的西元	時代	編者	中國叢書綜錄所記的版本	其他著錄
	江蘇	虞陽說苑	1917	民	丁祖蔭	民國虞山丁氏初園排印本，甲編六年，乙編二十一年。	
未見	江蘇	海陵叢刻	1919	民	韓國鈞	民國（8至14年）排印本	
未見	浙江	臺州叢書己集	1919	民	楊晨	民國8年黃巖楊氏石印本	
未見	江蘇	楚州叢書第一集	1921	民	冒廣生	民國10年如皋冒氏刊本	
	江蘇	錫山先哲叢刊	1922	民	侯鴻鑑等	民國11年上海中華書局排印本	
	陝西	關隴叢書	1922	民	張鵬一	民國11年排印本	
	貴州	黔南叢書	1922	民	任可澄	民國（11至32年）貴陽文通書局排印本	
	湖北	湖北先正遺書	1923	民	盧靖	民國12年沔陽盧氏慎始基齋景印本	
	湖北	沔陽叢書		民	盧弼	民國沔陽盧氏慎始基齋刊本	
	河北	屏廬叢刻	1924	民	金鉞	民國13年天津金氏刊本	
	浙江	續金華叢書	1924	民	胡宗楙	民國13年永康胡氏夢選廔刊本	
未見	陝西	涇陽文獻叢書	1925	民	柏堃	民國14年排印本	
	湖南	湖南叢書	1925	民	孫文昱等	民國（14至15年）湖南叢書處刊本	
	安徽	貴池先哲遺書	1926	民	劉世珩	民國9年貴池劉氏唐石簃刊本	張宗茹《中國叢書綜錄訂誤》（《山東師大學報》1995年第5期）說檢原書，最後刊印時間為民國15年。從總目劉世珩跋可知，編成於民國9年，刊印於15年。
未見	不詳（參註）	蜀阜文獻匯刻	1927	民	徐仲達		《中國叢書廣錄》：民國16年木活字印。
	浙江	敬鄉樓叢書	1928	民	黃群	民國（17至24年）永嘉黃氏排印本	

可見	所屬省分	叢書名	大約的西元	時代	編者	中國叢書綜錄所記的版本	其　他　著　錄
	江蘇	太崑先哲遺書首集	1931	民	俞慶恩	民國（17至19）太倉俞氏世德堂排印景印本（民國20年跋）	
	東三省	遼海叢書	1931	民	金毓黻	民國20至23年遼海書社排印本	
未見	湖北	羅田王氏校印鄉哲遺書	1931	民	王葆心		《續修四庫全書提要》：民國20年武昌石印本。《中國叢書廣錄》收入。
	安徽	安徽叢書	1932	民	安徽叢書編審會	民國（21年至25年）景印本	
	浙江	四明叢書	1932	民	張壽鏞	民國四明張氏約園刊本	
	山東	習盦叢刊（濰縣文獻叢刊）	1933	民	丁錫田	民國濰縣丁氏排印本	
未見	浙江	處州叢書	1933	民	青田端木或（《中國叢書廣錄》誤作端木或梅鄉）		《文瀾學報》第1卷第1期〈晚近浙江文獻述概〉，《中國叢書廣錄》：劉聲木《三續補彙刻書目》卷五收錄：民國22年退補廬排印本。
未見	浙江	義烏先哲遺書	1933	民	黃侗	民國22年義烏黃氏排印本	
	山西	山右叢書初編	1934	民	山西省文獻委員會	民國排印本	
	安徽	南陵先哲遺書	1934	民	徐乃昌	民國23年南陵徐氏景印本	
未見	江蘇	江陰先哲遺書	1934	民	謝鼎鎔	民國23年陶社木活字排印本	
	江蘇	揚州叢刻	1934	民	陳恆和	民國揚州陳恆和書林刊本	
	浙江	惜硯樓叢刊	1934	民	林慶雲	民國23年瑞安林氏排印本	

可見	所屬省分	叢書名	大約的西元	時代	編者	中國叢書綜錄所記的版本	其　他　著　錄
	陝西	關中叢書	1934	民	宋聯奎	民國（23 至 25 年）陝西通志館排印本	
	浙江	仙居叢書第一集	1935	民	李鏡渠	民國 24 年排印本	
未見	浙江	檇李叢書	1936	民	金蓉鏡、金兆蕃	民國 25 年嘉興金氏刊本	
未見	浙江	萬潔齋叢刊		民	周延年	稿本	
	浙江	南林叢刊	1936	民	周延年	民國 25 年南林周氏排印本	
	浙江	吳中文獻小叢書	1939	民	江蘇省立蘇州圖書館編纂委員會	民國 28 至 32 年江蘇省立蘇州圖書館編纂委員會排印本	
	廣東	廣東叢書	1941	民	廣東叢書編印委員會	民國（30 至 37 年）商務印書館長沙景印排印本	
未見	雲南	宣威叢書	1946	民	繆秋沈	民國 35 年石印本	
未見	江西	宜黃叢書第一輯	1947	民	宜黃縣文獻委員會	民國 36 年宜黃縣文獻委員會排印本	
未見	江蘇	南京文獻叢刊	1947	民	盧前		《中國叢書廣錄》：民國 36 年起南京文獻委員會鉛印本。

註：《蜀阜文獻匯刻》，臺灣無藏本，從叢書名判斷當為四川省，但所收書的作者宋錢時、明徐鑑、明徐貫、明徐楚等四人，均為今浙江省淳安縣人，僅明徐楚曾任四川布政司參政，其他三人與四川無關聯，無法確定此叢書是否屬四川省，故暫時標示「不詳」。

　　由上表可知，郡邑叢書始於明代，盛於清代光緒朝，民國以後也很盛行，其中又以江浙兩省尤多。

　　要說明的是，郡邑叢書的地域範圍，有一省、一郡、一邑，乃至一鎮。所謂一

郡即明清的一府，所謂一邑即一縣。郡始於春秋時代，各國在邊疆設郡防衛，國內設縣，兩者不相統屬，戰國中期以郡統縣的二級制興起〔註 14〕，秦統一天下後即採用此制。漢初採封建和郡縣並行，景帝平定七國之亂後，削弱封國勢力，寓於郡縣制之中，封建名存實亡。武帝於郡上設十三州，本爲監察單位，後於漢末成爲行政單位，魏晉南北朝沿之，爲州郡縣三級制。隋文帝在開皇三年時撤郡，改爲州縣二級制，後來隋唐兩朝屢次改州爲郡，改郡爲州。唐增設道，並將特殊地位的州改爲府，成爲道府（州）縣三級制，府級有府、州、郡三稱，此當爲日後以郡爲州或府的原因。宋改道爲路，府級有府、州、軍、監，下爲縣。元代設行中書省，簡稱行省、省，爲省、路（同級有直隸府、直隸州）、府、州、縣五級制。明採省、府（同級者有直隸州）、州縣三級制；清採省、道、府（同級者有直隸州、直隸廳）、縣（同級者有州、廳）四級制〔註 15〕。民國初廢清朝的府、州，存省、道、縣，後來在民國 16 年國民政府奠都南京後又廢道，成爲省、縣二級制〔註 16〕，並設院轄市、省轄市，作市區重劃。現今大陸改用省級、地級、縣級三級制。根據《中華民國行政區劃與目前大陸地區行政區劃對照研究報告》〔註 17〕

〔註 14〕楊予六《中國歷代地方行政區劃》第一章第二節郡縣制之起始，中華文化出版事業委員會，民國 46 年。

〔註 15〕《中華民國史地理志（初稿）》云清代省下爲道，道下爲府（州），府（州）下爲縣，是爲四級制，第一章，頁 3，國史館編印，民國 79 年。關於清代「道」的設置，有認爲是監察機構和後升爲一級行政機構兩種意見。《清代政區沿革綜表》（牛平漢主編，1990 年，中國地圖出版社出版）凡例第三條云：「道級建置僅係清代一種監察機構，未形成一級政權機構。由于清代所設各道均有一定的監察區域，并對民國以來的行政建制有著一定的影響，爲方便讀者，道級的敘述放在各省文後，不列入表內。」之前有王鍾翰序文，對「道」有不同的意見，其文云：「所堪注意者，明代于省與府州縣之間尚劃分有道，道有分守、分巡之分，但均無品級，亦無地域區劃，臨時遣派于地方，視其所帶布政司之參政、參議與按察司之副使、僉事的職銜而定，差竣即撤。清之分守、分巡二道，在乾隆以前，仍沿明舊而未改。洪亮吉所著五十卷之《乾隆府廳州縣圖志》，不列道之一級，自是明清之制如此，無可厚非。迨至乾嘉以後，道員已取消虛銜，定爲正四品。所謂"道治民"，"有節制文武之責"（沈葆楨語），是道員成爲地方行政實官矣。故依清制，州縣的文書先申府，府申道，道轉布按再呈督撫而上達中央也。乃刊布于 1927 年之《清史稿》，其〈職官志〉三于督撫布按之下、府州縣之上有「道員」一目，詳加敘列，與清季官制正合；而同書二十八卷之〈地理志〉中竟無隻字述及道之一級，殊不可解。五十年代正式出版的已故清史專家趙泉澄先生所撰《清代地理沿革表》一書，于道之一級，亦全未列入，殆仍《清史稿·地理志》之舊，不以道爲清季地方行政區劃之一級耳。」據上，當以「道」爲一級行政單位。

〔註 16〕《中華民國史地理志（初稿）》第一章，頁 3，國史館編印，民國 79 年。

〔註 17〕行政院大陸委員會於民國 81 年 1 月委請內政部委託國立臺灣師範大學地理系整理研究，82 年 2 月完成。

我國行政區劃統計表

省　　級		縣　　級		市		管理、設治局、旗	
合計	行政單位	合計	行政單位	合計	行政單位	合計	行政單位
52	14 直轄市 35 省 1 特別行政區 2 地方	2045	2045 縣	55	55 省轄市	389	241 旗 63 宗 45 溪 36 設治局 4 管理局

大陸地區行政區劃統計表（截至 1991 年 12 月 31 日止）

省　　級		地　　級		縣　　級			
合計	單位名稱	合計	單位名稱	合計	單位名稱	合計	單位名稱
31	3 直轄市 23 省 5 自治區	338	187 市 113 地區 30 自治州 8 盟	2183	1714 縣 289 市 121 自治縣 51 旗	2183	3 自治旗 3 等區 1 工農區 1 林區

　　爲了有助於瞭解各叢書所收內容的地域範圍，以及同屬一省或一府的情形，以下按各叢書所屬行政區劃及大約的時代製成簡目，於備註項說明所屬的行政區劃，其中有編於民國而沿用清朝區劃者。此外，若有大陸更改地名者，則加上現行地名。要說明的是，此簡目的省分次序是根據《臺灣公藏方志聯合目錄（增訂本）》〔註18〕，原本是以江蘇省置首，但因爲第一部郡邑叢書《鹽邑志林》屬浙江省，所以本文改以浙江省置首。

可見	叢書名	編　者	時代	大約西元	所屬省分	所收地域範圍	備　　註 （大陸現行地名）
	鹽邑志林	樊維城	明	1623	浙江	海鹽縣	明屬嘉興府
未見	乍川文獻	宋景關	清	1757	浙江	乍浦鎮	清屬嘉興府平湖縣，東南 30 里有河名乍浦，又名乍川。
	檇李遺書	孫福清	清	1878	浙江	嘉興府 〔註19〕	清嘉興府領七縣：嘉興，秀水，嘉善，石門，桐鄉，平湖，海鹽。

〔註18〕國立中央圖書館特藏組編，民國 70 年 10 月。
〔註19〕《中國歷史地理大辭典》「檇李邑」下云，一作醉李邑、就李邑，在今浙江嘉興市南。1995 年，廣東教育出版社。

可見	叢書名	編 者	時代	大約西元	所屬省分	所收地域範圍	備 註（大陸現行地名）
未見	橋李叢書	金蓉鏡，金兆蕃	民國	1936	浙江	嘉興府	
未見	金華叢刻	金律孔時		1731以前	浙江	金華府	清領八縣：金華，蘭溪，東陽，義烏，永康，武義，浦江，湯溪。
	金華叢書	胡鳳丹	清	1862	浙江	金華府	
未見	翠微山房叢書	魯變光	清		浙江	金華府	
	續金華叢書	胡宗楙	民國	1924	浙江	沿清金華府	
未見	義烏先哲遺書	黃侗	民國	1933	浙江	義烏縣	清屬金華府
	臺州叢書	宋世犖	清	1817	浙江	臺州府	清領六縣：臨海，黃巖，天臺，仙居，寧海，太平。
未見	蔭玉閣叢書	葉書	清	1893	浙江	臨海縣	清屬臺州府
未見	續臺州叢書	楊晨	清	1898	浙江	臺州府	
	臺州叢書後集	楊晨	民國	1915	浙江	沿清臺州府	
未見	赤城遺書彙刊	金嗣獻	民國	1915	浙江	沿清臺州府	天臺縣北有赤城山〔註20〕
未見	臺州叢書己集	楊晨	民國	1919	浙江	沿清臺州府	
	仙居叢書第一集	李鏡渠	民國	1935	浙江	仙居縣	清屬臺州府
	永嘉叢書	孫衣言，孫詒讓	清	1868	浙江	溫州府〔註21〕	清領一廳：玉環廳；五縣：永嘉，樂清，瑞安，平陽，泰順。
	敬鄉樓叢書	黃群	民國	1928	浙江	沿清溫州府	
	惜硯樓叢刊	林慶雲	民國	1934	浙江	沿清溫州府	
	湖州叢書	陸心源	清	1884	浙江	湖州府	清領七縣：烏程，歸安，長興，德清，武康，安吉，孝豐；民國改吳興縣；大陸改湖州市。
	吳興叢書〔註22〕	劉承幹	民國	1913	浙江	沿清湖州府	

〔註20〕《四庫全書總目》卷六十八，宋陳耆卿《（嘉定）赤城志》下云：「……此為所撰臺州總志，以所屬臨海、黃巖、天臺、仙居、寧海五縣，條分件繫，分十五門。其曰赤城者，《文選》孫綽〈天臺山賦〉稱『赤城霞起以建標』李善注引支遁〈天臺山銘序〉曰：『往天臺，當由赤城山為道徑。』文引孔靈符《會稽記》曰：『赤城，山名，色皆赤，狀似雲霞。』又引《天臺山圖》曰：『赤城山，天臺之南門也，梁始置赤城郡，蓋因山為名。』耆卿此志，即用梁郡名耳。……」

〔註21〕晉置永嘉郡，唐置溫州。

〔註22〕三國吳置吳興郡，隋置湖州。

可見	叢書名	編　者	時代	大約西元	所屬省分	所收地域範圍	備　註（大陸現行地名）
	南林叢刊	周延年	民國	1936	浙江	南潯鎮〔註23〕	清屬湖州府烏程縣
未見	萬潔齋叢刊	周延年	民國	1936	浙江	不詳	
	紹興先正遺書	徐友蘭	清	1887	浙江	紹興府	清領八縣：山陰，會稽，蕭山，諸暨，餘姚，上虞，嵊，新昌。
未見	越中文獻輯存書	紹興公報社	清	1911	浙江	紹興府	
未見	蕭山叢書	張作楠	清		浙江	蕭山縣	清屬紹興府
	武林往哲遺著	丁丙	清	1895	浙江	杭州府	清領州一：海寧州；八縣：仁和，錢塘，富陽，餘杭，臨安，于潛，新城，昌化。
	四明叢書	張壽鏞	民國	1932	浙江	沿用清寧波府	清末領二廳：南田廳，石浦廳；五縣：鄞，慈溪，奉化，鎮海，象山；有四明山。
未見	處州叢書	青田端木彧	民國	1933	浙江	沿用清處州府	清領十縣：麗水，青田，縉雲，松陽，遂昌，龍泉，慶元雲和，宣平，景寧。
	虞陽說苑	愛日精廬抄本	清		江蘇	常熟縣〔註24〕	清屬蘇州府，常熟縣西北有虞山。
未見	虞陽說匯	菰村漁父	清		江蘇	常熟縣	
未見	海虞雜志十三種	□	清		江蘇	常熟縣	

〔註23〕清范來庚《南潯鎮志》卷一〈方輿志〉沿革云：「……孜潯鎮之稱，宋以前無聞，自太宗以潯東之地割隸平江，而鎮地始爲州境東出之門戶，乃成重地。按，（宋高宗紹興二年丁昌期）〈祗園寺莊田記〉，在宋高宗時，止稱潯溪；（理宗端平元年李心傳）〈報國寺記〉，在理宗初始稱南林；（度宗咸淳六年敕賜嘉應廟額，一稱南林，一稱南潯）嘉應廟牒，在度宗時乃稱南潯鎮，始有官守。稅務中有云『設鎮幾二十年』孜度宗六年爲庚午，逆推而上，十年庚申，爲理宗景定元年；廿年庚戌，乃理宗淳祐十年，然則鎮之設，當在是時矣！」

〔註24〕《中國古今地名大辭典》（民國20年初版，臺灣商務印書館）「海虞」下云，晉置，隋廢入常熟。明鄧韍《（嘉靖）常熟縣志》（中國史學叢書，吳相湘主編，民國54年臺灣學生書局出版）卷一〈建置沿革志〉云：「漢末孫氏有江東，領會稽，於是析吳北之地稱虞鄉，而置虞農都尉治之。晉太康四年以虞鄉置海虞縣，縣於是乎始。東晉初屬吳國，內史割海虞北境置剡、朐、利城三縣爲東海郡，縣西北有地曰沙中，咸康七年置南沙縣，屬晉陵郡，梁天監六年分婁縣地置信義郡，領海陽、前京、信義、海隅、興國、南沙六縣，大同六年，以南沙爲常熟，仍隸信義郡，縣稱常熟於是乎始。平陳開皇九年，置蘇州，統縣五，常熟屬焉，廢信義郡，以所領海陽、前京、信、海虞、興國、南沙地皆入常熟，治南沙城。……」

可見	叢書名	編者	時代	大約西元	所屬省分	所收地域範圍	備註（大陸現行地名）
未見	海虞雜志二十五種	□	清		江蘇	常熟縣	
	虞山叢刻	丁祖蔭	民國	1915	江蘇	常熟縣	
	虞陽說苑	丁祖蔭	民國	1917	江蘇	常熟縣	
	婁東雜著	邵廷烈	清	1833	江蘇	太倉州〔註25〕	太倉州領四縣：鎮洋，崇明，嘉定，寶山。
	東倉書庫叢刻初編	繆朝荃	清	1886	江蘇	太倉州	
	太崑先哲遺書首集	俞慶恩	民國	1931	江蘇	太倉縣和崑山縣	
	吳中文獻小叢書	偽江蘇省立蘇州圖書館編纂委員會	民國	1939	江蘇	沿用清蘇州府	清蘇州府，領九縣：吳，長洲，元和，吳江，震澤，昆山，新陽，常熟，昭文；二廳：太湖廳，靖湖廳。
未見	酌古準今	□	清	1839	江蘇	不詳	
	常州先哲遺書	盛宣懷	清	1895	江蘇	常州府	清領八縣：武進，陽湖，無錫，金匱，宜興，荊溪，江陰，靖江。
	江陰叢書	金武祥	清	1907	江蘇	江陰縣	清屬常州府
	錫山先哲叢刊	侯鴻鑑等	民國	1922	江蘇	無錫縣	清屬常州府
未見	江陰先哲遺書	謝鼎鎔	民國	1934	江蘇	江陰縣	清屬常州府
	金陵叢刻（原名國朝金陵叢書）	傅春官	清	1897	江蘇	上元縣和江寧縣	清屬江寧府；民國併二縣為江寧縣。
	金陵叢書	翁長森，蔣國榜	民國	1914	江蘇	沿清江寧府〔註26〕	清江寧府領七縣：上元，江寧，句容，溧水，高淳，江浦，六合。

〔註25〕《中國歷史地理大辭典》（廣東教育出版社，1995年）「婁東」下云，是江蘇省昆山市的別稱。又「婁縣」下云，秦置，治所在今江蘇昆山市東北，隋開皇九年廢。又「婁城」下云，是江蘇省太倉縣的別稱。按，弘治十年將崑山、常熟、嘉定三縣析出數鄉置太倉州，隸蘇州府，清初雍正二年升為太倉直隸州，可知太倉和崑山有淵源。邵廷烈凡例五云：「是集專輯吾婁所著，以存鄉先輩流風……。」邵廷烈為太倉州鎮洋人，又據清李兆洛序所云：「太倉邵君子顯輯其州之聞人著述之行於世者，彙為一編，題曰婁東雜著。」此部所云的「婁東」當指太倉州。

〔註26〕清末金陵道（江寧道）領江寧府。民國初年有金陵道，領十一縣：丹徒（17年改名鎮江）、丹陽、金壇、溧陽、江寧、句容、溧水、高淳、江浦、六合、太平（17年改名揚中），16年撤之。

可見	叢書名	編　者	時代	大約西元	所屬省分	所收地域範圍	備　註（大陸現行地名）
未見	南京文獻叢刊	盧前	民國	1947	江蘇		
	京口掌故叢編初集	陶駿保 陳懋恆	清	1908	江蘇	丹徒縣	清鎮江府治，民國17年改名鎮江。
	橫山草堂叢書	陳慶年	清	1909	江蘇	丹徒縣	
未見	東臺先哲遺書	袁承業	清	1910	江蘇	東臺縣	清屬揚州府
未見	海陵叢刻	韓國鈞	民國	1919	江蘇	泰縣〔註27〕	（大陸：泰州市）
	揚州叢刻	陳恆和	民國	1934	江蘇	沿用清揚州府	清揚州府，領二州：高郵州，泰州；六縣：江都，甘泉，揚子，寶應，興化，東臺。
未見	山陽叢書	段朝端	民國	1917	江蘇	淮安縣〔註28〕	
未見	楚州叢書第一集	冒廣生	民國	1921	江蘇	沿清淮安府〔註29〕	清淮安府領六縣：山陽，阜寧，清河，鹽城，安東，桃源。
	涇川叢書	趙紹祖，趙繩祖	清	1832	安徽	涇縣	清屬寧國府
未見	龍眠叢書	光聰諧	清		安徽	桐城縣	桐城縣北有龍眠山，清屬安慶府。
	貴池先哲遺書	劉世珩	民國	1926	安徽	貴池縣	清屬池州府
	安徽叢書	安徽叢書編審會	民國	1932	安徽	省	
	南陵先哲遺書	徐乃昌	民國	1934	安徽	南陵縣	清屬寧國府
	豫章叢書	陶福履	清	1893	江西	省	
	豫章叢書	胡思敬	民國	1915	江西	省	
未見	宜黃叢書第一輯	宜黃縣文獻委員會	民國	1947	江西	宜黃縣	
	湖北叢書	趙尙輔	清	1891	湖北	省	
	沔陽叢書	盧弼	民國	1922	湖北	沔陽縣	清爲漢陽府沔陽州（大陸：仙桃縣）〔註30〕

〔註27〕海陵縣，西漢置，五代南唐昇元元年於縣置泰州，明省縣入泰州，清屬揚州府，民國置泰縣。

〔註28〕山陽縣，東晉義熙九年置，南宋紹定元年改爲淮安軍，端平元年改爲淮安州，元至元二十年復爲山陽縣，明清爲淮安府治，民國三年改名淮安。

〔註29〕楚州，隋開皇十二年置，治所在山陽縣，元爲淮安路，明清爲淮安府。

〔註30〕大陸於1951年6月，從沔陽、監利、漢陽、嘉魚四縣析出洪湖縣，於1987年改爲洪湖市。沔陽縣於1986年改名仙桃縣。見《中華民國行政區劃與目前大陸地區行政

可見	叢書名	編 者	時代	大約西元	所屬省分	所收地域範圍	備 註（大陸現行地名）
	湖北先正遺書	盧靖	民國	1923	湖北	省	
未見	羅田王氏校印鄉哲遺書	王葆心	民國	1931	湖北	羅田縣	清屬黃州府
	湖南叢書	孫文昱等	民國	1925	湖南	省	
	浦城遺書	祝昌泰等	清	1811	福建	浦城縣	清屬建寧府
	嶺南叢書	吳蘭修	清	1831	廣東	省	
	嶺南遺書	伍崇曜	清	1831	廣東	省	
	廣東叢書	廣東叢書編印委員會	民國	1941	廣東	省	
	雲南叢書	趙藩，陳榮昌等	民國	1914	雲南	省	
未見	宣威叢書	繆秋沈	民國	1946	雲南	宣威縣	清曲靖府宣威州
	黔南叢書	任可澄	民國	1922	貴州	省	
	畿輔叢書	王灝	清	1879	河北	省	
	屏廬叢刻	金鉞	民國	1924	河北	天津（民國未定，當縣）	清有天津府天津縣
未見	齊魯遺書	□	清		山東	不詳（疑省）	
	習盦叢刊（濰縣文獻叢刊）	丁錫田	民國	1933	山東	濰縣	（大陸：濰坊市）
	三怡堂叢書	張鳳臺	清	1906	河南	省	
未見	雪華館叢編	牛誠修	民國	1916	山西	不詳	
	山右叢書初編	山西省文獻委員會	民國	1934	山西	省	
	關隴叢書	張鵬一	民國	1922	陝西	省	
未見	涇陽文獻叢書	柏堃	民國	1925	陝西	涇陽縣	清屬西安府
	關中叢書	宋聯奎	民國	1934	陝西	省	
	遼海叢書	金毓黻	民國	1931	東三省	東三省	
未見	蜀阜文獻匯刻	徐仲達	民國	1927	不詳	不詳	

區劃對照研究報告》。

第四節　郡邑叢書的興起

《鹽邑志林》是第一部專收一地鄉先哲經史子集著作的叢書，刊刻於明代，後來援其例編刊叢書者漸多，尤盛於同治光緒朝，形成郡邑叢書一類。其中被認為影響郡邑叢書刊刻風氣的，有《臺州叢書》、《金華叢書》、《湖北叢書》等。

《臺州叢書》，陳訓慈〈新刊仙居叢書序〉云：

> 郡邑叢書之刊刻，意在表章鄉獻，自明人《梓吳》一書開其端，逮清而此風彌盛。而我浙人士特篤桑梓之誼，嘉道以降，先後網羅放逸，付之剞劂以成叢書者，不下二十數，所收鄉賢遺著垂四五百種，降迄今日流風未替……綜厥蒐輯之勤，紹述之勇，求諸他省，殆罕比倫，而溯其先河，實推嘉慶間宋确山（按，當作牕山）世犖之刊《臺州叢書》，是吾浙各邑輯刻書之由特盛。……比宋氏輯《臺州叢書》，兩浙各地亦聞風繼起，而踵行故事尤盛者，仍推臺人。如臨海葉伯丹先生書之《蔭玉閣叢書》，黃巖王子莊先生棻之《臺州叢書續編》，皆刻于清季。光復以還，以黃巖楊定夫先生晨復編《臺州叢書後集》，與溫嶺金諤軒先生嗣獻之《赤城遺書》同時刊行。黃巖喻志韶先生長霖從子莊游，亦好蒐訪鄉獻，自謂嘗續輯臺州叢書八百三十三卷，積稿待梓。臨海項士元先生元勳，尤銳意訪求郡賢著述，既著有《臺州經籍志》行世，又編有《寒石草堂所藏臺州書目》，是吾浙表章鄉賢彙刻遺著之業，臺人士抑又視他郡為尤多且勤矣。……

《金華叢書》，傅增湘〈續金華叢書序〉云：

> ……永康胡月樵先生觀察鄂中領官局，復以金華一郡譔述最富，徵諸四庫總目，自唐以來凡百六十五種，輯為提要八卷，就所藏棄，次第開雕。比解組還浙，刻書之志不懈益勤，成《金華叢書》六十八種。又刻經史讀本，校定精審，出江浙諸局刻上，退補齋之名，至今學子多能道之。嗣是，杭州則有丁氏武林往哲遺著、掌故叢編，嘉興則有孫氏檇李遺書，湖州則有陸氏叢書，紹興則有徐氏先正遺書，溫州則有孫氏永嘉遺書，江寧則有傅氏金陵叢刻，常州則有盛氏先哲遺書，皆踵金華而起。又若畿輔、湖北並有叢書，推及尤廣，六十年來溯其始事之功，先生庶克當之。

《湖北叢書》，盧弼〈沔陽叢書序〉云：

> 吾鄂自趙翼之學使刊行《湖北叢書》後，一時學人蔚起，爭以表章先哲、保存文獻為己任。就不佞所知，其已刊行者，天門周泊園有《胡石莊

集》，潛江甘藥樵有《魯文恪公集》、《大隱樓集》，羅田王季薌有《漢陽魏氏遺書》，監利龔耕畬有《容城耆舊集》，蒲圻張潛若有《鄖溪集》〔註31〕，而伯兄木齋專收四庫著錄之本有《湖北先正遺書》第一輯。比年，不佞兄弟復彙集沔陽先賢遺著，凡十二種九十卷，爲《沔陽叢書》。

這些叢書帶動刊刻郡邑叢書的風氣，此外，郡邑叢書之所以興起，可歸納出三個原因：

一、刻書、藏書風氣興盛

刻書始於盛唐，之後隨著技術的純熟，以及主政者獎勵文風、政治安定、經濟發展等有利條件下，刻書的內容由民間用書擴大到經史子集，並形成官刻、私刻、坊刻三大刻書系統。明代刻書之繁盛，更勝於宋、元兩代，明唐順之〈答王遵巖〉〔註32〕的信云：「……其屠沽細人有一碗飯喫，其死後必有一篇墓誌。其達官貴人與中科第人，稍有名目在世間者，其死後必有一部詩文刻集。……」其刻書之普遍，可見一斑。清代是歷代古籍總結和整理的時代，尤其是康、雍、乾盛世和同治、光緒官書局，刻書最盛。

叢書始於南宋俞鼎孫、俞經所輯的《儒學警悟》，到了明清，因爲刻書的便利，加上明清私家藏書、刻書的風氣很盛，使得叢書大量出現，種類繁多。明代多有刪節、割裂、妄改，毛晉《津逮秘書》始矯其弊。清代乾嘉時考據學大興，刊刻多精良，如繆荃孫〈積學齋叢書序〉云：「叢書之刻，在藝苑已爲末事，然萌于宋，繩于明，極盛于我朝乾嘉之間。大師耆儒，咸孜孜焉弗倦，校益勤，刻益精，籍以網羅散逸，掇拾叢殘，續先哲之精神，啓後學之涂軌，其事甚艱，而其功亦甚鉅。顧有性嗜舊刻，毫釐求肖者，如黃主事之士禮居是也；有志在傳古，校讎最精者，如盧學士之抱經堂是也；有書求罕見，今古俱備者，如鮑處士之知不足齋是也；有搜亡抱缺者，如趙大令之《鶴齋叢書》是也。」而第一部郡邑叢書《鹽邑志林》就出現在明代，不過清同治、光緒以後才明顯增多。

當時江浙地區經濟最繁榮，帶動文化和學術的發展，明清藏書家亦多聚集於江浙兩省，最著名者如明范欽天一閣、明毛晉汲古閣、明末清初錢謙益絳雲樓、清初

〔註31〕史語所有《湖北叢書·續編》收《鄖溪集》一種四冊，即此書原刊本，張國淦序曰：「……戊午京居多暇，屬有續刻《湖北叢書》之議。爰從京師圖書館抄得此集庫本，鳩工付梓後，假得左笏卿年丈所藏巴陵方氏傳鈔本，未幾，又連得楊肖麓廳長所藏夏氏夏潤之編修所藏潘氏兩鈔本，互相讎校，其有異同，泐力爲札記，復得同歲諸友潛江甘藥樵鵬雲、漢陽周子乾貞亮、羅田王季薌葆心，相與商說，悉附記中……」
〔註32〕《唐荊川文集》卷七，《常州先哲遺書》本。

四大藏書家黃丕烈、周錫瓚、袁廷檮、顧之逵，清末四大藏書家之中的瞿鏞、陸心源、丁丙三人等，皆爲江浙人，此外，清乾隆時編纂《四庫全書》時以江浙兩省採進本爲最多，而爲存放七部《四庫全書》七閣之南三閣，即浙江杭州文瀾閣，江蘇鎮江文宗閣，江蘇揚州文匯閣，亦可知江浙兩省藏書、刻書之盛，故所刻叢書的數量遠盛於其他地區。

二、重視鄉邦文獻

　　中國土地遼闊，歷代統治者將領土作了行政區劃，讓政令由中央下達地方，縣是最小的行政單位，以下還有鄉、里等自治組織。人們自然聚集的緊密關係之所以形成，除了血緣外，最重要的就是地緣。中國文化的發展，一是中央政府透過政策所主導，影響是全面的，諸如思想、教育、徵才入仕方式、風俗教化等；一是因地理區隔所造成的地方文化，各地民風、人文不盡相同，當地的人多因具地方的認同感和文化傳承觀念而重視鄉邦文獻。

　　搜集鄉邦文獻，由來已久，種類亦多，如梁啓超〈方志學〉〔註33〕文中云，有集部，如《蘇州名賢詠》等；有筆記體，如戴璐《吳興詩話》等；有簿錄鄉邦人之著述，如孫詒讓《溫州經籍志》等；有大舉搜集鄉邦人著述而刻之者，如《畿輔叢書》等。

　　郡邑叢書的興起是較晚的，項士元〈新刊仙居叢書序〉云：「郡邑文獻，非僅恃有志乘，亦非僅恃有詩文總集之編。蓋志乘體製爲史之支流，紀載祇舉崖略；詩文總集之所甄錄，亦僅輔志乘所不逮，未易網羅四部、窮窺全豹。故明清以來，各地賢哲多於方志、文徵、詩錄之外，蒐訪邦賢遺著，刊爲叢書。」說明郡邑叢書之前，早有方志、文徵、詩錄等的存在。

　　據統計，大陸現存方志有八千五百種〔註34〕，是鄉邦文獻的寶庫。溯其發展，秦漢時大致以偏重地理的「地記」爲主，並已出現專記一地人物的耆舊傳、先賢傳。隋唐盛行「圖經」，而且開始官修。宋代以「志」爲主，圖已減少，其內容和體例也漸由偏重地理發展到兼顧人文社會面，其中樂史的《太平寰宇記》記藝文和人物，高似孫的《剡錄》記書目，都是重要創舉，到了元代則出現一統志。方志在明清兩代最爲興盛，種類也越來越多，可分爲總志、通志、府志、州志、廳

〔註33〕《東方雜誌》二十一卷十八期，1924年，即《中國近三百年學術史》〈十五、清代學者整理舊學之總成績（3）－史學、方志學、地理學、傳記及譜牒學〉中的「方志學」。
〔註34〕《中國地方志總目提要》凡例云該書收錄大陸二百個藏所現存1949年10月以前的歷代方志，包括具方志稿性質的志料、採訪冊、調查記等，但不收錄山、水、寺廟、名勝志等，共計8577種。金恩輝、胡述兆主編，漢美圖書有限公司1996年出版。

志、縣志、關鎮軍志、道志、衛所志、土司司所志、鹽井鹽場志、鄉鎮志、鄉土志、僑置志等。〔註35〕民國以後，中央政府仍很重視修纂方志，各地普設修志局或文獻委員會等。〔註36〕

為了利於統治，統治者十分重視有關一地的地記、圖經、方志等，值得注意的是，第一部郡邑叢書《鹽邑志林》的主編者樊維城是當時的海鹽知縣，可知地方官任官對於地方先賢著述的重視，之後《畿輔叢書》、《湖北叢書》、《三怡堂叢書》、《關中叢書》等，也是地方官所主持。方志的藝文和書目，是編郡邑叢書十分珍貴的資料，例如《畿輔叢書》、《黔南叢書》、《屏廬叢書》等，還是修志的副產品〔註37〕。

詩文的收集和彙刻，是編郡邑叢書的重要前奏，郡邑叢書可以說是其擴充，如盧弼〈沔陽叢書序〉云：「……昔宋鄭虎臣編《吳都文粹》，元汪澤、民國張師愚編《宛陵群英集》，明程敏政撰《新安文獻志》，錢穀編《吳都文粹續集》，是鄉人纂集郡縣叢書之權輿。……」

三、同治、光緒的振興

清代經過康、雍、乾三朝的興盛後，內憂外患舉踵日至，國勢開始走向動蕩不安。內有秘密會社如白蓮教、天地會等作亂，各地如回民的叛亂、捻亂等，尤其是道光二十年的鴉片戰爭、咸豐年間兩次英法聯軍，道光三十年至同治三年洪秀全的太平天國，文獻破壞嚴重。

為了保存文獻、維繫民心，平定太平天國後，清穆宗下詔修復學校、書院等，並接受同治六年江蘇學政鮑源深〈請購刊經史疏〉對籌資擇書重加刊刻的建議〔註38〕，在同年五月初六日諭內閣云：「……著各直省督撫轉飭所屬，將舊存學中書籍，廣為購補，並將列聖御纂欽定經史各書，先行敬謹重刊，頒發各學，並准書肆刷印，以廣流傳，俾各省士子得所研求，同敦實學，用副朝廷教育人才至意。」〔註39〕自此，各省陸續興辦官書局。從同治六年前後直至光緒中期以後，為官書局大規模興起的時期〔註40〕，形成清代繼康、雍、乾後第二次的刻書盛況。

〔註35〕陳光貽〈方志類別小議〉，《史學史研究》1981年一期。

〔註36〕王复（復）興《方志學基礎》，山東大學出版社，1987年。

〔註37〕《畿輔叢書》是王灝官京曹時編，為《畿輔通志》作準備，但未詳何本；《黔南叢書》是任可澄修《貴州通志》時所編的；《屏廬叢書》是金鉞等人採用天津通志局所搜集的鄉人著述所編成的。

〔註38〕見陳弢《同治中興京外奏議約編》卷五。

〔註39〕《穆宗實錄》卷二〇二。

〔註40〕梅憲華〈晚清的官書局〉，《出版史料》1989年3、4合刊，後《中國圖書論集》收入，程煥文編，1994年，北京商務印書館出版。

在政府振興文獻之際，有感於文獻散佚、世風日下的人，也著力於刊刻郡邑叢書，劉承幹〈吳興叢書序〉云：「……溯自同光以來，際中興之會，吾浙士大夫多好搜羅古籍，表彰先哲，其藏書之富，如錢塘之丁氏，檇李之孫氏，歸安之陸氏，彰彰在人耳目者。浙東則紹興之徐氏，太平之宋氏，金華之胡氏，瑞安之孫氏，亦皆家富縹緗，均有先哲叢書之刻，傳之海內。……」傅增湘〈續金華叢書序〉亦云：「咸同軍興後，典籍散墜，各行省開局刊書，士大夫賢而有力者，亦多鐫善本以惠藝林。」是郡邑叢書尤盛於同治、光緒朝的原因。

第二章　臺灣可見浙江、江蘇郡邑叢書簡介

　　第一章所整理出來的郡邑叢書有八十六部，臺灣可見五十五部。因為江浙兩省即占三十一部，較其他十六省二十四部為多，所以以江浙地區為一章，其他省分為一章，以利敘述。

　　第二章和第三章之首皆有書目目錄，先根據《臺灣公藏方志聯合目錄（增訂本）》排列省分，屬同省分者，再依大約的時代先後排列，標出原刊本臺灣收藏單位、臺灣可見重刊本，以便查尋。臺灣收藏單位方面，以史語所最多，臺大次之。臺灣重刊本主要有二，一為藝文印書館《百部叢書集成》、《原刻景印叢書菁華》（即《叢書集成續編》、《三編》），是取原刊本影印整部叢書；二為新文豐出版公司《叢書集成新編》、《續編》、《三編》，將所收叢書子目加以分類出版。大陸重刊本主要有上海商務印書館《叢書集成初編》、北京中華書局《叢書集成初編》、上海書店《叢書集成續編》，三者亦是將所收叢書子目分類出版，另有江蘇廣陵古籍刻印社、中國書店等重刊整部叢書。要說明的是，藝文印書館《百部叢書集成》（1970 年起印）、北京中華書局《叢書集成初編》（1983 年起印）、新文豐出版公司《叢書集成新編》（1984 年起印）三部，內容皆是上海商務印書館《叢書集成初編》〔註1〕所選的百部叢書。

　　第二、三章的內容，是敘述編者、編刊過程、體例、序跋內容、版本狀況以及所見本和《綜錄》及其補正的出入等。寫作的體例為：

　　一、文字說明編者、編刊緣起、體例、特點、相關問題等。

　　二、引用提要等相關資料，因為《續修四庫全書提要》和其他提要大多是抄自原書的序跋凡例等，容易參看，所以只採用較重要的批評意見。

　　三、列出子目。《綜錄》列的子目是大陸藏本資料，可就臺灣藏本和相關資料，

　　　　　　　　　　　　　　　　　　　　

〔註 1〕原計劃出版 4000 冊，後因抗戰而中斷，實際出版 3467 冊（據北京中華書局 1983 年《叢書集成初編目錄》的重印說明）。

將和《綜錄》的子目次序或內容有不一的情況等反映出來。臺灣藏本不全而有大陸重刊本可參考者，於備註標示「只見重刊本」；若無重刊本可參考者，標示「未見」。再者，《綜錄》所列大多無版本項，本文盡量列出版本，若總目、牌記或其他地方有記錄者，直接引用，無則試從序跋中瞭解。

四、藝文印書館重刊本所收的叢書中，有些子目是重複的，因此只刊出較佳或不同的版本，並於叢書前略加說明，是可供參考的整理成果，是以《鹽邑志林》、《畿輔叢書》、《湖北叢書》、《金陵叢刻》、《金華叢書》等後面附有藝文印書館說明。

五、《雲南叢書》和胡思敬《豫章叢書》所列總目中有未刻本；《浙江省立圖書館館刊》第三卷第六期〔註2〕〈刊《仙居叢書》緣起及目錄〉一文中有《仙居叢書》第二集擬目；繆荃孫〈常州先哲遺書正續集緣起〉〔註3〕列有原擬定的《常州先哲遺書》目錄，其中有未刻者，皆列於末，以供參考。

江浙地區為明清文化、經濟最繁榮發達的地方，藏書、刻書風氣盛，臺灣可見的江浙兩省郡邑叢書有三十一部，遠勝他省。浙江十六部，範圍以府為多，明代萬曆一部，清代嘉慶一部，同治二部，光緒四部，民國八部；江蘇十五部，範圍以縣為多，清道光一部，嘉慶一部，光緒六部，民國七部，表列如下：

所屬省分	叢書名	大約的西元	時代	編者	原刊本藏所	臺灣重刊本	臺灣可見的大陸重刊本
浙江	鹽邑志林	1623	明	樊維城	國家圖書館，史語所，臺大	藝文印書館《百部叢書集成》，新文豐出版公司《叢書集成新編》	上海商務印書館民國26年《景印元明善本叢書》，上海商務印書館《叢書集成初編》，北京中華書局《叢書集成初編》
浙江	臺州叢書（名山堂叢書）	1817	清	宋世犖	史語所	新文豐出版公司《叢書集成續編》	
浙江	金華叢書（初名金華文萃）	1862	清	胡鳳丹	史語所、臺大皆民國14年補刊本	藝文印書館《百部叢書集成》，新文豐出版公司《叢書集成新編》	上海商務印書館《叢書集成初編》，北京中華書局《叢書集成初編》（中研院文哲所）[陽海清補正：江蘇廣陵古籍刻印社1983年用原版校補重刊]

〔註2〕民國23年12月31日。
〔註3〕《藝風堂文漫存乙丁稿》卷三，見《藝風堂文集》，文海出版社。

所屬省分	叢書名	大約的西元	時代	編者	原刊本藏所	臺灣重刊本	臺灣可見的大陸重刊本
浙江	永嘉叢書	1868	清	孫衣言、孫詒讓	史語所，臺大	新文豐出版公司《叢書集成續編》	上海書局《叢書集成續編》
浙江	檇李遺書	1878	清	孫福清	史語所、臺大皆巾箱本	新文豐出版公司《叢書集成續編》	上海書局《叢書集成續編》
浙江	湖州叢書	1884	清	陸心源	史語所、師大12種，臺大8種	新文豐出版公司《叢書集成續編》	
浙江	紹興先正遺書	1887	清	徐友蘭	史語所，臺大	新文豐出版公司《叢書集成續編》，文海出版社73年	上海書局《叢書集成續編》
浙江	武林往哲遺著	1895	清	丁丙	史語所53種，臺大67種後10種	藝文印書館《叢書集成三編》（即《原刻景印叢書菁華》），新文豐出版公司《叢書集成續編》	江蘇廣陵古籍刻印社1985年據丁氏嘉惠堂刻重印（中研院文哲所，近史所），上海書局《叢書集成續編》
浙江	吳興叢書	1913	民	劉承幹	史語所全，師大不全	新文豐出版公司《叢書集成續編》	上海書局《叢書集成續編》[陽海清補正：上海古籍書店1964年重印]
浙江	臺州叢書後集	1915	民	楊晨	史語所	新文豐出版公司《叢書集成續編》	
浙江	續金華叢書	1924	民	胡宗楙	史語所，臺大	藝文印書館《叢書集成三編》，新文豐出版公司《叢書集成續編》	江蘇廣陵古籍刻印社1983年
浙江	敬鄉樓叢書四輯	1928	民	黃群	史語所有1至3輯28種，臺大只有第1輯10種	新文豐出版公司《叢書集成續編》	
浙江	四明叢書	1932	民	張壽鏞	史語所，臺大	新文豐出版公司《叢書集成續編》	上海書局《叢書集成續編》
浙江	惜硯樓叢刊	1934	民	林慶雲	史語所		
浙江	仙居叢書第一集	1935	民	李鏡渠	史語所	新文豐出版公司《叢書集成續編》	

所屬省分	叢書名	大約的西元	時代	編者	原刊本藏所	臺灣重刊本	臺灣可見的大陸重刊本
浙江	南林叢刊	1936	民	周延年			杭州古籍書店 1982 年[陽海清補正：杭州古籍書店 1982 年影印，有改正明顯誤字]
江蘇	虞陽說苑（見第一章）		清	愛日精廬鈔本	國家圖書館		
江蘇	婁東雜著（棣香齋叢書）八集、續刊	1833	清	邵廷烈	史語所		江蘇廣陵古籍刻印社 1990 年據道光刊本影印
江蘇	東倉書庫叢刻初編	1886	清	繆朝荃	史語所不全		
江蘇	常州先哲遺書	1895	清	盛宣懷	史語所、臺大皆無後編	藝文印書館《叢書集成三編》，新文豐出版公司《叢書集成續編》	上海書局《叢書集成續編》
江蘇	金陵叢刻（國朝金陵叢書）	1897	清	傅春官	史語所，臺大	藝文印書館《百部叢書集成》，新文豐出版公司《叢書集成新編》	上海商務印書館《叢書集成初編》，北京中華書局《叢書集成初編》
江蘇	江陰叢書	1907	清	金武祥	史語所，師大	新文豐出版公司《叢書集成續編》	
江蘇	京口掌故叢編初集（見第一章）	1908	清	陶駿保、陳懋恆	史語所	文海出版社 58 年（《近代中國史料叢刊》之一）	江蘇廣陵古籍刻印社 1987 年據清光緒三十四年（1908）陶氏刊本影印
江蘇	橫山草堂叢書	1909	清	陳慶年	史語所		
江蘇	金陵叢書	1914	民	翁長森、蔣國榜	史語所，臺大，國家圖書館臺灣分館	大通出版社 58 年，力行出版社 59 年，新文豐出版公司《叢書集成續編》，大西洋圖書公司 59 年。	上海書局《叢書集成續編》
江蘇	虞山叢刻	1915	民	丁祖蔭	史語所，臺大	新文豐出版公司《叢書集成續編》	
江蘇	虞陽說苑（見第一章）	1917	民	丁祖蔭	史語所		

所屬省分	叢書名	大約的西元	時代	編者	原刊本藏所	臺灣重刊本	臺灣可見的大陸重刊本
江蘇	錫山先哲叢刊	1922	民	侯鴻鑑等	史語所		
江蘇	太崑先哲遺書首集	1931	民	俞慶恩	史語所	新文豐出版公司《叢書集成續編》	
江蘇	揚州叢刻（見第一章）	1934	民	陳恆和	史語所，孫逸仙圖書館，東海大學	成文出版社59年（《中國方志叢書》之一）	江蘇廣陵古籍刻印社據陳恆和書林刻本影印，1980年和1990年。
江蘇	吳中文獻小叢書	1939	民	江蘇省立蘇州圖書館編纂委員會			上海書局《叢書集成續編》

　　叢書的編者為關心鄉邦文獻的人，其中有地方官，如明樊維城、清宋世犖；有知名學者，如清孫詒讓；有藏書家，如清陸心源、清丁丙、劉承幹、張壽鏞、丁祖蔭等，而金武祥《江陰叢書》、盛宣懷《常州先哲遺書》、劉承幹《吳興叢書》主編者實為繆荃孫，也是一清末大藏書家。

　　收書較多而超過五十種者，有《婁東雜著》、《金華叢書》、《續金華叢書》、《常州先哲遺書》、《武林往哲遺著》、《金陵叢書》、《吳興叢書》等，而以《四明叢書》收一百七十三種為最多。

　　江浙郡邑叢書原刊本，以史語所所藏最多，對照《中國叢書綜錄》，收書有全有不全。史語所藏本收書不全而其他藏本較全者，有《檇李遺書》，臺大藏本全；《武林往哲遺著》，臺大藏本全；《江陰叢書》，師大藏本全，史語所藏本收書不全且缺繆荃孫序；《吳興叢書》，師大藏本前有劉承幹序，史語所藏本無之。

　　臺灣藏本收書不全而有大陸重刊本者，有《永嘉叢書》、《常州先哲遺書》；收書不全而無重刊本者，有《臺州叢書》、《橫山草堂叢書》、《敬鄉樓叢書》、《東倉書庫叢刻初編》、丁祖蔭《虞陽說苑》，其中《橫山草堂叢書》較《中國叢書綜錄》所登錄者多了兩種；無藏本而僅見大陸重刊本者，有《南林叢刊》、《吳中文獻小叢書》。

　　以下依上表次序作提要，先浙江省，後江蘇省，按各部時代排列，由於《臺州叢書後集》為《臺州叢書》續作，《續金華叢書》為《金華叢書》續作，故分別於所續叢書之後提前敘述。清愛日精廬鈔本《虞陽說苑》、丁祖蔭《虞陽說苑》、《京口掌故叢編初集》、《揚州叢刻》是以收掌故為主，已於第一章第三節討論，此不覆述。

一、浙江省

（一）《鹽邑志林》

此部叢書收海鹽一縣歷代之著述。明樊維城官海鹽知縣時編，樊維城字亢宗，湖北黃岡人。

前有朱國祚和樊維城的序，朱國祚序云有胡震亨、姚士麟、鄭端胤、劉祖鐘助之編刊，每種書首頁書名下皆題校閱者，亦可得知與事者。

《鹽邑志林》子目

書　　名	作　　者	書　　名	作　　者
易解 1 卷	吳陸績撰	今言類編 5 卷	明鄭曉撰
京氏易傳注 3 卷	吳陸績撰	古言類編 2 卷	明鄭曉撰
草木蟲魚疏 2 卷	吳陸績撰	海石子內篇 1 卷外篇 1 卷	明錢薇撰
易解 3 卷	晉干寶撰	龍興慈記 1 卷	明王文祿撰
搜神記 2 卷	晉干寶撰	通史它石 3 卷	明仇俊卿撰
玉篇直音 2 卷	梁顧野王撰	玄機通 1 卷	明仇俊卿撰
吳地記 1 卷	唐陸廣微撰	仰崖遺語 1 卷	明胡憲仲撰
化書 1 卷	南唐譚峭撰	潁水遺編 2 卷	明陳言撰
樵談 1 卷	宋許棐撰	烏槎幕府記 1 卷	明鍾兆斗撰（*01）
閑窗括異志 1 卷	宋魯應龍撰	禮記通註 1 卷	明朱元弼撰
海鹽澉水誌 2 卷	宋常棠撰	猶及編 1 卷	明朱元弼撰
樂郊私語 1 卷	元姚桐壽撰	摘語 1 卷	明鄭心材撰
檇李記 1 卷	明王樵撰	倭變事略 4 卷	明采九德撰
靖海紀略 1 卷	明鄭茂撰	鳴吾雜著 1 卷	明崔嘉祥撰
奉使錄 2 卷	明張寧撰	荒箸略 1 卷	明劉世教撰
西園雜記 2 卷	明徐咸撰	筆記 1 卷	明呂兆禧撰
詩談 1 卷	明徐泰撰	江上雜疏 1 卷	明彭宗孟撰
測語 2 卷	明錢琦撰	吳少君遺事 1 卷	明姚士麟撰
貽謀錄 1 卷	明許相卿撰	見只編 3 卷	明姚士麟撰
碧里雜存 2 卷	明董穀撰	附	
吾學編餘 1 卷（殘）	明鄭曉撰	聖門志 5 卷	明呂元善撰

*01：《烏槎幕府記》，丙午冬仲門人鍾兆斗秉文識云：「豐陽馮先生任東廣，平倭夷及海寇峒賊，大小數十戰，屢犯危難，卒就大功，譚者至今偉之。余昔年讀書，先生山園兩郎君出一編示余，則皆兵行時事跡，為烏槎營中幕客所記，頗為詳悉，因與研席友朱君元弼稍點次之，而仍其名曰烏槎幕府記，傳之……」由此可知鍾兆斗只是編者，非原作者。

對《鹽邑志林》這第一部郡邑叢書的批評有：

1. 《四庫全書總目》六十二卷云：

其中如陸績《易解》之類，多出鈔合明人所著，又頗刪節，大抵近《說郛》之例，其最舛誤者，莫如顧野王之《玉篇廣韻直音》。《玉篇》自唐上元中經孫強增加，宋人又有大廣益會之本，久非原帙，舉今本歸諸野王已爲失考，又《玉篇》自《玉篇》，《廣韻》自《廣韻》，乃併爲一書，尤舛謬。且《玉篇》音用翻切，並無直音之說，忽以直音加之野王，更不知其何說。考首卷訂閱姓名，列姚士麟、鄭端允、劉祖鍾三人，士麟固當時勝流，號爲博洽者也，何乃至於是哉？

2. 《續修四庫全書提要》第二篇云：

……嘗謂明代士大夫喜刻叢書，然率剪斷割裂，貪列異名，以相誇耀，即陶九成之《說郛》亦所不免，必如茲編，始云無愧……

3. 葉德輝《書林清話》卷九〈刻鄉先哲之書〉云：

如《梓吳》、《鹽邑志林》，雖有開必先而卷帙零奇，殊嫌瑣細，《涇川》亦多無用之書，不必爲世傳誦。

如《四庫全書總目》所言，此叢書有失當之處，非如第二篇所言「必如茲編，始云無愧」。至於葉德輝所云「卷帙零奇，殊嫌瑣細」者，觀其所收書，確有篇幅甚少者，如《樵談》、《檇李記》、《詩談》、《貽謀錄》、《龍興慈記》、《玄機通》、《仰崖遺語》、《烏槎幕府記》、《摘語》、《吳少君遺事》等，少則三、四頁，多則十、十一頁。

附：藝文印書館重刊整理說明

書　　名	說　　　　　明
樵　　談	學海類編亦有，案此本自獻醜集析出，百川學海已影印。
閑窗括異志	稗海亦有，鹽邑本有缺字。
樂郊私語	寶顏堂秘笈及學海類編均有，寶顏堂本佳。
奉　使　錄	寶顏堂秘笈亦有，鹽邑本清晰。
詩　　談	百陵學山及學海類編均有，百陵在先。
測　　語 （一名語測）	學海類編及百陵學山均有，學海僅四十六條，全出鹽邑。百陵名語測，與鹽邑內容不同。
碧里雜存	寶顏堂秘笈亦有，鹽邑本上下卷全。
今言類編	紀錄彙編亦有，鹽邑本分類編次。
古言類編	百陵學山及學海類編均有，鹽邑二卷本足本。
海石子內外篇	百陵學山及學海類編均有，鹽邑二卷本足本。

書　　名	說　　　　　明
龍興慈記	百陵學山及紀錄彙編均有，紀錄本較佳。
玄機通	百陵學山亦有，百陵在前。
仰崖遺語	百陵學山亦有，百陵在先。
荒箸略	墨海金壺及守山閣叢書均有，守山閣本校勘精。
易解	古經解彙函亦有，古經本經孫堂增補。
京氏易傳注	漢魏叢書、津逮秘書、學津討原及范氏二十一種奇書均有，范氏善本。
草木蟲魚疏	津逮秘書、漢魏叢書、唐宋叢書、古經解彙函、寶顏堂秘笈及學津討原均有，古經解本最善。
搜神記	津逮秘書、學津討原、稗海、漢魏叢書、龍威秘書及秘冊彙函均有，學津本校訂最佳。
吳地記	古今逸史、唐宋叢書、學海類編及學津討原均有，學津本較佳。
化書	寶顏堂秘笈、唐宋叢書、珠叢別錄、子彙及墨海金壺均有，寶顏堂本最先。

（二）《臺州叢書》和《臺州叢書後集》

1. 《臺州叢書》，收清臺州府歷代之著述，清臺州府領臨海、黃巖、天臺、仙居、寧海、太平六縣。清宋世犖官扶風知縣時編。宋世犖字卣勳，又字㸌山，浙江臨海人。

　　《續修四庫全書提要》（《臺州叢書》甲集七種）云：「……原書簽題臺州叢書甲集，疑世犖原意自甲至癸，分集續出，此僅一集，故收書不多也。」所見史語所藏本是甲集四種和乙集三種合七種。每書後有序，前論人、書、事，後言刊刻過程，多取鈔本校正，如：

　　《廣志繹》，編者序云：

　　　　……書梓於康熙丙辰而流傳絕少，惟同邑洪筠軒司馬（頤煊）家有藏
　　　　本。今筠軒走宦粵東，乃取郭石齋秀才（協寅）鈔本與余往歲抄本互校一
　　　　過，重付梓人……

　　《（嘉定）赤城志》，編者序云：

　　　　明弘治謝鐸嘗重梓，洪頤煊、郭協寅各得殘冊，交互影抄，遂成全帙，
　　　　宋從兩家鈔得之。……

　　其中《滇考》未刊，宋世犖就已逝世，是由宋世犖之三個兒子宋經畬、曾昀、倫疇刊刻，序言：「二十年前得刻本於洪頤煊手抄之，內闕十餘頁所以編叢書時未刻，本年（道光辛巳）致事，適郭協寅持所得善本至，惜未開彫，宋世犖死，三子從之

而刻。」

　　楊晨〈臺州叢書後集序〉云：「宋氏始刊叢書而僅七種，附自著二」，未列出自著的書名，但《綜錄》所附兩種爲明金賁亨所撰，史語所藏本僅七種，故未知何者爲確。

《臺州叢書》子目

甲　　集		乙　　集	
文則 2 卷附校語 1 卷	宋陳騤撰，校語清宋世犖撰	赤城志 40 卷	宋陳耆卿撰
石屏詩集 10 卷	宋戴復古撰	赤城集 18 卷	宋林表民輯
廣志繹 5 卷	明王士性撰	滇考 2 卷	清馮甦撰
見聞隨筆 2 卷	清馮甦撰	道南書院錄 5 卷（未見）	明金賁亨撰
		臺學源流 7 卷（未見）	明金賁亨撰

2. 《臺州叢書後集》，民國楊晨編。楊晨字定夫，浙江黃巖人。

　　前有楊晨序，只有《尊鄉錄節要》一種後有識語，糾正《四庫全書總目》的錯誤，認爲作者是明謝鐸，而非明王弼。所收書有楊晨編撰者五種，其中如《臺州藝文略》、《臺州金石略》、《赤城別集》等，可見擴及地方文獻，非以先正著述爲限。

《臺州叢書後集》子目（目次和内文不同，茲按内文次序）

書　　名	作　　者	書　　名	作　　者
古禮樂述 1 卷附錄 1 卷	清李誠撰	項子遷詩 1 卷	唐項斯撰
臨海記 1 卷	清洪頤煊編輯	章安集 1 卷	宋楊蟠撰
臨海異物志 1 卷	吳沈瑩撰，民國楊晨輯	委羽居士集 1 卷	宋左緯撰，民國王棻輯
尊鄉錄節要 4 卷	明謝鐸撰	丹邱生稿 1 卷	元柯九思撰
修復宋理學二徐先生祠墓錄 1 卷	民國楊晨編輯	南村詩集 4 卷	元陶宗儀撰
三國會要 22 卷	民國楊晨編輯	陳寒山子文 1 卷	明陳函輝撰
臺州藝文略 1 卷	民國楊晨編輯	附孤忠遺稿 2 卷（卷 1 小寒山自序年譜，卷 2 詩詞書）	明陳函輝撰
臺州金石略 1 卷	民國楊晨編輯	赤城別集 5 卷	民國楊晨編輯
任蕃小集卷 1 卷	唐任蕃撰		

（三）《金華叢書》和《續金華叢書》

收清金華府歷代之著述。清金華府領金華、蘭溪、東陽、義烏、永康、武義、浦江、湯溪八縣。

《金華叢書》，清胡鳳丹編。鳳丹，初字楓江，後字月樵，號桃溪漁隱，浙江永康人，官湖北道員，主崇文書局，致事後返鄉設退補齋書局，輯錄《四庫全書總目》所收金華人著述一百六十五種提要爲八卷，陸續刊刻，得六十八種，後來其子胡宗楙（字季樵）續編《續金華叢書》，得五十八種，有《四庫全書總目》未收者。

傅增湘〈續金華叢書序〉云：「……比歲晤公子季樵於京師，朴學醇謹，孳孳不勌，續刻金華叢書得五十有八種，凡前輯之缺卷逸文，咸加斠補，或博訪秘鈔古刻，重付雕鐫，搜香之富，校讎之精，匪特繼承先志而事凋敝之餘，補綴闕遺，網羅邦獻，其詣力殆百倍前人，抑更有進者。」

《續修四庫全書提要》（《續金華叢書》）亦云：「所錄以四庫著錄及存目者居大半，其有四庫未收者，如王益之《職源》，唐仲友《金華唐氏遺書》等，均搜得舊抄原刊，重爲雕印。其父鳳丹所已刊者，如有刊本過劣，以及有缺卷遺文者，如《呂東萊集》、《吳淵穎集》、《黃文獻集》，亦均求得宋元刊本，重爲斠補焉。……」

可知《續金華叢書》不僅是《金華叢書》的續編，還有些補正，如：

《呂東萊先生文集》，《金華叢書》收者爲二十卷，《續金華叢書》收者爲四十卷。《續金華叢書》編者跋云：

> 《直齋書錄解題》載《東萊呂太史文集》十五卷、《別集》十六卷、《外集》五卷、《附錄》三卷，凡三十九卷。皕宋樓所藏宋本有《拾遺》一卷，凡四十卷，與四庫卷數同，惟第九卷闕。鎮海謝廣文曾以影寫本見貽，鈔胥不精，讀之多訛。久之，由傅沅叔先生處借得宋刊足本，惜葉數有鈔配，篇中漫漶處，描寫又多訛舛。今以兩本互相參校，十得八九，余撰校勘記附後。又按，清雍正間，東陽王鶴潭氏得蘭溪葉自合鈔本，編成遺集刻之，卷數有羼雜，篇名有更改。先君子覓足本未得，先以遺集付梓，庭訓時曾屢及之。今重刊四十卷本，庶以慰在天之靈云。

《魯齋集》，《金華叢書》收者爲十卷，《續金華叢書》收者二十卷。《續金華叢書》編者跋云：

> 元吳師道撰〈王文憲公行述〉儷《王文憲公集》七十五卷。按原書久佚，各家書目均未載，四庫二十卷本外闃罕見。清康熙間馮如京所刻，名遺集，爲十三世孫承秀重輯，凡十三卷。家刻《金華叢書》本十卷，卷九以上及卷十一編次與馮刻同，惟以《研幾圖》爲單行本及卷十二與馮刻異，

後有補遺八篇，亦較馮刻多四篇。此二十卷本乃江安傅沅叔先生所藏明初精槧，每葉二十八行，行二十五字，余續刻叢書，行皆二十六字，欲依原書行款，故此刻特變異以存其眞。其卷九之第八葉，卷十一之第十一葉、第十二葉，卷十八之第二葉皆闕，余從四庫本鈔補，餘亦閒有譌奪，僭撰考異一卷附後。

《淵穎集》，《金華叢書》、《續金華叢書》收者皆十二卷。《續金華叢書》編者跋云：

> 康熙辛丑錫山王邦采刊有《吳淵穎詩箋》亦十二卷，退補齋《金華叢書》暨永康應氏所刊皆據此本。先君子晚歲得元至正本藏於家，未及上版，余蘄竟先志，鈔校一周，列入續刻中。

《黃文獻公集》，《金華叢書》收者十卷，《續金華叢書》收者四十三卷。《續金華叢書》編者跋云：

> 古書卷數參差，先後互易，無有如金華黃先生文集之甚者……余按，皕宋樓藏書志有宋刻本四十三卷，杭州丁氏先得二十八卷殘本，嗣向皕宋樓補鈔足成四十三卷，《四部叢刊》即據此本。……清咸豐元年辛亥義烏陳坡校訂本亦十卷，黃氏合族後裔重刊，即所稱祠堂本者是。《金華叢書》所刊十卷與祠堂本同，惟《日損齋筆記》別行，此爲小異。余得丁氏鈔本，即付重刊，特以鈔本譌奪滋多，……余僭爲補芟。今皕宋樓元槧歸日本岩崎文庫，無從校勘，涉筆及此，爲之憮然。

《續金華叢書》《存雅遺稿》，編者跋云：

> 此集所稱遺稿者，是每首加圈點後，錄各家評語，卷末附刊《物異考》及《月泉吟社》。先君子以《月泉吟社》列《金華叢書》，余復以《物異考》入續刻中單行，四庫提要以遺集編次紊淆，刪訂五卷，余遂據以重刊。

1. 《金華叢書》

前有胡鳳丹〈金華文萃書目提要〉序，是原名「金華文萃」，後改名「金華叢書」。書前多有胡鳳丹序，僅七種無序，序的內容爲編刊過程、校正、版本等。其中有幾種附考異，有校正之功。《續修四庫全書提要》批評《金華叢書》云：「惟大半悉依《四庫全書》本付梓，而不更搜佳本，且刊刻不精，殊憾事也。」乃因所收不少有殘缺而不得校正者，如：

《香谿集》，編者序云：

> 同鄉孫琴西方伯藏有鈔本，假以校讎，亟付梓人，其中脫簡仍從，蓋闕。……

《胡仲子集》，編者序云：

> 是編借鈔于應敏齋方伯寫本，間有殘闕，無從校補，其中訛舛，始就其可考者正之，餘仍缺如……

雖然如此，其中仍不乏為求完本的努力，如：

《讀四書叢說》，編者序云：

> ……四庫書目稱是書《大學》一卷、《中庸》一卷、《孟子》二卷，《中庸》缺其半，《論語》則已全佚云。余茲從《經解集錄》中鈔出，均係完本……

《泊宅編》十三卷，有同治八年編者〈重刻泊宅編序〉云：

> 《泊宅編》三卷，宋婺州方先生勺所撰也。案《宋史‧藝文志》是書凡十卷，而明商濬載入《稗海》者僅三卷。茲刻係從《金臺叢書》抄出，卷數與《稗海》符，其本為完帙與否不可攷……

又，後有光緒八年編者〈重刻宋本泊宅編序〉云：

> 同治己巳（八年）刊成是編三卷，依《稗海》本也。越十載戊寅（四年），宋本十卷，前有丹陽洪興祖原序，明隆慶庚午錫山秦汝立藏本，逮國朝嘉慶間石門顧氏蒹葭校刊於讀畫齋中……

《駱丞集》，編者序云：

> 己巳春，余裒輯《金華文萃》，將博採駱丞遺集彙付手民，因取《全唐文》所載〈為齊州父老請陪封禪表〉以及〈祭趙郎將〉諸作共三十八篇，挨次鈔刊，合詩文為四卷，俾成完璧，又因校對各本，頗多異同，另纂辨訛考異二卷。……

《金華叢書》首有《金華叢書書目提要》8 卷，清胡鳳丹撰，子目如下：

經　　部		
書　　　　名	作　　　者	胡鳳丹序云其所據本
東萊呂氏古易 1 卷	宋呂祖謙編	通志堂經解
周易音訓 2 卷	宋呂祖謙撰	通志堂經解
禹貢集解 2 卷	宋傅寅撰	通志堂經解 （序未言，但有納蘭性德序，可知）
增修東萊書說 35 卷首 1 卷	宋呂祖謙撰，宋時瀾修定	通志堂經解 （序未言，但有納蘭性德序，可知）
書疑 9 卷	宋王柏撰	通志堂經解 （序未言，但有納蘭性德序，可知）

經部		
書名	作者	胡鳳丹序云其所據本
尙書表注 2 卷	宋金履祥撰	通志堂經解
讀書叢說 6 卷	元許謙撰	學海類編本
呂氏家塾讀詩記 32 卷	宋呂祖謙撰	陸釴重刊本
詩疑 2 卷	宋王柏撰	通志堂經解
詩集傳名物鈔 8 卷	元許謙撰	通志堂經解
左氏傳說 20 卷首 1 卷	宋呂祖謙撰	通志堂經解
東萊先生左氏博議 25 卷	宋呂祖謙撰	錢塘瞿氏舊本
大學疏義 1 卷	宋金履祥撰	是編雍正間先生十八世孫律重刻于家
論語集注考證 10 卷孟子集注考證 7 卷首 1 卷	宋金履祥撰	元至治間校刊本
讀四書叢說 8 卷	元許謙撰	經解集錄

史部		
書名	作者	胡鳳丹序云其所據本
大事記 12 卷通釋 3 卷解題 12 卷	宋呂祖謙撰	
西漢年紀 30 卷	宋王益之撰	武英殿聚珍本
青谿寇軌 1 卷	宋方勺撰	
西征道里記 1 卷	宋鄭剛中撰	
涉史隨筆 2 卷	宋葛洪撰	
洪武聖政記 2 卷	明宋濂撰	金聲玉振本
明朝國初事蹟 1 卷	明劉辰撰	金聲玉振本
旌義編 2 卷	元鄭濤撰	
浦陽人物記 2 卷	明宋濂撰	知不足齋叢書本
蜀碑記 10 卷首 1 卷附辨僞考異 2 卷（*01）	宋王象之撰，辨僞考異清胡鳳丹撰	函海本
唐鑑 24 卷附音註考異 1 卷	宋范祖禹撰，宋呂祖謙音注，音註考異清胡鳳丹撰	

*01：查原書，書頁名題「蜀碑記目一卷附考異一卷、蜀碑記十卷附考異一卷」。

子　　部		
書　　名	作　　者	胡鳳丹序云其所據本
少儀外傳 2 卷	宋呂祖謙撰	
研幾圖 1 卷	宋王柏撰	
楓山章先生語錄 1 卷附考異 1 卷	明章懋撰，考異清胡鳳丹撰	
日損齋筆記 1 卷附考證 1 卷	元黃溍撰，考證清陳熙晉撰	
青巖叢錄 1 卷	明王禕撰	學海彙編和乾坤正氣集錄
華川卮辭 1 卷	明王禕撰	函海本
帝王經世圖譜 16 卷附錄 1 卷	宋唐仲友撰	
詩律武庫 15 卷後集 15 卷	宋呂祖謙撰	
泊宅編 10 卷	宋方勺撰	讀畫齋叢書本
泊宅編 3 卷	宋方勺撰	稗海本
玄眞子 3 卷	唐張志和撰	知不足齋叢書本
臥游錄 1 卷	宋呂祖謙撰	
螢雪叢說 2 卷	宋俞成撰	
龍門子凝道記 3 卷	明宋濂撰	

集　　部		
書　　名	作　　者	胡鳳丹序云其所據本
駱丞集 4 卷附辨偽考異 2 卷	唐駱賓王撰，辨偽考異清胡鳳丹撰	全唐文
禪月集 12 卷	唐釋貫休撰	
忠簡公集 7 卷附辨偽考異 1 卷	宋宗澤撰，辨偽考異清胡鳳丹撰	
北山文集 30 卷末 1 卷	宋鄭剛中撰	康熙間曹定遠重刻本
香谿集 22 卷	宋范浚撰	
呂東萊先生文集 20 卷首 1 卷	宋呂祖謙撰	
龍川文集 30 卷首 1 卷附錄 1 卷辨偽考異 2 卷	宋陳亮撰，辨偽考異清胡鳳丹撰	
何北山先生遺集 3 卷附錄 1 卷	宋何基撰	
魯齋集 10 卷	宋王柏撰	
仁山先生金文安公文集 5 卷	宋金履祥撰	

集　部		
書　　　名	作　　　者	胡鳳丹序云其所據本
白雲集 4 卷首 1 卷	元許謙撰	
淵穎集 12 卷	元吳萊撰	
黃文獻公集 10 卷補遺 1 卷附錄 1 卷	元黃溍撰	
純白齋類稿 20 卷首 1 卷附錄 2 卷	元胡助撰	
鹿皮子集 4 卷	元陳樵撰	
青村遺稿 1 卷附錄 1 卷	元金涓撰	抄本
九靈山房集 30 卷補編 2 卷	元戴良撰	
九靈山房遺稿詩 4 卷文 1 卷首 1 卷補編 1 卷	元戴良撰	
宋學士全集 32 卷補遺 8 卷附錄 2 卷	明宋濂撰	
王忠文公集 20 卷	明王禕撰	
蘇平仲集 16 卷首 1 卷	明蘇伯衡撰	抄本
胡仲子集 10 卷	明胡翰撰	寫本
楓山章先生集 9 卷附實紀 8 卷	明章懋撰，實紀明章接輯	
附楓山章先生年譜 2 卷	明阮鶚撰	
漁石集 4 卷	明唐龍撰	
古文關鍵 2 卷	宋呂祖謙撰	宋本
月泉吟社 3 卷	宋吳渭輯	
濂洛風雅 6 卷首 1 卷	宋金履祥輯	
石洞貽芳集 2 卷補遺 1 卷附考異 1 卷	明郭鈇輯，清郭鍾儒重輯，考異清胡鳳丹撰	

附：藝文印書館重刊整理說明

書　　　名	說　　　明
禹貢集解 （一名禹貢說斷）	守山閣叢書、聚珍版叢書及墨海金壺均有，聚珍版本得錄自永樂大典。
讀書叢說	學海類編在先。
呂氏家塾讀詩記	經苑及墨海金壺均有，墨海從宋本出。
詩疑	藝海珠塵亦有，金華本校勘精。
讀四書叢說	金華覆刻經苑。
青谿寇軌	學海類編及古今說海均有，說海在先。

書　　名	說　　明
涉史隨筆	知不足齋叢書及得月簃叢書均有，知不足齋本在前。
洪武聖政記	借月山房彙鈔、澤古齋重鈔及指海均有，借月在先。
明朝國初事蹟	澤古齋重鈔及借月房彙鈔均有，借月在先。
浦陽人物記	知不足齋叢書亦有，知不足齋本在前。
蜀碑記	函海亦有，金華本有辨僞考異。
少儀外傳	守山閣叢書及墨海金壺均有。守山閣本校勘精。
楓山章先生語錄	借月山房彙鈔、澤古齋重鈔及指海均有，金華本有序及考異。
日損齋筆記	守山閣叢書及墨海金壺均有，金華本有考證。
青巖叢錄	百陵學山、學海類編及藝海珠塵均有，金華本所收最多。
華川卮辭	學海類編、百陵學山及函海均有，函海本最足。
泊宅編	讀畫齋叢書及稗海均有。稗海本不及宋本之半，讀畫齋本據宋本校刻，並合稗海本爲一書。
玄真子	知不足齋叢書及子彙均有。知不足齋本據道藏校訂，較善。
臥游錄	陽山顧氏文房及寶顏堂秘笈均有，二本同，金華本二二條以下大異。
螢雪叢說	百川學海、儒學警悟及稗海均有，百川儒學兩存之。
月泉吟社	粵雅堂叢書、詩詞雜俎均有，詩詞雜俎最早。

2. 《續金華叢書》

　　書前有傅增湘序、胡宗楙自序，凡例八條。總目標示版本，在每種書的末行也寫出所據本。每書後有跋，敘述版本情況，但長短、詳略不一，據其例言第八條云，凡已見提要者，不加贅述，若卷數不一或提要未收者，則「竊不自揣，輒就瀏覽所及，筆之于書，別刊單行，以資參攷」。

《續金華叢書》子目

經　　部		
書　　名	作　　者	目錄／卷末所題所據本
周易窺餘 15 卷	宋鄭剛中撰	四庫全書本
書集傳或問 2 卷	宋陳大猷撰	通志堂經解本
義間鄭氏家儀 1 卷	元鄭泳撰	明刊本
左氏傳續說 12 卷	宋呂祖謙撰	文瀾閣本
春秋經傳辨疑 1 卷	明童品撰	四庫全書本

史 部		
書　　　　名	作　　　者	目錄／卷末所題所據本
孫威敏征南錄 1 卷	宋滕元發撰	舊鈔本／墨海金壺本
敬鄉錄 14 卷附考異 1 卷	元吳師道撰，考異民國胡宗楙撰	舊鈔本
金華賢達傳 12 卷	明鄭柏撰	結一廬藏孝義堂本
金華先民傳 10 卷	明應廷育撰	抱經堂藏明鈔本
義烏人物記 2 卷	明金江撰	明嘉靖刊本
金華赤松山志 1 卷	宋倪守約撰	四庫全書本
職源撮要 1 卷	宋王益之撰	楊惺吾藏日本度會縣校鈔本

子 部		
書　　　　名	作　　　者	目錄／卷末所題所據本
麗澤論說集錄 10 卷	宋呂喬年輯	宋刊本
格致餘論 1 卷	元朱震亨撰	明刊古今醫統正脈本
局方發揮 1 卷	元朱震亨撰	明刊古今醫統正脈本
丹溪先生金匱鉤玄 3 卷	元朱震亨撰	明刊古今醫統正脈本
重修革象新書 5 卷	元趙友欽撰，明王禕刪定	舊鈔本
地理葬書集注 1 卷	元鄭謐撰（地理葬書集，晉郭璞撰）	元刊本
附葬書問對 1 卷	元趙汸撰	
欒城先生遺言 1 卷	宋蘇籀記	百川學海本
野服考 1 卷	宋方鳳撰	舊鈔本
物異考 1 卷	宋方鳳撰	說郛本
歷代制度詳說 15 卷	宋呂祖謙撰	舊鈔本
齊諧記 1 卷	劉宋東陽無疑撰，清馬國翰輯	玉函山房本
善慧大士傳錄 3 卷附錄 1 卷（*01）	北齊傅翕撰，宋樓穎輯	傅氏刻本／光緒戊子刻本
周易參同契通眞義 3 卷	後蜀彭曉撰	明刻金丹正理大全本

*01：《善慧傳大士傳錄》，編者跋其源流云：「……近世所傳《善慧傳大士傳錄》爲國子進士樓穎編次，定爲八卷，并譔序一首，紹興十三年樓炤刪爲三卷、附錄一卷，各收藏家及四庫多未著錄，僅見天一閣書目，明天啓時重刻。清光緒宣統間兩次上版，義烏吳君芷泉舉以示余……」

集　部		
書　　名	作　　者	目錄／卷末所題所據本
絳守居園池記註 1 卷	唐樊宗師撰，元趙仁舉、元吳師道、元許謙注	明弘治刊本
默成文集 4 卷	宋潘良貴撰	四庫全書本
東萊呂太史文集 15 卷別集 16 卷外集 5 卷附錄 3 卷附考異 4 卷補遺 1 卷	宋呂祖謙撰，考異民國胡宗楙撰	宋刊本
金華唐氏遺書 14 卷	宋唐仲友撰	張作楠重編本
詩解鈔 1 卷		
九經發題 1 卷		
魯軍制九問 1 卷		
愚書 1 卷		
悅齋文鈔 10 卷補 1 卷		
香山集 16 卷	宋喻良能撰	文瀾閣本
倪石陵書 1 卷附考異 1 卷	宋倪樸撰，考異民國胡宗楙撰	舊鈔本／文瀾閣本
癖齋小集 1 卷	宋杜旃撰	南宋群賢小集本
靈巖集 10 卷	宋唐士恥撰	八千卷樓舊鈔本／四庫本
雲谿稿 1 卷	宋呂皓撰	呂氏刻本
敏齋稿 1 卷	宋呂殊撰	呂氏刻本
魯齋王文憲公文集 20 卷附考異 1 卷	宋王柏撰，考異民國胡宗楙撰	雙鑑樓藏明正統刊本
學詩初稿 1 卷	宋王同祖撰	南宋群賢小集本
史詠詩集 2 卷	宋徐鈞撰	八千卷樓藏本
存雅堂遺稿 5 卷	宋方鳳撰	四庫全書本
紫巖于先生詩選 3 卷（*02）	元于石撰	天福山房鈔本／冰壺山館本
竹溪稿 2 卷	元呂浦撰	呂氏刻本
淵穎吳先生集 12 卷附錄 1 卷附考異 1 卷	元吳萊撰，考異民國胡宗楙撰	元至正刊本
金華黃先生文集 43 卷附行狀一卷	元黃溍撰	影鈔元至正本
柳待制文集 20 卷附錄 1 卷	元柳貫撰	元至正本
吳禮部文集 20 卷附錄 1 卷	元吳師道撰	汪魚亭（憲）藏舊鈔本

*02：《紫巖詩選》，編者跋云：「……平生刊稿七卷，是編乃其門人吳師道所選，金仁山先生為之序，金華王氏冰壺山館有刻本。」目錄和跋所言的版本不同。

集　部		
書　　名	作　　者	目錄／卷末所題所據本
藥房樵唱 3 卷附錄 1 卷	元吳景奎撰	舊鈔本
樵雲獨唱詩集 6 卷	元葉顒撰	汪孟慈藏舊鈔本
白石山房逸稿 2 卷補錄 1 卷	明張孟兼撰	八千卷樓鈔本
尚絅齋集 5 卷	明童冀撰	四庫全書本
繼志齋集 2 卷	明王紳撰	明萬曆刊本
附瞶齋稿 1 卷	明王稱撰	
附齊山稿 1 卷	明王汶撰	
竹澗先生文集 8 卷奏議 4 卷	明潘希曾撰	明嘉靖刊本
少室山房類稿 120 卷	明胡應麟撰	明刊本
庚溪詩話 2 卷	宋西郊野叟（陳巖肖）撰	百川學海本
吳禮部詩話 1 卷	元吳師道撰	鮑氏刻本
龍川詞 1 卷補 1 卷	宋陳亮撰	汲古閣本
竹齋詩餘 1 卷	宋黃機撰	六十名家詞本
燕喜詞 1 卷	宋曹冠撰	四印齋本

（四）《永嘉叢書》

收清溫州府歷代之著述，清溫州府領玉環廳及永嘉、樂清、瑞安、平陽、泰順五縣。清孫衣言、孫詒讓父子編。衣言字琴西，晚號遜叟，浙江瑞安人。詒讓字仲容，號籀廎。

有關此部叢書子目的著錄不一致，表列如下：

書　名 （據史語所藏本目次）	作者	永嘉叢書覽要表〔註4〕	續修四庫全書提要	綜錄與補正	史語所藏本（有總目）	臺大藏本（無總目）
橫塘集 20 卷	宋許景衡					
竹軒雜著 6 卷	宋林季仲					
劉左史文集 4 卷	宋劉安節					
劉給諫文集 5 卷	宋劉安上					

〔註4〕〈永嘉叢書覽要表并引〉是孫詒讓的兒子孫延釗所作，分為子目、卷數、撰人、收藏各本、收藏年月、整理經過、刊版年月、勝舊本處、版片數量、附注等項表列說明，可以參考。見《浙江省圖書館館刊》第四卷第六期，民國 24 年 12 月 31 日。

書　名 （據史語所藏本目次）	作者	永嘉叢書 覽要表 〔註4〕	續修四庫 全書提要	綜錄與 補正	史語 所藏本 （有總目）	臺大藏本 （無總目）
浪語集 35 卷	宋薛季宣					書卡有而 書缺
水心文集 29 卷補遺 1 卷 （據跋知在別集之後）	宋葉適					
水心先生別集 16 卷	宋葉適					
谷艾園文稿 4 卷	清谷誠	無				
孫太史稿 2 卷	清孫希旦	無				
開禧德安守城錄 1 卷	宋王致遠					
蒙川先生遺稿 4 卷 補遺 1 卷	宋劉黻					
集韻考正 10 卷	清方成珪					無
止齋先生文集 52 卷 附錄 1 卷	宋陳傅良					無
習學記言 5 卷	宋葉適	無		（補正）	無	無
禮記集解 61 卷	清孫希旦			（補正）	無	
尚書顧命解 1 卷	清孫希旦	無	無	無	無	

　　《續修四庫全書提要》（《永嘉叢書》十五種）云：「……詒讓父衣言，素以振興永嘉學派自任，故于鄉先哲之遺著，搜輯不遺餘力。宋人諸集，即衣言從南北藏書家輾轉抄得者，大半久無刊本或刊刻惡劣，悉令詒讓精心讎正，訂其踳誤，然後付梓，其異同過多者則更撰爲札記〔註5〕。是書刊成後，前無總目，坊賈任意增損，以十五種者爲最多，其《橫塘集》、《劉左史集》、《劉給諫集》、《竹軒雜著》、《浪語集》、《蒙川遺稿》、《開禧德安守城錄》、《禮記集解》、《尚書顧命解》、《集韻考正》，通行均有之，而《水心集》與《水心別集》，每僅有一種，此外《谷艾園文稿》、《孫太史集》，坊間亦時有之。」

　　史語所、臺大有藏本，說明如下：

　　1. 史語所本有總目、書名頁，以及牌記：「光緒二年八月武昌局開彫十一月畢工板藏瑞安孫氏」，臺大藏本皆無之。史語所藏本與陽海清《中國叢書綜錄補正》所

〔註5〕《橫塘集》孫詒讓跋末云：「……大典本佚而見於他書者尚多，儗擇輯之別爲補遺，俟他日并刊之。……」按，所見刊本無補遺。又《水心文集》孫衣言〈校刊黎本水心集書後〉末云：「既竣，復爲校注二卷附之於後……」按，所見刊本無，其書名頁題：「校注二卷嗣出」其他各書亦未見札記。

敘《永嘉叢書》版本相同，其按語云：「湖北省圖書館藏本，封面三欄，左右空白，中鐫“永嘉叢書”，背面牌記刻“光緒二年八月武昌局開雕十一月畢工板藏瑞安孫氏”，各子目自有封面、牌記，牌記作“瑞安孫氏詒善祠塾開雕”，均未署刻書年月。」

2. 臺大藏本有《禮記集解》，書名頁記有「同治甲子八月獨山莫友芝檢」，牌記「咸豐庚申瑞安孫氏盤谷艸堂開雕」，有孫鏘鳴序，孫衣言同治十年作的行狀。後附《尚書顧命解》，卷末題「族孫舉人詒讓校刊」，後有族人孫鏘鳴同治戊辰跋。史語所《永嘉叢書》總目和內容皆沒有《禮記集解》六十一卷後附《尚書顧命解》一卷，但有收藏一部，且和臺大版本完全相同。上所列的表中有些著錄有《禮記集解》而無《尚書顧命解》，可能是沒有注意到後附有《尚書顧命解》，或是不另立一種。另立一種則《永嘉叢書》當有十六種，而非如《續修四庫全書提要》所說的「以十五種爲最多」。

3. 每書前多附有《四庫全書總目》、傳記，而且前面或後面皆有序跋，多是孫詒讓所作，有些是孫衣言作，只有《水心先生別集》是孫衣言的學生李春龢作，《開禧德安守城錄》另有孫鏘鳴跋。跋的內容有編刊過程、作者事略、書的刊刻源流等，有校正之功，如：

《浪語集》孫衣言序云：

　　……是集宋寶應間先生從孫師旦始編寫刊行於世，明以來印本殆絕，今所據以校刊者，錢唐丁大令丙所藏明鈔本，及朱（學勤）所藏舊抄本也

《開禧德安守城錄》孫詒讓跋云：

　　……同治丁卯冬，家大人始從忠敏裔孫仲蘭孝廉許得此錄寫本，乃其族纂修譜諜，迻謄稿帙，猶宋本之舊，乃與中父各鈔一冊之。復因原鈔繕錄未精，文衺句揖，不可卒讀，乃命詒讓悉心讎正，訂其踳誤，疑不能明者則闕之……

（五）《檇李遺書》

檇李是古地名，在今嘉興市南，本部叢書收清嘉興府歷代之著述，清嘉興府領嘉興、秀水、嘉善、石門、桐鄉、平湖、海鹽七縣。清孫福清編，福清字稼亭，號拙脩居士，浙江嘉善人。

臺大藏本二十七種，史語所藏本子目少六種。叢書所收書後有編者跋，內容大抵論述作者、編刊過程，可知有些書是自全集摘出部分付梓，如：

《拙宜園詞》，編者跋云：

所刻《拙宜園全集》久已風行海內，茲特錄詩餘一種，以當嘗鼎一臠。

《薇雲室詩稿》，編者跋云：

同里周研芬女史作也。周氏爲吾邑望族……今年秋哲嗣載庵茂才錄副見貽，因擇其尤雅者若干篇，付諸梨棗。

《延露詞》，編者跋云：

先生少工詩，與漁洋尚書齊名，時號彭王……此《延露詞》一卷，從《松桂堂全集》錄出，原刻每闋後有漁洋諸君評語茲概從刪……

《檇李叢書》子目（據臺大藏本）

書　名	作　者	書　名	作　者
鴛央湖櫂歌 2 卷（*01）	清朱彝尊、清譚吉璁撰	延露詞 3 卷	清彭孫遹撰
賴業齋續鴛鴦湖櫂歌 1 卷	清朱麟應撰	薇雲室詩稿 1 卷（史語所藏本無）（*02）	清周之鏌撰
匏廬詩話 3 卷	清沈濤撰	秋錦山房詞 1 卷	清李良年撰
三魚堂賸言 2 卷	清陸隴其撰	柘西精舍詞 1 卷	清沈皞日撰
紫桃軒雜綴 3 卷	明李日華撰	黑蝶齋詞 1 卷	清沈岸登撰
紫桃軒又綴 3 卷	明李日華撰	藏密齋書牘 1 卷（*03）	明魏大中撰
巽隱先生文集 1 卷	明程本立撰	未邊詞 2 卷	清李符撰
柚堂續筆談 3 卷	清盛百二撰	楊園先生未刻稿 12 卷（史語所藏本缺）	清張履祥撰，清陳敬璋輯
復小齋賦話 2 卷	清浦銑撰	漫遊小鈔 1 卷（史語所藏本缺）	清魏坤撰
拙宜園詞 2 卷	清黃憲清撰	老老恆言 5 卷（史語所藏本缺）	清曹庭棟撰
敝帚齋餘談 1 卷	明沈德符撰	瓜田畫論 1 卷（史語所藏本缺）	清張庚撰
幾亭外書 2 卷	明陳龍正撰	山靜居畫論 2 卷（史語所藏本缺）	清方薰撰
聖雨齋詩集 3 卷	明周拱辰撰	賢己編 6 卷（史語所藏本缺）	清黃安濤撰
曝書亭集外詩 5 卷詞 1 卷文 2 卷	清朱彝尊撰，朱墨林、馮登府輯		

*01：《鴛央湖櫂歌》，前爲譚吉璁《鴛鴦湖櫂歌和原韻》八十八首，後爲朱彝尊《鴛鴦湖櫂歌》百首，與《續鴛鴦湖櫂歌》合刻。

*02：上海書店本前有孫袁淑的題詞。

*03：《藏密齋詩稿》前有邵亭題跋，云爲拜經樓所藏舊鈔本。

（六）《湖州叢書》

收清湖州府之清人著述，清湖州府領烏程、歸安、長興、德清、武康、安吉、孝豐七縣。清陸心源編，心源字剛甫，號存齋，晚號潛園老人，浙江吳興人，家富藏書，爲清末四大藏書家之一。

史語所藏本、師大藏本十二種〔註6〕，臺大藏本八種，其目亦僅列八種，《續修四庫全書提要》亦收八種。書名題作「國朝湖州府鄉先生著述」，無總序，僅楊鳳苞《秋室集》有陸心源序，敘述楊鳳苞其人其文以及該書的編刊經過。

《湖州叢書》子目

書　　名	作　　者	書　　名	作　　者
周官故書攷 4 卷	清徐養原撰	柯家山館遺詩 6 卷詞 3 卷	清嚴元照撰
論語魯讀攷 1 卷	清徐養原撰	秋室集 10 卷	清楊鳳苞撰
儀禮古今文異同 5 卷	清徐養原撰	禮耕堂叢說 1 卷（臺大藏本無）	清施國祁撰
爾雅匡名 20 卷	清嚴元照撰	史論五答 1 卷（臺大藏本無）	清施國祁撰
娛親雅言 6 卷	清嚴元照撰	吉貝居暇唱 1 卷（臺大藏本無）	清施國祁撰
悔菴學文 8 卷補遺 1 卷	清嚴元照撰	澤雅堂文集 8 卷（臺大藏本無）	清施補華撰

（七）《紹興先正遺書》

收清紹興府之明清人著述，清紹興府領山陰、會稽、蕭山、諸暨、餘姚、上虞、嵊、新昌八縣。清徐友蘭編，友蘭，浙江會稽人。

此部叢書共四集，前有徐友蘭〈徵刻紹興先正遺書啓〉。每一集皆有書目，每書附有傳記資料於附錄或卷末。除《行朝錄》無跋，《群書拾補》後有徐友蘭所撰識語一卷外，其他各書皆有跋，內容爲論人、論書等，版本不明。《續修四庫全書提要》云：「……茹敦和撰《周易二閭記》、《周易小義》二書，原刊本既頗不易得，復經李慈銘重訂，慈銘於經學、史學均極精湛。餘若《元史本證》、《南江札記》等書，原刊亦不多覯，其他各書流傳尙多，惜無罕見之本耳。」

〔註6〕師大藏書目錄列十三種，是將清嚴元照《柯家山館遺詩》六卷和《詞》三卷分爲兩種。

《紹興先正遺書》子目

第　　一　　集		第　　三　　集	
重訂周易二閭記 3 卷	清茹敦和撰，清李慈銘重訂	重論筆錄 12 卷	清王端履撰
重訂周易小義 2 卷	清茹敦和撰，清李慈銘重訂	蠻司合志 15 卷	清毛奇齡撰
元史本證 50 卷	清汪輝祖撰，清汪繼培補	澹生堂藏書目 24 卷	明祁承㸁撰
南江札記 4 卷	清邵晉涵撰		
第　　二　　集		第　　四　　集	
群書拾補初編 37 卷	清盧文弨撰	四庫全書提要分纂稿 1 卷	清邵晉涵撰
群書拾補補遺 3 卷	清盧文弨撰	思復堂文集 10 卷附錄 1 卷末 1 卷	清邵廷采撰
群書拾補識語 1 卷	清徐友蘭撰	漢孳室文鈔 4 卷補遺 1 卷	清陶方琦撰
		行朝錄 11 卷末 1 卷	清黃宗羲撰
		附江右紀變 1 卷	清陸世儀撰

（八）《武林往哲遺著》

　　武林，杭州古名。本部叢書收清杭州府之歷代著述，清杭州府領海寧州及仁和、錢塘、富陽、餘杭、臨安、于潛、新城、昌化八縣。清丁丙編，丁丙字嘉魚，號松生，又號松存，浙江錢塘人。

　　丁丙藏書豐富，為清末四大藏書家之一，與其兄丁申有雙丁之稱。其子丁立中續編後編。目錄後有丁丙識語，後編有丁立中序。丁丙之識語云曾與兄丁申重雕吳城《杭郡詩編》、吳振域《杭郡詩續編》，並輯《杭郡詩三輯》，後來與孫補山、羅槼臣、翁長森、何勉亭等人校勘編輯《武林往哲遺著》。書前有牌記，書後有些有識語，略言編刊經過，有的牌記和識語標明版本。

　　收書內容多為詩文集，《續修四庫全書提要》云：「……其中詩文集幾佔五分之四，餘者亦多雜說筆記之書，說經論史則幾無之，蓋丙輯刊此書，大半在編杭郡詩三輯時，故刊行者以詩文為最多。」

《武林往哲遺著》子目

書　　名	作　　者	備　　註
褚亮集 1 卷	唐褚亮撰	
褚遂良集 1 卷	唐褚遂良撰	
鄭巢詩集 1 卷	唐鄭巢撰	
錢唐韋先生文集 18 卷（原缺卷 1 至 2）附錄 1 卷	宋韋驤撰	識語：此本爲吾杭瓶花齋吳氏從乾道本影寫。
準齋雜說 2 卷附錄 1 卷	宋吳如愚撰	
棋訣 1 卷附錄 1 卷	宋劉仲甫撰	
新注朱淑眞斷腸詩集 10 卷後集 7 卷補遺 1 卷	宋朱淑眞撰，宋鄭元佐注	
芝田小詩 1 卷	宋張煒撰	
漁溪詩稿 2 卷乙稿 1 卷補遺 1 卷	宋俞桂撰	
橘潭詩稿 1 卷	宋何應龍撰	
芸居乙稿 1 卷補遺 1 卷附錄 1 卷	宋陳起撰	
雲泉詩稿 1 卷補遺 1 卷	宋釋永頤撰	
書小史 10 卷	宋陳思撰	牌記：八千卷樓重雕宋本
海棠譜 3 卷	宋陳思撰	牌記：竹書堂仿宋本重刊
湖山類稿 5 卷水雲集 1 卷附錄 3 卷	宋汪元量撰	
對床夜語 5 卷	宋范晞文撰	牌記：錢唐丁氏八千卷樓以淡生堂祁氏抄本抱經堂盧氏校本重刊
伯牙琴 1 卷補遺 1 卷	宋鄧牧撰	
白雲集 3 卷附錄 1 卷	元釋英撰	
山村遺集 1 卷附錄 1 卷稗史 1 卷	元仇遠撰	
湛淵靜語 2 卷	元白珽撰	
湛淵遺稿 3 卷補遺 1 卷附錄 1 卷	元白珽撰	
忍經 1 卷	元吳亮撰	牌記：錢塘丁氏嘉惠堂重刊元本
疇齋二譜 2 卷外錄 1 卷	元張仲壽撰	識語：海日陳氏玉煙堂刻
學古編 1 卷	元吾丘衍撰	
閒居錄 1 卷	元吾丘衍撰	牌記：八千卷樓以竹影庵趙氏鈔校本上板
竹素山集 3 卷補遺 1 卷附錄 1 卷	元吾丘衍撰	
貞居先生詩集 7 卷補遺 2 卷附錄 2 卷	元張雨撰	牌記：八千卷樓重雕何氏蜻隱庵鈔本

書　名	作　者	備　註
江月松風集 12 卷補遺 1 卷文錄 1 卷附錄 1 卷	元錢惟善撰	
山居新語 1 卷	元楊瑀撰	牌記：錢塘丁氏重刊影元寫本
柘軒集 4 卷附錄 2 卷	明淩雲翰撰	
李草閣詩集 6 卷拾遺 1 卷文集 1 卷附其子轅筠谷詩 1 卷	明李曄撰	
附筠谷詩集 1 卷	明李轅撰	
松雨軒集 8 卷補遺 1 卷附錄 2 卷	明平顯撰	
詠物詩 1 卷	明瞿佑撰	
周眞人集 1 卷補遺 1 卷	明周思得撰	
節菴集 8 卷續稿 1 卷	明高得暘撰	
集古梅花詩 2 卷附錄 1 卷	明沈行撰	
松窗夢語 8 卷	明張瀚撰	
奚囊蠹餘 20 卷補遺 1 卷附錄 2 卷	明張瀚撰，補遺附錄清張景雲撰輯	
孫夫人集 1 卷	明楊文儷撰	
田叔禾小集 12 卷	明田汝成撰	
碧筠館詩稿 4 卷補遺 1 卷附錄 2 卷	明淩立撰	
亶爰子詩集 2 卷附錄 1 卷	明江暉撰	牌記：錢唐嘉惠堂丁氏以天一閣本重梓
弘藝錄 32 卷附藝苑玄幾 1 卷	明邵經邦撰	
西軒效唐集錄 12 卷補遺 1 卷	明丁養浩撰	
無類生詩選 1 卷	明郎兆玉撰	
龍珠山房詩集 2 卷補遺 1 卷附錄 1 卷	明李奎撰	牌記：光緒丙申年六月錢唐丁氏重刊天一閣藏本
湖上篇 1 卷	明李奎撰	
卓光祿集 3 卷	明卓明卿撰	
王節愍公遺集 2 卷附錄 1 卷	明王道焜撰	
臥月軒稿 3 卷附錄 1 卷	清顧若璞撰	
附　刻 始豐稿 14 卷補遺 1 卷附錄 1 卷	明徐一夔撰	
東軒集選 1 卷補遺 3 卷附錄 1 卷	明聶大年撰	

後　編		
書　　名	作　者	備　　註
韓忠獻公遺事 1 卷補遺 1 卷	宋強至撰	牌記：泉唐丁氏重刊寫本。
汴都賦 1 卷附錄 1 卷	宋周邦彥撰，附錄明汪汝謙、明陳繼儒輯	牌記：嘉惠堂重刊明本
參寥集 12 卷附錄 2 卷	宋釋道潛撰，附錄上為汪汝謙輯，下為明陳繼儒輯	
石門文字禪 30 卷	宋釋惠洪撰	
太上感應篇圖說 1 卷附錄 1 卷	元陳堅撰	
牧潛集 7 卷	元釋圓至撰	
少保于公奏議 10 卷	明于謙撰	牌記：錢塘丁氏重刊明杭州府本
于肅愍公集 8 卷拾遺 1 卷附錄 1 卷	明于謙撰	牌記：錢塘丁氏重刊明大梁書院本
倪文僖公集 32 卷補遺 1 卷	明倪謙撰	
青谿漫稿 24 卷補遺 1 卷附錄 1 卷	明倪岳撰	

（九）《吳興叢書》

　　編刊時已入民國，但所收乃清湖州府歷代之著述。劉承幹編，承幹字貞一，號翰怡，浙江烏程人。《續修四庫全書提要》云此部叢書「乃延繆荃孫等主其事，為之校讎審定」。

　　師大藏本不全，前有總目及劉承幹序，史語所藏本全，但無總目和劉氏序。劉承幹序云：「惟陸氏僅刻十餘種而止，余頗思賡續成之。」可知此乃續陸心源《湖州叢書》之作。書後多有跋，僅四種無跋，略述作者、來源、論此書等，有參考價值。版本多為罕見或未刻本，有存佚之功，如：

　　《董禮部集》，編者跋云：

　　　　……又《尺牘》二卷，向無刻本，從同邑周湘舲丈處借鈔得之，並附
　　於詩集之後。

　　《同岑集》，編者跋云：

《同岑集》十二卷，歸安李令晳與同郡長興李夏器諸人所編輯，令晳旋以莊廷鑨史禍染連得辠，是書亦在禁網中，原版無存。姚氏（按，前有姚賢俊跋）宏遠堂有藏本，中更咸豐庚申之亂，失而復得，又祕藏五十餘年，不輕示人。余從顏君冠三輾轉借鈔得之，蓋三百年來僅存之幸草也。

《歷代詩話》，編者跋云：

> 祗因卷帙重大，二百餘年竟無刻本，輾轉傳鈔，不無譌誤，今爲刊行，庶不泯作者之辛苦，而貽後學以資糧矣……

亦有校勘、整理之功，如：

《沈忠敏公龜谿集》，編者跋云：

> ……今得蔣香笙太守藏舊鈔，以明本（按，明萬曆庚子十六世孫子木所刊影寫宋本）覆核，刊而傳之。

《陵陽先生集》，編者跋云：

> 予先得舊鈔於甬上抱經樓，復假葉鞠裳侍講所藏，乞劉誠甫侍御、況夔笙太守以兩本互勘，差爲完善，乃授之劂氏。

《吳興叢書》子目

書　　　　名	作　　者
易小傳 6 卷附繫辭補注 1 卷	宋沈該撰
周易通解 3 卷釋義 1 卷（師大藏本無）	清卜斌撰
周易消息 14 卷（師大藏本無）	清紀磊撰
虞氏（虞翻）逸象考正 1 卷續纂 1 卷（師大藏本無）（*01）	清紀磊撰
九家（荀爽）易象辨證 1 卷（師大藏本無）	清紀磊撰
虞氏易義補注 1 卷附錄 1 卷（師大藏本無）	清紀磊撰
周易本義辨證補訂 4 卷	清紀磊撰
漢儒傳易源流 1 卷	清紀磊輯
禮記集說 70 卷	清鄭元慶撰
經典通用考 14 卷（師大藏本無）	清嚴章福撰

*01：李清銳〈中國叢書綜錄訂補（三）輯佚、郡邑、宋至明獨撰部份〉〔註 7〕《吳興叢書》下，云東洋文庫藏本《虞氏逸象攷正》後有《書張皋文虞氏易義消息後》一卷。按，所見本《虞氏易義補註》一卷《附錄》一卷之後有《書張皋文虞氏易義消息後》一卷，不在《虞氏逸象攷正》後。

〔註 7〕《國立中央圖書館館刊》新二十八卷第一期，民國 84 年 6 月，頁 189～212。

書　　　名	作　　　者
易書詩禮四經正字考 4 卷	清鍾響撰
論語注 20 卷（師大藏本無）	清戴望撰
說文校議議 30 卷	清嚴章福撰（*02）
五代史記纂誤補 4 卷	清吳蘭庭撰（*03）
竹書紀年辨證 2 卷補遺辨證 1 卷	清董豐垣撰
七國考 14 卷	明董說撰
臺灣鄭氏始末 6 卷	清沈雲撰，清沈垚注
嘉泰吳興志 20 卷	宋談鑰撰
吳興備志 32 卷	明董斯張撰
吳興掌故集 17 卷（師大藏本無）	明徐獻忠輯
寶前兩溪志略 12 卷（師大藏本無）	清吳玉樹撰
湖錄經籍考 6 卷（師大藏本無）	清鄭元慶撰
鄭堂讀書記 71 卷（師大藏本無）	清周中孚撰
溫忠烈公遺稿 2 卷附錄 1 卷	明溫璜撰
顏氏（顏習齋）學記 10 卷（師大藏本無）	清戴望撰
管子校正 24 卷	清戴望撰
爨桐廬标牘 2 卷	清方貞元撰
須曼精廬算學 24 卷	清楊兆鋆撰
兩山墨談 18 卷（師大藏本無）	明陳霆撰
權齋老人筆記 4 卷	清沈炳巽撰
月河所聞集 1 卷	宋莫君陳撰
沈忠敏公龜谿集 12 卷附錄 1 卷	宋沈與求撰
陵陽先生集 24 卷（師大藏本無）	宋牟巘撰
弁山小隱吟稿 2 卷	元黃玠撰
水南集 17 卷	明陳霆撰
泌園集 37 卷	明董份撰

*02：《說文校議》是清嚴章福的哥哥嚴可均所著。前有清嚴章福敍云：「余兄可均爲說文校議卅篇，凡三千四百四十條，專訂大徐之說……然其中不能無遺憾……」

*03：《五代史記纂誤》，宋吳縝著。前有清吳蘭庭序云：「有宋朝請大夫吾家廷珍氏縝所作《五代史記纂誤》，其書久佚。今武英殿聚珍版所采集者，以晁氏讀書志校之，約存原書十五六，則其亡失者可惜也。今年秋，校武英殿五代史，點定之餘，不無管見，輒錄而次之……」

書　　名	作　　者
董禮部集 6 卷附尺牘 2 卷	明董嗣成撰
靜嘯齋遺文 4 卷	明董斯張撰
豐草庵詩集 11 卷文前集 6 卷後集 2 卷寶雲詩集 7 卷禪樂府 1 卷（師大藏本無）	明董說撰
南山堂自訂詩 10 卷	清吳景旭撰
使交集 1 卷吳太史遺稿 1 卷	清吳光撰
慈壽堂文鈔 8 卷（師大藏本無）	清沈樹德撰
權齋文稿 1 卷	清沈炳巽撰
山子詩鈔 11 卷（師大藏本無）	清方燾撰
孔堂初集 2 卷文集 1 卷私學 2 卷	清王豫撰
胥石詩存 4 卷（原名南雪草堂詩集）文存 1 卷（原名族譜稿存）附錄 1 卷（師大藏本無）	清吳蘭庭撰
冬青館甲集 6 卷乙集 8 卷	清張鑑撰
蛻石文鈔 1 卷	清蔡壽臧撰
落帆樓文集 24 卷補遺 1 卷	清沈垚撰
遼宮詞 1 卷金宮詞 1 卷元宮詞 1 卷夢花亭駢體文集 4 卷	清陸長春撰
天隱堂文錄 2 卷	清凌霞撰
歐餘山房文集 2 卷（師大藏本無）	清丁桂撰
楓江草堂詩集 10 卷文集 1 卷楓江漁唱 1 卷清湘瑤瑟譜 1 卷續譜 1 卷（師大藏本無）（*04）	清朱紫貴撰
遲鴻軒詩棄 4 卷補遺 1 卷文棄 2 卷補遺 1 卷詩續 1 卷文續 1 卷附蘋叟年譜 1 卷續 1 卷（師大藏本無）	清楊峴撰
玉鑑堂詩集 6 卷	清汪日楨撰
葭洲書屋遺稿 1 卷（師大藏本無）（*05）	清劉安瀾（劉承幹父親）撰
同岑集 12 卷	清李夏器撰
歷代詩話 80 卷（師大藏本無）	清吳景旭撰
詩筏 1 卷	清吳大受撰
吳興詩話 16 卷（師大藏本無）	清戴璐撰

*04：書名頁題作「楓江草堂詩集十卷、文集一卷、詞三卷」。

*05：書名頁題作「葭州書屋制藝一卷」，編者跋云：「先考虞衡府君應舉之文也。此編乃本生父追憶向所熟誦者，手自錄之，故所得祇此。……」

書　　　名	作　　　者
春雪亭詩話 1 卷	清徐熊飛撰
湖州詞徵 30 卷	民國朱祖謀輯
國朝湖州詞錄 6 卷	民國朱祖謀輯
渚山堂詞話 3 卷	明陳霆撰

（十）《敬鄉樓叢書》

收清溫州府歷代之著述。民國黃群編，並請劉景晨和劉紹寬校理。黃群字溯初，浙江永嘉人。

共四輯，第四輯《諫垣奏議補遺》一卷，已見於第一輯，不知何以復出。臺大藏本只有第一輯，史語所藏本只有前三輯，但另有第四輯中的《牛山藏稿》〔註8〕一種單行，第一、二輯總目後皆有劉景晨識語，第三輯有劉紹寬識語。第一輯劉景晨識語云《溫州經籍志》著錄自唐以來先哲遺書有一千三百餘家，黃群蒐輯三十年，得四百種，後欲將藏書編成叢書，請他助之校理。第三輯劉紹寬識語云：「予友黃君溯初校印鄉哲遺著，成《敬鄉樓叢書》一、二輯，皆劉君貞晦（劉景晨）為之襄校。今歲貞晦以事入都，溯初邀余踵其任，始知其編輯之例，意在表微。凡所刊書必視世無刊本，或刊後再佚不復流傳者，或刊本雖存而中多闕佚者，始為校勘付印，並示所得於跋中。……」所收之書多有作者傳略及黃群跋文，正如劉紹寬識語所言，跋的內容是講版本，一一列出版本，再言所採本，有存佚和校正之功。

〔註 8〕黃群民國 24 年跋云：「當日此書之流傳蓋罕已，余凤有殘鈔舊本一冊，頗以非全稿為憾。既假王氏族中錄本迻寫之，得四冊，仍非全稿也。王君景甫憲使之族人也藏有明萬曆刻本，知余搜訪鄉先哲遺書，有重付校印之願，慨以見貽。書故二十卷，然破碎已甚，余受而綴茸焉，中間葉數終不免有闕佚之憾，顧以有舊藏殘鈔本及續寫本悉獲校補，于是全稿篇數具足，今重印本中，雖間有殘蝕文字仍苦無從校補者，然已不失為完帙，亦可喜已。」

《敬鄉樓叢書》子目

第　　一　　輯		第　　三　　輯	
習學記言序目 50 卷	宋葉適撰	浮沚集 9 卷補遺 1 卷	宋周行己撰
芳蘭軒詩集 3 卷補 1 卷	宋徐照撰	石鼓論語答問 3 卷	宋戴溪撰
二薇亭詩集上 1 卷補 1 卷	宋徐璣撰	四書管窺 10 卷	元史伯璿撰
涉齋集 18 卷	宋許及之撰	管窺外篇 2 卷	元史伯璿撰
浣川集 10 卷補遺 1 卷	宋戴栩撰	永嘉先生集 12 卷	明張著撰
不繫舟漁集 15 卷附錄 1 卷	元陳高撰	黃文簡公介菴集 11 卷補遺 1 卷	明黃淮撰（*01）
二雁山人詩集 2 卷	明康從理撰	省愆集 2 卷	明黃淮撰
諫垣奏議 1 卷補遺 1 卷	明李維樾撰	泉村詩選 1 卷	清徐凝撰
藕華園詩 2 卷	清釋德立撰	干常侍易注疏證 1 卷集證 1 卷	清方成珪撰
六齋卑議 1 卷附錄 1 卷	清宋恕撰	江南徵書文牘 1 卷附司鐸箴言 1 卷	清黃體芳撰
第　　二　　輯		第　　四　　輯（未見）	
春秋講義 4 卷	宋戴溪撰	兩漢博議 20 卷（*02）	宋陳季雅撰
育德堂外制 5 卷	宋蔡幼學撰	畏庵集 6 卷附錄 1 卷	明周旋撰
宋宰輔編年錄 20 卷	宋徐自明撰	章恭毅公集 12 卷附詩集目錄 1 卷	明章綸撰
無冤錄 2 卷	元王與撰	困志集 1 卷	明章綸撰
李詩辨疑 2 卷	明朱諫撰	章恭毅公（綸）年譜 1 卷	明章玄應撰
陳文節公（傅良）年譜 1 卷	清孫鏘鳴撰	甌濱摘稿 1 卷補遺 1 卷附錄 1 卷	明王瓚撰
紅寇記 1 卷	清林大椿撰	張文忠公集奏疏 8 卷詩稿 4 卷續 1 卷文稿 6 卷	明張孚敬撰
墨商 3 卷補遺 1 卷	清王景羲撰	半山藏稿 20 卷	明王叔果撰
		諫垣奏議補遺 1 卷	明李維樾撰
		琱研齋吟草 1 卷	清方成珪撰

*01：黃群跋云：「余少即聞遠祖簡公著有《介菴省愆》諸集及《白省錄》諸書……」可知黃淮爲黃群先世。

*02：第三輯劉紹寬識語云：「……是輯初定宋元以來凡十二種，自前列十種外，有宋陳季雅《兩漢博議》、明項喬《甌東私錄》二書，余謂裒刻是輯，可以見永嘉學術變遷之概焉！……嗣以《博議》譌奪過多，驟難理董，《私錄》聞有明版在，擬再訪求，皆暫報絰，以俟續輯。……」可知編者對版本的慎重，後來刊於第四輯。

《續修四庫全書提要》(《敬鄉樓叢書》三輯)云:「永嘉一郡,光緒間,瑞安孫詒讓刊行《永嘉叢書》後,又三十年,如皋冒廣生復刊行《永嘉詩人祠堂叢刻》,永嘉著述,搜羅已多,此書既出,則纖細畢舉矣!」按,孫延釗〈永嘉叢書覽要表并引〉〔註9〕云:

> 惟大父一朝歸告,五車雖富,而恆產顧不及中人,獨居深念,憾無復餘力以盡所欲刻,乃以刊行《水心習學記言序目》,屬之於同里人黃侍郎體芳,且嘗以書抵侍郎,爲言溫州新槁《木鐘集》、《梅溪集》,所校未善,《宋宰輔編年錄》、《四書管窺》,林霽山、陳子上、李五峰等集,亦有益後學,諸書皆曾校定,望其并繡諸梓,俾爲十三種之續。
>
> 甲申乙酉間(光緒十年十一年),侍郎遂在江陰學署,鋟成《習學記言》五十卷(此版印行數十部,未幾版燬,今敬鄉樓覆刊之)。歲戊戌(光緒二十四年),我父覆刻日本延本宋王碩《易簡方》一種,補四庫度藏所闕,亦大父之志也。(大父先於甲午歲卒)我父歿後數載,如皋冒氏廣生,來筦甌榷,有《永嘉詩人祠堂叢刻》,最近平陽黃氏群,有《敬鄉樓叢書》,於是大父所有謂有益後學者,經兩氏賡刊略備,不可謂非桑梓藝林之幸。

第三輯劉紹寬識語云:

> ……瑞安孫太僕(孫衣言)與黃通政(黃體芳)書亦商刻遺書事,首以《習學記序目》、《宋宰輔編年錄》爲言,次及《木鐘》、《梅溪》、《管窺內外篇》、《白石樵唱》、《不繫舟》、《漁五峰》等集,凡八、九種,而溯初前二輯已刊得其三,《白石》、《五峰》已見《詩人祠堂叢刻》,梅溪原刻亦已影印於《四庫叢刊》中。茲輯擬編入《管窺》兩篇,惟《木鐘》獲有明本,別謀影印,然則孫氏《永嘉叢書》所謀欲續梓者,今皆次第刊行矣,而溯初所得頗有《溫州經籍志》所云佚與未見,且有未及著錄者,不尤見蒐輯之勤哉?……

由上可知,孫衣言本欲續刻《永嘉叢書》數種而未竟,其中有些後來爲《敬鄉樓叢書》和《永嘉詩人祠堂叢刻》所收入刊行。

(十一)《四明叢書》

收清寧波府歷代之著述,清末寧波府領南田廳、石浦廳及鄞、慈溪、奉化、鎮海、象山五縣。民國張壽鏞編,壽鏞字伯頌,又字詠霓,號約園,浙江鄞縣人。

第一集前有凡例十二條,第十二條列有許多參與編輯校刊等工作的人,如張秉

〔註9〕《浙江省圖書館館刊》第四卷第六期,民國24年12月31日。

三、馮孟顒、張于相、張苞舲、張伯岸等等。張壽鏞在編第八集時謝世，由其子完成第八集。凡例第八條云：「是編每刻一書必取諸善本，參校互異之處，擇善而從，其無從互校者仍之，然落葉之紛，旋掃旋作，魯魚亥豕，在所難免，覽者幸有以正之。」各集總目下皆列出所據版本，多有校本，可知校正態度謹嚴。

　　除了收有前人輯本外，亦有張壽鏞和與事者所輯本，正如凡例第四條云：「……惟間有前賢著述，有關鄉邦文獻，而毫芒流落，僅存一、二者，吉光片羽，為之編輯補綴，以資流傳。」有輯佚之功，如唐賀知章《賀祕監遺書》、虞世南《虞祕監集》等。

　　所收書依各集所言，共計173種。每種前多有張壽鏞序，後則不一定有跋，多有作者傳略，有的附在序之後，有的則是將相關資料作成附錄。凡例第六條云其序跋是在「闡作者立論之大凡，與夫昔賢訂證之苦心，並誌友朋贈遺之雅意」觀其序跋，內容多類讀書札記，或述歷史，或述學術，含編刊過程等，偶及刊書淵源版本。最特殊的是第五集的序，敘述宋元之際四明學術。

　　另外，第一集前有陳漢章序，一至七集前有張壽鏞用集古語方式作序，簡介所收書的作者。一至三集後有何剛德跋，一至七集後有張壽鏞後序，第八集因為張壽鏞已卒，前後序是馮貞群所作。

《四明叢書》子目

第　　一　　集		
書　　　名	著　　　者	原書目錄記所據本
任子1卷	漢任奕撰	武殿聚珍版馬氏意林本
虞祕監集4卷	唐虞世南撰，民國張壽鏞輯	稿本
賀祕監集1卷外紀3卷	唐賀知章撰，民國馮貞群、張壽鏞輯	稿本
豐清敏公遺書6卷	宋豐稷撰，民國張壽鏞輯	稿本參校抱經樓煙嶼樓小萬卷樓遺事本
楊氏易傳20卷	宋楊簡撰	文瀾閣本用萬曆乙未刻本補
史略6卷	宋高似孫撰	古逸叢書本校後知不足齋本
子略4卷目1卷	宋高似孫撰	百川學海本用學津討原本補
騷略3卷	宋高似孫撰	百川學海本

第　　一　　集		
書　　　名	著　　　者	原書目錄記所據本
夢窗四稿 4 卷補遺 1 卷校勘記 1 卷小箋 1 卷校議 2 卷	宋吳文英撰	光緒戊申歸安朱氏無著庵本參彊村叢書本校汲古閣本鐵網珊瑚明鈔本，校議鄭文焯稿本。
四明文獻集 5 卷	宋王應麟撰	明鄭眞、清葉熊輯，潛采堂舊鈔本校仁和王氏活字版紫藤花館刻本。
附深寧先生文鈔摭餘編 3 卷補遺 1 卷	宋王應麟撰	
附深寧先生王（王應麟）年譜 1 卷	清錢大昕撰	
附王深寧先生年譜 1 卷	清陳僅撰	
附王深寧先生年譜 1 卷	清張大昌撰	
古今紀要逸編 1 卷	宋黃震撰	知不足齋本
戊辰修史傳 1 卷	宋黃震撰	四明文獻攷本
畏齋集 6 卷	元程端禮撰	清四庫館永樂大典本
積齋集 5 卷	元程端禮撰	清四庫館永樂大典本
剡源文鈔 4 卷	元戴表元撰，清黃宗羲選	童賡年藏鈔本校道光癸巳鄞盧氏刻本舊鈔剡源集本
管天筆記外編 2 卷	明王嗣奭撰	廖壽慈舊藏鈔本校煙嶼樓鈔本
春酒堂遺書 11 卷外紀 1 卷	清周容撰，外紀馮貞群輯	文存稿本，詩存抱經樓本用繼述堂本校，詩話任氏陋軒藏本，外紀稿本。
杲堂詩鈔 7 卷文鈔 6 卷	清李鄴嗣撰	李氏家刻本
石經考 1 卷	清萬斯同撰	省吾堂本校花盦本
漢書地理志稽疑 6 卷	清全祖望撰	粵雅堂本校王氏鈔本
樗菴存稿 8 卷	清蔣學鏞撰	嘉慶壬申刻本
東井文鈔 2 卷	清黃定文撰	黃氏家刻本
詩誦 5 卷	清陳僅撰	文則樓活字本
群經質 2 卷	清陳僅撰	文則樓活字本

第 二 集		
書　　名	著　　者	原書目錄記所據本
孫拾遺文纂 1 卷外紀 1 卷	唐孫郃撰，外紀民國張壽鏞輯	稿本
雪窗先生文集 2 卷附錄 1 卷	宋孫夢觀撰	嘉業堂藏鈔本校北平圖書館藏嘉靖刻本
弁山小隱吟錄 2 卷	元黃玠撰	文瀾閣本校嘉業堂刻本
清溪遺稿 1 卷附不朽錄 1 卷附題詞 1 卷	明錢啓忠撰，不朽錄清錢廉編	康熙刻本
陳忠貞公遺集 3 卷附錄 2 卷	明陳良謨撰，民國張壽鏞輯	稿本
過宜言 8 卷附錄 1 卷	明華夏撰	鄞華永祺藏鈔本校日本東方文化籌備處藏舊鈔本
錢忠介公集 20 卷首 1 卷附錄 6 卷	明錢肅樂撰，清全祖望編	鄞張氏恆齋藏錢濬恭鈔鮚埼亭稿本用伏跗室稿本補
附錢忠介公年譜 1 卷	馮貞群撰	
雪翁詩集 14 卷補遺 1 卷附錄 2 卷	明魏畊撰	魏氏傳鈔本用伏跗室本補
愚囊彙稿 2 卷補遺 1 卷	明宗誼撰，清周斯盛編	伏跗室藏寫定本
張蒼水集 9 卷附錄 8 卷	明張煌言撰	裔族孫張世倫藏海濱遺老高允權本參校永曆黃氏藏本順德鄧氏活字版本
馮侍郎遺書 8 卷附錄 3 卷	明馮京第撰，馮貞群輯	稿本
王侍郎遺著 1 卷附錄 1 卷	明王翊撰，馮貞群輯	稿本
馮王兩侍郎墓錄 1 卷	馮貞群輯	稿本
六經堂遺事 1 卷附錄 1 卷	明屠大理撰，八世孫屠用錫輯	稿本
吞月子集 3 卷附錄 1 卷	明毛聚奎撰	鄞王氏抱闕齋鈔本
雪交亭正氣錄 12 卷	明高宇泰撰	南洋中學藏傅氏鈔本校伏跗室本
海東逸史 18 卷	清翁洲老民撰	慈谿楊氏飲雪軒刻本校邵武徐氏（幹）叢書本
宋季忠義錄 16 卷附錄 1 卷補錄 1 卷	清萬斯同撰，補錄民國張壽鏞撰	約園藏手稿本
現成話 1 卷	清羅嵒撰	日本東方文化籌備處藏煙嶼樓編四明叢集稿本
管邨文鈔內編 3 卷	清萬言撰，男萬承勳編	童賡年藏鈔本校伏跗室藏煙嶼樓鈔本
千之草堂編年文鈔 1 卷	清萬承勳撰	童賡年藏鈔本校伏跗室藏勉力堂及煙嶼樓鈔本
寸草廬贈言 10 卷	清張嘉祿輯	約園刊本

第　　三　　集		
書　　名	著　　者	原書目錄記所據本
春秋集註 40 卷	宋高閌撰	清四庫館輯永樂大典本
尚書講義 20 卷	宋史浩撰	清四庫館輯永樂大典本
范文正公（仲淹）年譜 1 卷附補遺 1 卷	宋樓鑰撰，補遺無名氏撰	康熙歲寒堂范文正公集本校萬曆戊申毛氏刻本
慈湖詩傳 20 卷附錄 1 卷	宋楊簡撰	清四庫館輯永樂大典本
先聖大訓 6 卷	宋楊簡輯	萬曆乙卯雲閒張氏刻本
棠陰比事 1 卷	宋桂萬榮撰	木樨山房活字本校知不足齋鈔本
月令解 12 卷	宋張虙撰	清四庫館輯永樂大典本
四明它山水利備覽 2 卷附校勘記 1 卷	宋魏峴撰，校勘記清徐時棟撰	崇禎辛巳陳朝輔刻本校四明宋元六志本
蒙齋中庸講義 4 卷	宋袁甫撰	清四庫館輯永樂大典本
六藝綱目 2 卷附錄 2 卷附校勘記 1 卷	元舒天民撰，元舒恭注，明趙宜中附注，校勘記民國張壽鏞撰	東武劉氏刻本校指海本
春草齋集 12 卷	明烏斯道撰	清王家振編並校補足本
寧波府簡要志 5 卷	明黃潤玉撰	伏跗室藏舊鈔本校楊實成化四明志本
附南山著作考 1 卷	民國張壽鏞輯	
海涵萬象錄 4 卷附考證 1 卷	明黃潤玉撰，考證馮貞群撰	伏跗室藏煙嶼樓鈔本校祁氏澹生堂鈔本
讀易一鈔易餘 4 卷	明董守諭撰	約園藏鈔本
儒林宗派 16 卷	清萬斯同撰，清王梓材增注	屠用錫藏王梓材增註本校辨志堂本
鄞志稿 20 卷	清蔣學鏞撰	約園藏蕙江樓鈔本校孫鶴皋藏手稿本
甬上水利志 6 卷	清周道遵撰	道光戊申活字本

第 四 集		
書 名	著 者	原書目錄記所據本
舒文靖公類稿 4 卷附錄 3 卷	宋舒璘撰，附錄清徐時棟輯校	同治壬申舒氏刻本校雍正辛亥刻本，附錄校煙嶼樓徐氏舊稿本
定川遺書 2 卷附錄 4 卷	宋沈煥撰，民國張壽鏞輯	稿本
慈湖先生遺書 18 卷續集 2 卷補編 1 卷附新增附錄 1 卷	宋楊簡撰，明周廣輯，補編清馮可鏞輯，新增附錄民國張壽鏞輯	嘉靖乙酉秦氏刻本校馮氏稿本用毋自欺齋刻本補
附慈湖先生（楊簡）年譜 2 卷	清馮可鏞、清葉意深撰	
附慈湖著述攷 1 卷	民國張壽鏞撰	
絜齋毛詩經筵講義 4 卷	宋袁燮撰	武英殿聚珍版本
袁正獻公遺文鈔 2 卷附錄 3 卷	宋袁燮撰，清袁士杰輯	伏跗室藏煙嶼樓稿本
鼠璞 2 卷	宋戴埴撰	百川學海本校學津討原本
戴仲培先生詩文 1 卷	宋戴埴撰	江湖後集本
困學紀聞補注 20 卷	宋王應麟撰，清張嘉祿補注	稿本
丁鶴年詩集 4 卷附錄 1 卷	元丁鶴年撰	琳琅秘室叢書本
醫閭先生集 9 卷	明賀欽撰	嘉業堂藏嘉靖乙丑刻本
白齋詩集 9 卷竹里詩集 3 卷竹里文略 1 卷	明張琦撰	正德癸酉嘉靖癸未刻本
聞見漫錄 2 卷	明陳槐撰	蝸寄廬孫氏藏萬曆癸酉刻本
拘虛集 5 卷	明陳沂撰	伏跗室藏本
後集 3 卷詩談 1 卷游名山錄 4 卷	明陳沂撰	北平圖書館鈔本
皇極經世觀物外篇釋義 4 卷	明余本撰	百歲堂陳氏藏嘉靖乙丑重修本
書訣 1 卷	明豐坊撰	文瀾閣鈔校佩文齋書畫譜本
陳后岡詩集 1 卷文集 1 卷	明陳東撰	伏跗室藏萬曆辛卯刻本
碣石編 2 卷	明楊承鯤撰	北平圖書館鈔本
銅馬編 2 卷	明楊德周撰	北平圖書館鈔本

第　四　集		
書　　名	著　　者	原書目錄記所據本
夷困文編 6 卷	明王嗣奭撰	蝸寄廬孫氏藏明鈔本
囊雲文集 2 卷補遺 1 卷	明周齊曾撰	伏跗室藏煙嶼樓鈔本
四明山志 9 卷	清黃宗羲撰	康熙辛巳吳門黃氏刻本
深省堂詩集 1 卷	清萬斯備撰	海寧味腴堂陸氏藏舊鈔本校煙嶼樓徐氏本
歷代紀元彙考 8 卷附續編 1 卷	清萬斯同撰，續編清李哲濬撰	光緒丁酉李氏刻本
石園文集 8 卷	清萬斯同撰	鄞月峰陳氏藏舊鈔本
分隸偶存 2 卷	清萬經撰	乾隆己丑辨志堂刻本
審定風雅遺音 2 卷	清史榮撰，清紀昀審定	乾隆庚辰刻本
玉几山房吟卷 3 卷	清陳撰撰	伏跗室藏康熙丙申刻本
讀易別錄 3 卷	清全祖望撰	知不足齋叢書本
月船居士詩稿 4 卷附錄 1 卷	清盧鎬撰	乾隆壬子黃氏刻本
春雨樓初刪稿 10 卷	清董秉純撰	伏跗室藏舊鈔本
存悔集 1 卷	清范鵬撰	咸豐丁巳思貽齋盧氏刻本
四明古蹟 4 卷	清陳之綱輯	道光壬午是亦樓袁氏刻本
瞻袞堂文集 10 卷	清袁鈞撰	光緒丁未袁氏刻本
襄陵詩草 1 卷詞草 1 卷 種玉詞 1 卷	清孫家穀撰	伏跗室藏書稿本
世本集覽 1 卷	清王梓材撰	屠用錫藏樸學齋稿本
補園賸稿 2 卷	清包履吉撰	光緒乙巳湯氏刻本
古今文派述略 1 卷	清陳康黼撰，民國張世源注	甬東張氏藏稿本

第　五　集		
書　　名	著　　者	原書目錄記所據本
宋元學案補遺 100 卷首 1 卷 別附 3 卷序錄 1 卷	清王梓材，清馮雲濠輯	

第　六　集		
書　　名	著　　者	原書目錄記所據本
穹天論 1 卷	晉虞聳撰	玉函山房輯本
虞徵士遺書 6 卷	晉虞喜撰	玉函山房輯本
鼎錄 1 卷	陳虞荔撰	何允中廣漢魏叢書本校龍威秘書本
頤庵居士集 2 卷	宋劉應時撰	文瀾閣鈔本校知不足齋叢書
勸忍百箴考註 4 卷	元許名奎撰，明釋覺澄考註	明萬曆甲申司禮監刻本
貞白五書 15 卷： 　三極通 2 卷 　小學補 1 卷 　質言 7 卷 　迴瀾正論 1 卷 　求是編 4 卷	明馮柯撰	慈谿馮氏醉經閣依萬曆壬子刻鈔鄞王東園知不足齋藏本
林衣集 6 卷	明秦舜昌撰，張壽鏞節選	慈谿秦氏抹雲樓藏明刻本及鈔本
留補堂文集選 4 卷	明林時對撰	張伯岸藏鈔本
小天集 2 卷	清秦遵宗撰	慈谿秦氏抹雲樓藏凝道堂本刻本
純德彙編 7 卷首 1 卷續刻 1 卷	清董華鈞輯，續刻董景沛輯	嘉慶壬戌刻本
甬東正氣集 4 卷	清董琅輯	同治壬申正誼堂刻本
四明詩幹 3 卷	清董慶酉輯	光緒癸未刻本
四明宋僧詩 1 卷元僧詩 1 卷	清董濂輯	光緒戊寅刻本
全校水經酈注水道表 40 卷	清王楚材輯	屠氏古娑羅館藏稿本
明堂考 1 卷附射侯考 1 卷	清胡虔撰	胡氏家藏稿本
明明子論語集解義疏 20 卷	清胡虔撰	胡氏家藏稿本
切音啓蒙 1 卷	清胡虔撰	胡氏家藏稿本
大衍集 1 卷	清胡虔撰	胡氏家藏稿本
附約仙遺稿 1 卷	胡中正撰	
四明人鑑 3 卷	清劉慈孚輯，清虞琴繪圖	光緒丙戌石印本
養園賸稿 3 卷	清盛炳緯撰	盛氏家藏稿本

第　七　集		
書　　名	著　　者	原書目錄記所據本
會稽典錄 2 卷	晉虞預撰，周樹人輯	浙江圖書館藏稿本
魏文節遺書 1 卷附錄 1 卷	宋魏杞撰，魏頌唐輯	稿本
絜齋家塾書鈔 12 卷附錄 1 卷	宋袁燮撰	文瀾閣鈔本
洪範統一 1 卷	宋趙善湘撰	藝海珠塵本
西麓詩稿 1 卷	宋陳允平撰	南宋群賢小集本
附西麓繼周集 1 卷 日湖漁唱 1 卷	宋陳允平撰	彊邨叢書本
趙寶峰先生文集 2 卷	元趙偕撰	張冷僧手鈔本校林集虛藜照堂藏本
符臺外集 2 卷	明袁忠徹撰	張伯岸藏舊鈔本
楊文懿公文集 30 卷	明楊守陳撰	伏跗室藏嘉靖刻本
碧川文選 8 卷補遺 1 卷	明楊守阯撰	伏跗室藏萬曆刻本校殘鈔本
養心亭集 8 卷	明張邦奇撰	林集虛藜照堂藏嘉靖刻本校天一閣藏殘本
灼艾集 2 卷續集 2 卷餘集 2 卷別集 2 卷	明萬表撰	嘉靖乙酉刻本
玩鹿亭稿 8 卷	明萬表撰	景鈔萬曆刻本
續騷堂集 1 卷	清萬泰撰	光緒甲申趙翰香居刻本
補歷代史表 14 卷	清萬斯同撰	伏跗室藏稿本
昌國典詠 10 卷	清朱緒曾撰	伏跗室藏稿本
夏小正求是 4 卷	清姚燮撰	稿本
漢書讀 12 卷辨字 2 卷常談 2 卷	清張恕撰	春花館稿本
見山樓詩集 4 卷	清張翊儁撰	伏跗室藏稿本
季仙先生遺稿 1 卷補遺 1 卷	清徐時棟撰	煙嶼樓藏稿本
寸草廬奏稿 2 卷	清張嘉祿撰	寸草廬稿本
小謨觴館文集注 4 卷	清彭兆蓀撰，清張嘉祿注	寸草廬稿本
孔賈經疏異同評 1 卷附錄 1 卷	民國陳漢章撰	活字本
鶴巢文存 4 卷詩存 1 卷	清忻江明撰	稿本

第 八 集

書　　　名	著　　　者	原書目錄記所據本
虞預晉書 1 卷	晉虞預撰，清湯球輯	
舒嬾堂詩文存 3 卷補遺 1 卷附錄 1 卷	宋舒亶撰，民國張壽鏞輯	
石魚偶記 1 卷	宋楊簡撰	二老閣刻本
安晚堂詩集 12 卷（原缺卷 1 至 5）補遺 1 卷輯補 1 卷補編 2 卷	宋鄭清之撰，輯補清李之鼎輯，補編宋陳起輯	
梅讀先生存稿 10 卷附錄 5 卷	明楊自懲撰	
徐徐集 2 卷	明王楫撰	
攝生眾妙方 11 卷	明張時徹撰	
白嶽游稿 1 卷	明沈明臣撰	
碑帖紀證 1 卷	明范大澈撰	
西漢節義傳論 2 卷	清李鄴嗣撰	
杲堂文續鈔 4 卷附錄 1 卷	清李鄴嗣撰	
甬上高僧詩 2 卷	清李鄴嗣撰	
廟制圖考 1 卷	清萬斯同撰	
四明文徵 16 卷	清袁鈞輯	
徐偃王志 6 卷	清徐時棟輯	
味吾廬詩存 1 卷文存 1 卷首 1 卷外紀 1 卷	清江仁徵撰，外紀民國張壽鏞輯	
容膝軒文集 8 卷詩草 4 卷	民國王榮商撰	
峽源集 1 卷	清毛宗藩撰	

（十二）《惜硯樓叢刊》

收清溫州府之著述，陳謐和其妹夫林慶雲主編。

前有陳謐序，敘其緣起，云因鄉先哲永嘉之學「自南渡以迄有清之季，其間七百餘年，盛衰消長之故景行不可作，顧有久衰之歎，乃與同志數人，謀設學會〔註10〕，

〔註10〕劉紹寬〈甌風社記〉云：「……歲癸酉冬，介石世丈從孫穆庵，余友孟沖之哲嗣，亦余及門士也，目擊世弊，蠚然與其妹夫林君志甄創設雜誌，號曰甌風，蓋以昌明永嘉故有永嘉學術，欲為之倡，於是求志老輩池臥盧先生，籤廣師之長君孟晉，與余及黃君胥庵，高君儲廣，王君志澂，林君公鐸，李君雁晴，宋君墨庵，梅君冷生，陳君仲陶，夏君瞿禪，李君孟楚，陳君繩甫，張君宋廎，皆贊成斯舉，相與講論道藝，而風氣庶為一變，因名其論學之居曰甌風社，屬為之記。……」見《浙江省立

相與講論而望所以光大維繫之者，至閡且鉅。慶雲聞之大悅，慨然以資相助，無難色，於是《甌風》雜誌自此作焉。此輯凡誌之所已錄，慶雲取之別為單行而彙訂之，意甚善也。初慶雲以所獲邑先達方雪齋先生藏研示余，心焉慕之，余故嘉其好學嗜古之心為不可及，輒以名其讀書之所曰惜硯樓名其書云。」叢書後有林慶雲跋云：「共和甲戌之冬，雲從內兄木厂先生始創《甌風》雜誌歲一周矣，於是又輯《惜硯樓叢刊》。……」可知所收書曾先後刊登於《甌風》雜誌，後來才彙刊成叢書。其中《顧亭林詩校記》，據林慶雲跋云「是冊得之徵君哲嗣孟晉先生，悉依手稿重校，與前雜誌所錄迥異，洵佳本也」，即版本不同。

　　部分所收書有作者傳記，及與事者如陳謐、宋慈抱、劉紹寬等人作的序跋。

《惜硯樓叢刊》子目

書　　　名	作　　者	書　　　名	作　　者
敬業堂詩校記 1 卷	清方成珪撰	莫非師也齋文錄 1 卷	清宋衡撰
顧亭林詩校記 1 卷	清孫詒讓撰	方國珍寇溫始末 1 卷（*01）	清葉嘉棆撰，民國劉紹寬增訂
漱蘭詩葺 1 卷補遺 1 卷	清黃體芳撰	太鶴山人（端木國瑚）年譜 1 卷	清端木百祿撰，民國陳謐補輯
鮮庵遺文 1 卷	清黃紹箕撰，楊嘉輯，陳謐補輯成書	全臺遊記 1 卷	民國池志澂撰

*01：民國 18 年劉紹寬序，言葉嘉棆原書名是《方國珍亂郡考》，劉紹寬以為《方國珍寇溫始末》較適宜，故改之。

（十三）《仙居叢書》

　　收仙居一縣歷代之著述。李鏡渠輯，鏡渠字秋禪，浙江仙居人。

　　前有褚傳誥、陳訓慈、項士元序，王棻題詞，目錄後有李鏡渠自序。凡例八條，第二條云其叢書之旨在「網羅放佚、奮拾叢殘，舉凡零縑斷簡，均同吉光片羽，本書罔不為之編輯補綴，用資徵考」；第四條云：「本書意在徵文考獻，其有非邑人而著述有關本邑掌故者，概予甄錄。」可知志在存佚，內容廣及地方掌故，不限邑人之著述。凡例後有助刊姓氏。

　　收書十二種，多有附錄和補遺，附錄多為傳記資料，二種有跋，五種有校勘記。版本資料多見於校勘記，有校勘之功，例如：

　　《項子遷詩》，編者考異云：

本書以《臺州叢書後集》為藍本，卷中各詩間有與《全唐詩餘》、《安洲詩錄》、《仙居集》等出入者，附考異如下。

《孫拾遺遺集》，編者校勘後記云：

> 原本仍『孫子文纂』舊名，予既為迻錄，並補遺《咸陽縣志》所載〈昭帝論〉及《安洲詩錄》詩四首於後，復為更名曰『遺集』，以視張輯固多增益……

《丹邱生集》，編者校勘後記云有王杏村輯本和繆荃孫輯光緒戊申息園刊本兩本，以繆本較佳。此刊是「取兩本互勘，甄補闕佚，益以各家題贈及平日瀏覽所及有關敬仲先生遺佚，別為補遺一卷」。

《浙江省立圖書館館刊》第三卷第六期〔註11〕〈刊《仙居叢書》緣起及目錄〉一文中，除了《仙居叢書》的序、第一集目錄（列有版本，但少《窟齋先生遺稿》一種，可能正式出版時才加上的）外，還附有第一集著者略傳及第二集擬目，可備參考。

《仙居叢書》第一集子目

書　　名	作　　者	李鏡渠校勘記云所據本	浙江省立圖書館館刊〈刊仙居叢書緣起及目錄〉記所據本
項子遷詩 1 卷附錄 1 卷附考異 1 卷	唐項斯撰，考異民國李鏡渠撰	臺州叢書後集本	席啓寓唐詩百名家集本，楊晨臺州叢書後集本
孫拾遺遺集 1 卷補遺 1 卷外紀 1 卷	唐孫郃撰	四明叢書輯本	參用張壽鏞輯孫拾遺文纂四明叢書本另附增輯
湖山集 10 卷補遺 1 卷附錄 1 卷	宋吳芾撰	四庫永樂大典本	楊晨臺州叢書巳集文津閣本
菌譜 1 卷	宋陳仁玉撰	四庫本	張海鵬墨海金壺本太平陳樹鈞刊本
一瓢稿賸稿 1 卷	元翁森撰	李鏡渠輯本	計百梅詠 1 卷又四時讀書樂等 1 卷
丹邱生集 5 卷補遺 1 卷附錄 1 卷	元柯九思撰	王杏村輯本和繆荃孫輯本	繆荃孫輯光緒戊申（三十四年）息園刊本
圭山近稿 6 卷	明張儉撰	乾隆重印	達州吳畀刻本（*01）
周易傳義存疑 1 卷	明應大猷撰		乾隆戊戌排印本
容菴集 10 卷	明應大猷撰		乾隆戊戌排印本

*01：《圭山近稿》，項士元跋云：「此稿為張圭山參政儉遺著，內凡詩文二百餘篇，均官建寧重變時作。初有吳畀刻本，清乾隆時圭山之裔用活字重印，予徵訪多載，始於民國初元由郭梅郋茂才出其家藏本見贈，即乾隆時重印本也。」

〔註11〕民國 23 年 12 月 31 日。

書　　　名	作　　　者	李鏡渠校勘記云所據本	浙江省立圖書館館刊〈刊仙居叢書緣起及目錄〉記所據本
寙齋先生遺稿 1 卷	明吳時來撰	李鏡渠輯本	
介山稿略 16 卷補遺 1 卷	明林應麒撰		少濱書屋刻本
（萬曆）仙居縣志 12 卷（*02）	明顧震宇纂修		吳興劉氏嘉業堂藏萬曆三十六年原刻本

*02：《續修四庫全書提要》（《仙居叢書》第一集）云：「……末附《（萬曆）仙居志》一種，則以其書素極有名，而傳世至罕，有關仙居掌故，至深且鉅也。」

附：《浙江省圖書館館刊》〈刊《仙居叢書》緣起及目錄〉所列《仙居叢書》第二集擬目

書　　　　　名	作　　者	所　　據　　本
（康熙）仙居縣志 30 卷	清鄭錄勳主修	蘭雪堂藏本
美人百詠 1 卷	清徐日新	張藻香藏本
山人問答 1 卷	清朱之鵬	蘭雪堂藏本
聚書堂詩草 1 卷	清張徽謨	蘭雪堂藏本
秋聲閣遺書	清應金心	張藻香藏本
石居文集 6 卷詩集 4 卷	清張明焜	待訪
帚集享 1 卷附倣白香山新樂府 1 卷	清林孫枝	蘭雪堂藏未刊稿本
韋門詩鈔 5 卷	清朱庚年	蘭雪堂藏本
汪氏家 1 卷	清汪衎年	待假鈔
添香餘話 1 卷	清朱兀宗	蘭雪堂藏未刊稿本
香雪山房詩集 6 卷	清朱兀宗	王贊青藏
畫石山房文集 3 卷	清王魏勝	王贊青藏
天中節表丹忱錄	清應金心編	待訪
（光緒）仙居縣志附錄 1 卷補遺 1 卷	□	蘭雪堂藏未刊稿本
畫石山房詩鈔	清王魏勝	蘭雪堂藏
安洲詩錄 8 卷	清王魏勝輯	蘭雪堂藏本
仙居鄉音字義 2 卷（原名合辨義，將文字依鄉音編纂）	清楊家璧	
山人餘事草 1 卷	清朱華	蘭雪堂藏未刊稿本

（十四）《南林叢刊》

南林乃南潯鎮之古名，本部叢書收南潯一鎮之著述，周延年編。

有正集五種和次集七種。正集前有劉承幹序，無總目，後有民國 25 年周延年跋，云皆昔年所搜集而手錄之藏篋中者，後略言諸書來源。次集前有簡略的各書提要，並列出書的來源，後有民國 28 年周延年跋。各書後偶有他人之跋。

《南林叢刊》子目

1. 正　集

書　　　名	作　　　者	書　　　名	作　　　者
南潯鎮志 10 卷	清范來庚撰	劫餘雜識 1 卷	清李光霽撰
潯谿紀事詩 2 卷	清范鍇撰	山傭遺詩 1 卷	民國蔣文勛撰
朱文肅公詩文集 1 卷	明朱國禎撰		

2. 次　集

書　　　名	作　　　者	所　據　本
范氏記私史事 1 卷	清范韓撰	劉氏嘉業堂藏舊鈔本
前身散見集編年詩續抄 1 卷	清黃周星撰	劉氏嘉業堂藏稿本
南潛日記 2 卷	明董說撰	劉氏嘉業堂藏稿本
兼山續草 1 卷	清董靈預撰	張氏適園藏稿本
古壁叢鈔 1 卷	清溫日鑑撰	張氏適園藏原刊本
堅匏盦詩文集 2 卷	民國劉錦藻撰	稿本
一浮漚齋詩選 3 卷	民國沈焜撰	稿本

二、江蘇省

（一）《婁東雜著》

又名《棣香齋叢書》，收清太倉州歷代之著述，清太倉州領鎮洋、崇明、嘉定、寶山四縣。清邵廷烈編，廷烈字子顯，又字伯揚，太倉州人。

共八集，還有續刊。每書首行書名下題有「棣香齋叢書」等字。前八集有李兆洛、李宗昉、李正鼎、徐元潤、葛其仁、王寶仁、邵廷烈序，邵廷烈序有二篇；續刊前有沈岐、錢寶琛、陸模序。邵廷烈第二篇序述其編輯緣起云：「……先侍讀蔚田公研覃經史，手寫書不下數百卷，又嘗搜羅鄉邦文獻，欲裒集成書而未果。迨先君子宦遊直隸，任繁劇卒，卒無暇晷，後解組歸，每思紹續遺志，而家事坌集，心力漸耗，不久遂棄養。烈兄弟孤穉無知識，楹書塵封者十數年於茲矣。辛卯秋，攝玉峰學篆，齋廚寂然，乃屬仲弟撿寄家藏鄉先輩遺書，復廣購未見之本若干種，釐訂付梓，用播藝林，冀以畢先侍讀暨先君子未竟之志，庶幾鄉邦文獻不至湮沒無聞焉爾。工既竣，誌顛末如右。」

有凡例九條，擇要如下：

1. 說明編刊方式

凡例第一條云：「是集所取都係零圭寸寶，俱係外間罕見之品，其有卷帙繁富及已有別本單行者不及備登。」按，所收書多一、二卷，常見者不復收入，可知主要在匯輯罕見的著作。

凡例第二條云：「是集有全書不及并刊，採錄一、二卷以存其概者，卷末另作跋語以免割裂之誚。」按，《分野說》、《封建考》、《稱謂考辨》、《闈史瑣言》四種有編者跋。

2. 內容的選擇

凡例第六條云：「是集所輯，或探析理要，或推本治原，或考證經史，或辨論詩文，凡屬鄉邦利弊以及遺聞軼事，雖係一人一家而裨風化者，亦必采及。」凡例第七條云：「是書都取先輩遺著，其惠自同人者亦開存一二，末附拙著數種冀以就正方家，非敢希蹤前哲也。」按，除了邵廷烈自撰外，還收入先世邵嗣宗所著四種，續刊則有先人邵士洙所著一種。

《婁東雜著》子目

金 集			
書 名	作 者	書 名	作 者
雪履齋筆記 1 卷	元郭翼撰	談藝錄 1 卷	明徐禎卿撰
使緬錄 1 卷	明張洪撰	服食崇儉論 1 卷	明黃元會撰
病逸漫記 1 卷	明陸釴撰	奉常家訓 1 卷	清王時敏撰
桑子庸言 1 卷	明桑悅撰		

石 集			
書 名	作 者	書 名	作 者
易說 1 卷	明王育撰	治病說 1 卷	清陳瑚撰
說文引詩辨證 1 卷	明王育撰	救荒定議 1 卷	清陳瑚撰
海運說 1 卷	明華乾龍撰	蔚村三約 1 卷	清陳瑚撰
補闕疑 1 卷	明錢可選撰	淮雲問答 1 卷	清陳瑚撰
築圍說 1 卷	清陳瑚撰		

絲 集			
書 名	作 者	書 名	作 者
婁江條議 1 卷	清陸世儀撰	分野說 1 卷	清陸世儀撰
蘇松浮糧攷 1 卷	清陸世儀撰	省身錄 1 卷	明郁法撰
桑梓五防 1 卷	清陸世儀撰	封建考 1 卷	明盛敬撰
支更說 1 卷	清陸世儀撰		

竹 集			
書 名	作 者	書 名	作 者
梅村詩話 1 卷	清吳偉業撰	論學三說 1 卷	清黃與堅撰
水利五論 1 卷	清顧士璉撰	廣論學三說 1 卷	清黃與堅撰
論畫十則 1 卷	清王原祁撰	吳下喪禮辨 1 卷	清顧湄撰
敬學錄 1 卷	清陳邁撰		

匏 集			
書 名	作 者	書 名	作 者
語林考辨 1 卷	清周象明撰	課士條言 1 卷	清沈起元撰
稱謂考辨 1 卷	清周象明撰	太倉州名考 1 卷	清程穆衡撰
八矢注字說 1 卷附注字圖 1 卷	清顧陳垿撰	太倉風俗記 1 卷	清程穆衡撰

土　　　集			
書　　　名	作　　　者	書　　　名	作　　　者
洗心錄 1 卷	清邵嗣宗撰	葬考 1 卷	清邵嗣宗撰
筮仕金鑑 2 卷	清邵嗣宗撰	立學先基條說 1 卷	清周翥華撰
舊鄉行紀 1 卷	清邵嗣宗撰		

革　　　集			
書　　　名	作　　　者	書　　　名	作　　　者
秋樵雜錄 1 卷	清王璜撰	過庭記聞	清錢元熙撰
課餘偶筆 1 卷	清顧成志撰	恆星餘論 2 卷	清張景江撰
寓瞭雜詠	清顧張思撰	懺摩錄 1 卷	清彭兆蓀撰

木　　　集			
書　　　名	作　　　者	書　　　名	作　　　者
忍齋雜識 1 卷	清李坤元撰	婁江雜詞 1 卷	清邵廷烈編輯
勵學篇 1 卷	清王寶仁撰	飼鳩記略 1 卷	清邵廷烈撰
侍疾要語 1 卷	清錢襄撰	思源錄 1 卷	清邵廷烈撰
讀左剩語 1 卷	清趙以錕撰	望益編 1 卷	清邵廷烈編輯
閫史瑣言 1 卷	清趙以錕撰		

續　　　刊（清道光 25 年竹西鋤蓿館刊）			
書　　　名	作　　　者	書　　　名	作　　　者
藝圃擷餘 1 卷	明王世懋撰	梅村集外詩 1 卷	清吳偉業撰
斯友堂日記 1 卷	明王育撰	十國雜詠 1 卷	清邵士洙撰
講義條約 1 卷	清陳瑚撰	讀書雜說 1 卷	清聞應槐撰
性善圖說 1 卷	清陸世儀撰	百家姓廋辭 1 卷	清王鏞撰
月道疏 1 卷附月行九道圖並解	清陸世儀撰	迓亭雜說 1 卷	清程穆衡撰
避地三策 1 卷附改折始末論	清陸世儀撰	學易臆說 1 卷	清邵廷烈撰

（二）《東倉書庫叢刻初編》

　　收清太倉州之清人著述，繆朝荃編。

　　史語所藏本子目七種，有繆朝荃識語二，與事者序者二。書前多有牌記數語，言其校刊者及刊畢日期，如：

　　　　《安道公年譜》牌記云：

光州後學吳鏡沅粵生助資校刊，同里後學唐受祺若欽、繆朝荃蘅甫同校，吳縣後學石方涷君秀署檢。光緒十有八年壬辰冬十月成。東倉書庫叢刻之■。

《勿憚改齋》牌記云：

> 同里徐敦穆菊生、繆朝荃蘅甫、錢溯耆伊臣合校，蔣銘勛亦謝助梓，王藻林頌采署檢。光緒十三年秋七月刊成。

繆荃孫有〈東倉書庫圖記〉〔註12〕云：「……若夫廣刊故籍，首重鄉賢，繄楮傳之，梨棗壽之。遠則仿鹽邑之志林，近則紹棣香之雜著，續古人之絕業，詔後學以前型。無識者空肆詆諆，有志者群相推許焉。荃孫同宗、同年，又復同志，時搜枕秘，飛札傳鈔，偶刻古書，貽箋訂誤，孜孜矻矻，卅載於茲。……」可知繆朝荃注重鄉人著述的蒐輯。

《東倉書庫叢刻初編》子目

書　　　名	作　　者
聖學入門書 3 卷（史語所藏本無）	清陳瑚撰
瑯玡鳳麟兩公（王世貞、王世懋）年譜 1 卷（史語所藏本無）	清王瑞國撰
內則章句 1 卷	清顧陳垿撰
安道公（陳瑚）年譜 2 卷	清陳溥撰
潘瀾筆記 2 卷（史語所藏本無）	清彭兆蓀撰
懺摩錄 1 卷（史語所藏本無）	清彭兆蓀撰
谿山臥游錄 4 卷	清盛大士撰
勿憚改齋吟草 4 卷續草 4 卷	清顧師軾撰
清抱居膡稿 1 卷	清畢庭杰撰
覆瓿叢談 2 卷	清吳曾英撰
卅六芙蓉館詩存 6 卷（史語所藏本無）	清張曾望撰

（三）《常州先哲遺書》

收清常州府歷代之著述，清常州府領武進、陽湖、無錫、金匱、宜興、荊溪、江陰、靖江八縣。盛宣懷編，宣懷字杏蓀，號次沂，別號愚齋，江蘇武進人。

〔註12〕《藝風堂文續集》卷五，臺北市：文海出版社，民國 62 年出版。

前有總目，下列版本，目錄後有盛宣懷識言，並有共事者姓氏。每書前有記版本的牌記，後皆有盛宣懷跋，內容略論作者、版本流傳等，有參考價值。

《續修四庫全書提要》云：「……是編之成，實繆荃孫主之。荃孫字炎之，一字筱珊，晚號藝風，江蘇江陰人。……清末刻叢書幾成風氣，率多由荃孫主持，是編在郡邑叢書中，可稱最完善者矣。」

繆荃孫〈常州先哲遺書正續集緣起〉〔註13〕云：「光緒壬辰荃孫供職詞垣時，同鄉屠敬三刻常州駢體，風行一時。汪子淵自天津來，云盛公欲刻常州文存以敵駢體。時伯韞、屺懷、寶箴、寶梁集議，均以爲與其選文，何如刻書，遂有常州先哲遺書之舉。屺懷、子淵函達盛公，公來函自任刻資，令荃孫任搜輯並校勘。時荃孫乞假赴鄂，選匠徵書，先搜舊篋，無者借之友人，寫之浙中文瀾閣。至丁酉，成書四十種六十四冊而止，此初編也。後十年丁未，盛公爲海豐吳侍郎仲懌慫恿再刻，仍延荃孫搜輯校訂，儗分爲三集，共九十五種。不意辛亥九月革命變起，盛公竄身東瀛，荃孫亦走避滬瀆，友人工匠風流星散。壬子，盛公自東瀛致函，就已刻者收束只成此數，共訂一百有四冊，乙卯冬日始行印行。……」可知此部叢書以繆荃孫出力最多，原本要刻三集，後來只刻二集，並附數種於後；所據本多出自繆荃孫家藏，不少是鈔自文瀾閣本。

繆荃孫〈常州先哲遺書正續集緣起〉中列有三集目錄，有些書標「未刻」，第一集收梁至元人著述，第二集收明人著述，第三集收清人著述。除了未刻本外，《常州先哲遺書》多出《春卿遺稿》（附有蔣之翰之奇遺稿）、《滄螺集》、《宛鄰文集》（附《蓬室偶吟》）三種，繆荃孫目錄多出丁紹基撰《求是齋金石錄》八卷一種。

《常州先哲遺書》子目

1. 初　編

經　類			
書　名	作　者	目錄記所據本	牌記略異於目錄所記者
詩傳旁通 15 卷	元梁益撰	文瀾閣傳鈔本	
三續千字文注 1 卷	宋葛剛正撰	海源閣影宋刻本	

史　　類			
書　　　名	作　　者	目錄記所據本	牌記略異於 目錄所記者
崇禎朝記事 4 卷（即三朝野記 卷 4 至 7；三朝是明泰昌、天 啓、崇禎）	明李遜之撰	舊鈔足本	
陳定生先生遺書三種： 秋園雜佩 1 卷 山陽錄 1 卷 書事七則 1 卷	清陳貞慧撰	康熙刻本	
吳中水利書 1 卷	宋單鍔撰	守山閣本	
遂初堂書目 1 卷	宋尤袤撰	說郛本	用舊鈔本校說郛本
江陰李氏得月樓書目摘錄 1 卷	明李鶚翀撰	士禮居鈔本	

子　　類			
書　　　名	作　　者	目錄記所據本	牌記略異於 目錄所記者
景仰撮書 1 卷	明王達撰	影鈔本	用士禮居藏本
宜齋野乘 1 卷	宋吳枋撰	舊鈔本	用藝海珠塵本
梁谿漫志 10 卷	宋費袞撰	影宋鈔本	用影宋嘉泰本
萬柳溪邊舊話 1 卷	元尤玘撰	舊鈔本	用舊鈔本校知不足齋 本
陽羨茗壺系 1 卷附洞山岕茶系 1 卷	明周高起撰	粟香室本	用舊鈔本
五行大義 5 卷	隋蕭吉撰	佚存叢書本	
戒菴老人漫筆 8 卷	明李詡撰	藏說小萃本	

集　　類			
書　　　名	作　　者	目錄記所據本	牌記略異於 目錄所記者
梁昭明太子集 5 卷補遺 1 卷	梁蕭統撰	影宋鈔本	用影宋淳熙本
文選注攷異 1 卷	宋尤袤撰	影宋鈔本	用皕宋樓影宋鈔本
蕭茂挺集 1 卷附錄 1 卷	唐蕭穎士撰	舊鈔本	用明蓁竹堂鈔本校全 唐文
文恭集 40 卷	宋胡宿撰	聚珍版擺印大典本	

集　類			
書　　名	作　　者	目錄記所據本	牌記略異於目錄所記者
春卿遺稿 1 卷續編補遺（＊01）	宋蔣堂撰	天啓刊本	用明天啓己未廿世孫鑽輯本。按，天啓無己未，當有誤。
附蔣之翰之奇遺稿 1 卷	宋蔣之翰、蔣之奇撰		
摛文堂集 15 卷附錄 1 卷	宋慕容彥逢撰	文瀾閣傳鈔大典本	
毗陵集 16 卷補遺 1 卷附錄 1 卷	宋張守撰	聚珍版擺印大典本	
鴻慶居士文集 42 卷	宋孫覿撰	借書園校鈔影宋本	
宋孫仲益內簡尺牘編注 10 卷	宋孫覿撰，宋李祖堯編注，清蔡焯、清蔡龍孫增訂	乾隆刻本	用乾隆甲卯刻本。按，乾隆無甲卯，當有誤。
丹陽集 24 卷附錄 1 卷	宋葛勝仲撰	文瀾閣傳鈔大典本	
梁谿遺稿 2 卷補遺 1 卷附錄 1 卷	宋尤袤撰	道光刻本	用道光辛巳（元年）本
侍郎葛公歸愚集 10 卷補遺 1 卷	宋葛立方撰	丹鉛精舍校鈔影宋本	
附信齋詞 1 卷	宋葛郯撰	名家詞本	
定齋集 20 卷	宋蔡戡撰	文瀾閣傳鈔大典本	
牆東類稿 20 卷補遺 1 卷附校勘記 1 卷附錄 1 卷	元陸文圭撰，校勘記民國金武祥撰	世德堂校刻大典本	用道光己亥（十九年）世德堂刻本
清閟閣全集 12 卷	元倪瓚撰	城書室刻本	用康熙癸巳（五十二年）城書室刻本
滄螺集 6 卷補遺 1 卷附錄 1 卷	明孫作撰	汲古閣刻本	用舊鈔本校汲古閣本
唐荊川先生文集 18 卷補遺 1 卷附錄 1 卷	明唐順之撰	康熙刻本	用康熙壬辰（五十一年）二南堂本重彫並輯補遺一卷
小辨齋偶存 8 卷附錄 1 卷	明顧允成撰	萬曆刻本	用明萬曆癸丑（四十一年）刻本
從野堂存稿 8 卷補遺 1 卷年譜 1 卷附錄 1 卷	明繆昌期撰	傳鈔本	用崇禎丁丑（十年）本重彫並輯補遺年譜附錄各一卷
附文貞公（繆昌期）年譜 1 卷	清繆之鎔撰		

＊01：《春卿遺稿》，編者跋云：「原附希魯姪之奇詩一篇、文二篇，今輯得詩六十三篇、文七篇，並錄之奇兄之翰詩一篇，以識蔣氏一家之學。」

集　　　類			
書　　名	作　　者	目錄記所據本	牌記略異於目錄所記者
落落齋遺集 10 卷附錄 1 卷	明李應昇撰	傳鈔本	用明崇禎甲申（十七年）本
金忠潔公文集 2 卷	明金鉉撰	傳鈔本	用舊鈔本校乾坤正氣集
堆山先生前集鈔 1 卷	明薛寀撰	輩學齋校鈔本	用李養一（李兆洛）先生選本
韻語陽秋 20 卷	宋葛立方撰	正德刻本	明正德己卯本
存餘堂詩話 1 卷附錄 1 卷	明朱承爵撰	藏說小萃本	
附 留溪外傳 18 卷	清陳鼎撰	康熙初刻本	
邵青門全集 30 卷附邵氏家錄 2 卷	清邵長蘅撰	增編本	
學文堂文集 16 卷詩集 5 卷詩餘 3 卷	清陳玉璂撰	康熙刻本	用康熙初刻本

2. 後　編（只見重刊本）

補　　遺		
書　　名	作　　者	據繆荃孫〈常州先哲遺書正續集緣起〉
鴻慶居士集補遺 20 卷	宋孫覿撰	借書園校鈔影宋本
三朝野紀 3 卷（卷 1 至 3）	明李遜之撰	舊鈔足本

經　　　類		
書　　名	作　　者	據繆荃孫〈常州先哲遺書正續集緣起〉
像象管見 4 卷易傳 5 卷	明錢一本撰	萬曆刻本
毛詩日箋 6 卷	清秦松齡撰	康熙刻本

史　　　類		
書　　名	作　　者	據繆荃孫〈常州先哲遺書正續集緣起〉
皇明名臣琬琰錄 24 卷後錄 22 卷續錄 8 卷	明徐紘撰	嘉靖刻本
恩卹諸公志略 1 卷	明孫慎行撰	海甸野史本
天山自訂年譜 1 卷	明鄭鄤撰	崇禎刻本
荊溪外紀 25 卷	明沈敕輯	嘉靖刻本

史　　類		
書　　名	作　　者	據繆荃孫〈常州先哲遺書正續集緣起〉
長安客話 8 卷	明蔣一葵撰	明刻本
雜諍 1 卷	清楊名宁撰	舊鈔本

子　　類		
書　　名	作　　者	據繆荃孫〈常州先哲遺書正續集緣起〉
玄晏齋困思鈔 2 卷	明孫愼行撰	傳鈔本
韻石齋筆談 2 卷	清姜紹書撰	活字本
午風堂叢談 8 卷	清鄒炳泰撰	嘉慶刻本
飲淥軒隨筆 2 卷	清伍宇澄撰	伍氏叢書本
炙硯瑣談 3 卷（*02）	清湯大奎撰	亦有生齋刻本
暨陽答問 4 卷	清蔣彤輯	活字本
教經堂談藪 6 卷	清徐書受撰	嘉慶刻本

*02：《炙硯瑣談》，編者跋云：「……生平著《炙硯瑣談》十二卷，《補遺》一卷，經亂焚燬，味辛舍人掇拾殘賸，補綴三卷，刊之亦有生齋。……」

集　　類		
書　　名	作　　者	據繆荃孫〈常州先哲遺書正續集緣起〉
龜巢稿 20 卷補遺 1 卷	元謝應芳撰	鈔足本
方山先生文錄 22 卷	明薛應旂撰	嘉靖鈔本
水南文集 11 卷	明張袞撰	嘉靖刻本
賜餘堂集 14 卷	明吳中行撰	萬曆刻本
微泉閣詩集 14 卷文集 16 卷	清董文驥撰	康熙刻本
正誼堂詩集 17 卷文友文選 3 卷蓉渡詞 3 卷	清董以寧撰	康熙刻本
清芬樓遺稿 4 卷	清任啓運撰	乾隆刻本（*03）
宛鄰文集 6 卷	清張琦撰	宛鄰叢書本
附蓬室偶吟 1 卷	清湯瑤卿撰	
止庵遺集文 1 卷詩 1 卷詞 1 卷	清周濟撰	活字本
丹稜文鈔 4 卷	清蔣彤撰	鈔本
端虛勉一居文集 3 卷	清張成孫撰	輩學齋刻本
初月樓論書隨筆 1 卷（未見）	清吳德旋撰	別下齋刻本
初月樓古文緒論 1 卷（未見）	清吳德旋述，清呂璜錄	別下齋刻本

*03：《清芬遺稿》，書末有嘉慶二十一年英和跋云：「……先生之曾孫泰不墜家學，以清芬樓遺稿若干卷郵示於和，和受而讀之。……爰就遺稿稍加芟校編次而壽之梓。……」後有嘉慶二十三任泰跋，末行題「光緒十四年歲在著雍困敦冬十二月族孫道開雕，後學姚覲元校」，所採非如繆荃孫文所言的「乾隆刻本」。

附：繆荃孫〈常州先哲遺書正續集緣起〉一文所列目錄未刻者

書　　　名	作　　者	所　　據　　本
對床夜語 1 卷	宋范晞文	舊鈔本
雙溪集 8 卷	明沈淮	傳鈔文瀾閣本
消暍集 22 卷	明夏樹芳	稿本
茶苑 20 卷	明黃履道	精鈔本
堯山堂外紀 100 卷	明蔣堯臣	明刻本
延州筆記 4 卷 (《江陰叢書》收入)	明唐覲	藏說小萃本
灼薪劇談 2 卷	明朱承爵	嘉靖刻本
公餘日錄 1 卷 (《江陰叢書》收入)	明湯沐	藏說小萃本
宦游紀聞 1 卷 (《江陰叢書》收入)	明張誼	藏說小萃本
暖姝由筆 3 卷 (《江陰叢書》收入)	明徐充	藏說小萃本
容春堂前集 20 卷後集 14 卷續集 18 卷別集 9 卷	明邵寶	愼獨齋刻本
左傳集解 30 卷	清孫星衍	稿本
說文諧聲譜 20 卷	清張惠言	稿本
東林列傳 24 卷	清陳鼎	康熙刻本
亦有生齋文集 50 卷續集 8 卷	清趙懷玉	道光刻本
重編孫淵如文集 20 卷	清繆荃孫	稿本
拜經文集 2 卷	清臧庸	刻本
齊物論齋集 6 卷	清董士錫	道光刻本
賴古堂文集 8 卷	清湯□□	宛鄰叢書本
吳山子文鈔 1 卷	清吳育	
文翼 3 卷	清吳鋌	

（四）《江陰叢書》

　　收江陰一縣歷代之著述。清金武祥編，武祥字溎生，又字薖鄉，江蘇江陰人。

　　《續修四庫全書提要》(《粟香室叢書》) 云：「清金武祥編。武祥字溎生，江陰人，著有《粟香室隨筆》等書，是書纂輯之旨，以搜輯鄉賢著述爲主，而時人撰輯亦間列入，略以時代先後爲次。武祥與繆荃孫爲友 (按，兩人是表兄弟)，搜討之功，繆氏之力爲多。……顧金氏之書，隨刻隨印，各本編目，均有多寡不同，其附有《粟

香室隨筆》四集，最爲足本。其後刊有《江陰叢書》，乃去時賢著述，僅錄江陰文獻，實即一書也。」可知《粟香室叢書》（六十種）是《江陰叢書》（三十六種）的前身，臺灣無藏本，而所見《江陰叢書》各書首頁書名下，皆題「粟香室叢書」。

師大藏本較史語所藏本齊全，前有王先謙光緒三十三年序、繆荃孫光緒二十年序，史語所少一種，而且前面只有王先謙序。十八種有金武祥序，敘其編刊過程，十四種有作者傳略。版本資料不全，三種有牌記標示版本資料，其他由編者序可知多爲抄本，有保存之功，如：

《北郭集》，編者序云：

> 光緒庚寅夏廖彥保明經自都門以手鈔一帙寄示，蓋傳錄於繆筱珊太史，筱珊則錄自浙之文瀾閣者也。

《青暘集》，編者序云：

> 未見刊本，此四卷爲繆筱珊太史傳錄於夏廖保明經。

《陽羨茗壺系》，編者序云：

> 甲申在羊城書肆獲《茗壺系》鈔本一冊，今年（十四）春汪君芙生寄示粤刻叢書中有《茗壺系》，後附《洞山岕茶系》一卷，亦高起所撰，惟粵板及前得鈔本均多訛舛，無別本可校……始就所知並《宜興志》所引《茗壺系》，稍事訂正，因合《岕茶系》彙梓叢書中。

《粟香室叢書》子目（書名打三角形者爲《江陰叢書》子目）

書　　　　　名	作　　　　者
陽羨風土記 1 卷附校刊記 1 卷補輯 1 卷續補輯 1 卷考證 1 卷	晉周處撰，清王謨輯，校刊記、補輯民國金武祥撰，考證清章宗源撰
△宜齋野乘 1 卷	宋吳枋撰
△北郭集 6 卷補遺 1 卷續補遺 1 卷	元許恕撰
△滄螺集 6 卷	明孫作撰
△青暘集 4 卷補遺 1 卷	明張宜撰
△陽羨茗壺系 1 卷洞山岕茶系 1 卷	明周高起撰
△江陰李氏得月樓書目摘錄 1 卷	明李鶚翀撰
△藏說小萃七種（*01）：	明李鶚翀輯
公餘日錄 15 條	明湯沐撰

*01：牌記：光緒戊子江陰金氏抽刻續說郛摘錄本。《藏說小萃》七種各種下題條數，未若《綜錄》題卷數。

書　　　名	作　　　者
宦遊紀聞 13 條	明張誼撰
水南翰記 18 條	明張袞撰
存餘堂詩話 19 條	明朱承爵撰
暖姝由筆 46 條	明徐充撰
延州筆記 14 條	明唐觀撰
戒庵漫筆 35 條	明李詡撰
△延州筆記 4 卷	明唐觀撰
名家詞集十種	清侯文燦輯
江南春詞集 1 卷附錄 1 卷附考 1 卷	明朱之蕃輯，考清梁廷枏撰
△江上孤忠錄 1 卷	清黃明曦撰，清黃懷孝、清龔丙吉重訂
△江上遺聞 1 卷	清沈濤撰
△李仲達被逮紀略 1 卷（*02）	明蔡士順撰
△荔枝譜 1 卷附錄 1 卷	清陳鼎撰，附錄民國金武祥撰
△經書言學指要 1 卷	清楊名時撰
△守一齋筆記 4 卷客牕二筆 1 卷（*03）	清金捧閭撰
春及堂稿 1 卷	清謝聘撰
△鸚亭詩話 1 卷附錄 1 卷附詩鈔	清屠紳撰
△讀書瑣記 1 卷（*04）	清鳳應韶撰
讀雪山房唐詩凡例 1 卷	清管世銘撰
讀雪山房雜著 1 卷	清管世銘撰
雲溪樂府 2 卷	清趙懷玉撰
玉麈集 2 卷	清洪亮吉撰
冰蠶詞 1 卷	清于胡承齡撰
端溪硯坑記 1 卷	清李兆洛撰
△開方之分還原術 1 卷	清宋景昌補草，鄒安鬯補圖
勇盧閒詰評話 10 卷	清周繼煦撰

*02：牌記：光緒十九年仲冬江陰金氏覆印荊駝逸史本。

*03：《守一齋筆記》四卷《客牕二筆》一卷，其總目作《守一齋客牕筆記》。《守一齋筆記》四卷的卷一題《守一齋筆記》，卷二至卷四題《客牕偶筆》，作者金捧閭，有趙翼評。

*04：書名頁題藝海珠塵本。

書　　　名	作　　　者
△篤慎堂燼餘詩稿 2 卷文稿 1 卷	清金諤撰
△松筠閣貞考錄 1 卷附錄 1 卷	民國金武祥輯
△緯青遺稿 1 卷	清張縕英撰
△澹盦自娛草 2 卷詞賸 1 卷附錄 1 卷	清金應澍撰
△附仲安遺草 1 卷	清金和撰
存齋古文 1 卷續編 1 卷	清黃懷孝撰
傳忠堂學古文 1 卷	清周星譽撰
沈子碻遺文正編 1 卷外編 1 卷	清沈銘石撰
鷗堂賸稿 1 卷補遺 1 卷	清周星譽撰
東鷗草堂詞 2 卷補遺 1 卷附錄 1 卷	清周星譽撰
鷗堂日記 3 卷	清周星譽撰
△水雲樓賸稿 1 卷	清蔣春霖撰
△玉紀 1 卷補 1 卷（*05）	清陳性撰，補清劉心珤撰
教孝編 1 卷	清姚廷傑撰
表忠錄 1 卷附錄 1 卷	民國金武祥輯
思忠錄不分卷	民國金武祥輯
△冰泉唱和集 1 卷續和 1 卷再續和 1 卷附錄 1 卷閨集 1 卷	民國金武祥輯
△江陰藝文志 2 卷校補 1 卷	民國金武祥輯
△灕江雜記 1 卷附灕江游草 1 卷	民國金武祥撰
△赤溪雜志 2 卷	民國金武祥撰
△霞城唱和集 1 卷	民國金武祥輯
△陶廬雜憶 1 卷續詠 1 卷補詠 1 卷	民國金武祥撰
陶廬後憶 1 卷	民國金武祥撰
陶廬五憶 1 卷	民國金武祥撰
陶廬六憶 1 卷	民國金武祥撰
△粟香隨筆 8 卷二筆 8 卷三筆 8 卷四筆 8 卷五筆 8 卷（*06）	民國金武祥撰

*05：補未見，金武祥序亦未言及刻補一卷。

*06：史語所藏本無，目下有「未刻」二字，師大藏本有。

（五）《金陵叢刻》

收上元、江寧兩縣人之著述。清傳春官編，春官字苕生，江蘇江寧人。

此部叢書一半以上的書有序跋，略論書和人，而以感言居多。版本資料不明，據序跋可知者只有三種：《戀嫛詩鈔》是江陰繆荃孫抄本，《宋史藝文志補》採用盧文弨群書拾補本，《金闕攀松集》抄自丁丙八千卷樓藏本。《續修四庫全書提要》云：「……或爲未刊稿本，或刊本流傳極稀。……惟余懷之《板橋雜記》所記皆倡妓，傳本又極多，乃取而刻置卷首，未免擬於不倫耳。」又云有三種未刻：

《補遼金元三史藝文志》一卷　清倪燦撰

《魯論說》三卷　清程廷祚撰

《補續漢書藝文志》一卷　□

按，史語所藏本、臺大藏本和《綜錄》著錄的卷首皆不是《板橋雜記》，《中國叢書廣錄》地方類2003《國朝金陵叢書》條，據湖北省圖書館藏本，第一種書爲《板橋雜記》，而無《客座贅語》、《戀嫛詩鈔》，子目有上列三種，亦未刊，陽海清按語云：「是編所收皆清代江寧人著述。後在此基礎上，增刻明代顧起元《客座贅語》十卷、紀映鍾《戀嫛詩鈔》四卷《補遺》二卷，易名《金陵叢刻》。」說明叢書有兩種書名以及目次不同的原因。

《金陵叢刻》子目

書　　名	作　者	書　　名	作　者
客座贅語 10 卷	明顧起元撰	禮記義疏算法解 1 卷	清談泰撰
戀嫛詩鈔 4 卷補遺 2 卷	清紀映鍾撰	王制井田算法解 1 卷	清談泰撰
板橋雜記 3 卷	清余懷撰	補五代史藝文志 1 卷	清顧櫰三撰
宋史藝文志補 1 卷	清倪燦撰，清盧文弨錄	漢射陽石門畫象彙考 1 卷	清張寶德輯
春秋識小錄 9 卷	清程廷祚撰	養龢軒隨筆 1 卷	民國陳作霖撰
金闕攀松集 1 卷	清嚴長明撰	金陵賦 1 卷	清程先甲撰
玉井搴蓮集 1 卷	清嚴長明撰	金陵歷代建置表 1 卷	清傳春官撰
王制里畝算法解 1 卷	清談泰撰		

附：藝文印書館重刊整理說明

書　　名	說　　明
板橋雜記	龍威秘書在前。
宋史藝文志補	史學叢書、八史經籍志、抱經堂叢書均有史學本校勘精審。
春秋識小錄	藝海珠塵在先。
補五代史藝文志	仰視千七百二十九鶴齋叢書、史學叢書均有，史學校勘精審。

（六）《橫山草堂叢書》

　　收丹徒一縣歷代之著述。陳慶年編，慶年字善餘，江蘇丹徒縣人。

　　前有金鉽、陳慶年序。此叢書的緣起，據陳慶年序，可知是其父陳懋恆編《京口掌故叢編》後以為不足，希望陳慶年能像丁丙編《武林往哲遺書》一樣，將鄉先哲遺著編為一書。序並云其命名之由來：「時余作橫山草堂圖，已度地於山之西麓，歷時八載實未有堂，心屢眷焉。先君子復詔慶年曰：『汝於是堂，與其結廬不如留書，今吾邑人文既粗可揚詡，汝之草堂固欣有託矣。以數十卷之書作堂之十數楹觀，則所以傳是堂，不將與吾橫山爭壽乎？』慶年過庭聞訓，繹之豁然，編目既終，遂以橫山草堂叢書名之，從先君子之志也。……」

　　叢書所採用的版本據陳慶年序云：「時丁氏嘉惠堂藏書已於丁未冬十月載歸江南，江督端忠敏公俾余領圖書館事，余因得縱心其中，遇吾邑先哲書，必為鈔存，兼掇遺亡，漸更鳩聚校寫，不為疲也。」可知陳氏多據丁丙嘉惠堂藏本加以輯補和校正。

　　史語所藏本無第二集，第一集則無《嘉定鎮江志》、《京口三山志》、《開沙志》，但多兩種，一為《訒盦類稿》，李恩綬著，有牌記：「閼逢困敦鐫成版藏冬心草堂」，版心下題「橫山草堂」，末有丙寅六月柳詒徵跋，只言校讎再三，未言所據本。二為《讀騷閣賦存》，李恩綬著，牌記：「光緒庚寅孟夏鋟於金陵」，版心下題「李光明莊」〔註14〕。這兩種版式和其他書不同，不詳其故。

　　所見本書後皆有編者跋，內容是略述作者生平、校勘情形，如：

　　《戴叔倫詩集》，編者跋云：

　　　　……予於明徐獻忠《唐百家詩》中得叔倫詩二卷外，有明活字本亦二卷，次序與百家同，以叔倫詩單行者僅見此本，今依以付梓而據他本改其明誤者。其闕字之處以百家本補之，百家所無者以席啓寓《唐詩百名家集》補之，百名家所無者以《全唐詩》補之，使皆可讀。

　　《快雪齋集》，編者跋云：

　　　　……丁氏善本書室藏書志舊鈔《元人小集》二卷中有《快雪齋小集》一卷，余此刻即從之出……余既合《元人小集》與顧氏詩選（按，顧嗣立《元詩選》）刻為《快雪齋集》，復輯其文數篇為之《補遺》云。

〔註14〕李光明莊，晚清南京書坊，主人李光明，字椿峰，號曉星樵人。見《文辭學辭典》，趙國璋等人主編，1991年，江西教育出版社。

《橫山草堂叢書》子目

第 一 集		
書 名	作 者	跋云所據本
戴叔倫詩集 2 卷	唐戴叔倫撰	明活字本並校補
許丁卯詩眞蹟錄 1 卷	唐許渾撰	宋岳珂寶眞齋法書贊著錄
丁卯集 2 卷	唐許渾撰	汲古閣本（影宋本）
嘉定鎭江志 22 卷附錄 1 卷校勘記 2 卷首 1 卷（未見）	宋盧憲撰，校勘記清劉文淇撰	
海岳名言 1 卷	宋米芾撰	《百川學海辛集》（*01）
二王帖評釋 3 卷	宋許開撰	錄自雍正五年刊本
芸窗詞 1 卷	宋張楫撰	毛晉《宋六十家詞》
芸隱勘游稿 1 卷橫舟稿 1 卷	宋施樞撰	丁氏善本書室摹寫汲古閣影宋寫本
存悔齋詩 1 卷補遺 1 卷續補遺 1 卷附錄 1 卷	元龔璛撰，補遺明朱存理輯，續補遺民國陳慶年輯	
雲山日記 2 卷	元郭畀撰	丁氏善本書室藏勞氏丹鉛精舍藏書
快雪齋集 1 卷補 1 卷	元郭畀撰，補民國陳慶年輯	
孤篷倦客集 1 卷補 1 卷附錄 1 卷	元陳方撰，補民國陳慶年輯	
京口三山志 10 卷（未見）	明張萊撰	
陸右丞蹈海錄 1 卷附錄 1 卷	明丁元吉編輯	丁氏善本書室藏仁和龔翔鱗玉玲瓏閣寫本
西征日錄 1 卷	明楊一清撰	《紀錄彙編》
制府雜錄 1 卷	明楊一清撰	《紀錄彙編》
訥盦類稿 4 卷（史語所藏本多出）	清李恩綬撰	
讀騷閣賦存 2 卷（史語所藏本多出）	清李恩綬撰	
開沙志 2 卷（未見）	清王錫極纂，清丁時需增修	

*01：所見爲明弘治十五年無錫華汝德理本。

第　二　集（未見）	
書　名	作　者
遭亂紀略 1 卷	清解璉撰
焦東閣日記 1 卷	清周伯義撰
億堂文鈔 1 卷	清羅志讓撰
橫山保石牘存 1 卷（*02）	民國陳慶年撰
崇德窯捐牘存 1 卷	民國陳慶年撰
附	
佛地考證三種	清丁謙撰

*02：《橫山保石牘存》，《續修四庫全書提要》作《橫山採石牘存》附風景圖六帙，提要云：「……慶年自編兩種，一爲滬寧鐵路採石橫山之事，一爲其鄉爭窯捐事，均彙堂時公牘而刻之也。」史語所藏本無此書，不知何者爲確。

（七）《金陵叢書》

收清江寧府歷代之著述，清江寧府領上元、江寧、句容、溧水、高淳、江浦、六合七縣。翁長森、蔣國榜編，翁長森，字鐵梅，江蘇江寧縣人；蔣國榜，字蘇盦，江蘇上元縣人。

卷首有馮煦序，卷末有蔣國榜後序。其編刊始末，據馮煦序云：「亡友江甯翁長森鐵梅，卓犖好古士也。嘗哀其鄉先生遺箸世所罕覯者，自六朝以迄竝世，幾百數十家，將授剞氏以廣其傳，名之曰金陵叢書，表一鄉之遺獻，網百代之隊文，甚盛事也。既而宦游浙東，汲汲簿領，未遑董理。辛亥十月同蟄上海，每以叢書未克卒事引爲深憾。癸丑之變，百物蕩盡，而此百數十家遺箸幸而得存，鐵梅復衰病日劇，懼叢書之終不克卒事也，乃舉所哀之四巨櫝，盡以歸上元蔣國榜蘇盦。……」

蔣國榜後序亦云：「《金陵叢書》者，翁鐵梅丈（翁長森）哀集鄉先生遺著百數十家，將壽之木，匆匆未果，甲寅春先子之師馮蒿盦（馮煦）介以授國榜。國榜孤童也，學識闇弱，懼弗克勝，先生謂將以助予，則毅然興起，發篋沘翰，從先生後。……」

可知此書由翁長森發起，蔣國榜完成，馮煦協助。每書前有傳，後有蔣國榜跋。跋的內容爲編刊過程、論書等，雖然言及版本，但資料不很清楚，大抵是採翁長森所搜輯、抄錄的本子，若有其他較好的本子，則用他本，有存佚和校正之功，如：

《老子翼》，編者跋云：

　　……適得金陵經局覆刻大藏本，正萬曆王元貞祖本，較翁丈所藏爲嘉，故取之，捨翁丈。

《焦氏筆乘》，編者跋云：

> 《筆乘》爲前明原刻本，翁鐵梅丈所藏也。《續筆乘》則據南海伍氏粵雅堂本補鈔。明刻《筆乘》與伍刻互校，微有異同，而以伍刻爲長，殆續得定本與？……

《續修四庫全書提要》云：「每集各以四部爲次，其中如顧璘、焦竑、莊昶、戴瀚、邢昉、程廷祚、顧櫰三、王章等人撰述，無不懷才抱質，卓然成一家言，而數百年來傳本絕少〔註15〕，如丙丁二集，所收各書，猶極罕見。」

《金陵叢書》子目

甲	集		
書　　名	作　者	書　　名	作　者
晚書訂疑 3 卷	清程廷祚撰	老子翼 8 卷	明焦竑撰
春秋識小錄 9 卷	清程廷祚撰	莊子翼 8 卷莊子闕誤 1 卷附錄 1 卷（*01）	明焦竑撰
補後漢書藝文志 10 卷	清顧櫰三撰	顧華玉集 40 卷	明顧璘撰

*01：《綜錄》作《莊子翼》十卷，所見本內文作《莊子翼》八卷、《莊子闕誤》一卷、《附錄》一卷。

乙	集		
書　　名	作　者	書　　名	作　者
論語說 4 卷	清程廷祚撰	陶貞白集 1 卷附錄 1 卷校勘記 1 卷	梁陶弘景撰，校勘記清汪振之撰
春秋本義 12 卷	清吳楫撰	澹園集 49 卷續集 27 卷	明焦竑撰
補五代史藝文志 1 卷	清顧櫰三撰	青溪集 12 卷	清程廷祚撰
眞誥 20 卷	梁陶弘景撰（*02）		
焦氏筆乘 6 卷續集 8 卷	明焦竑撰		

*02：關於《眞誥》的作者，編者跋云：「右《眞誥》二十卷，梁陶宏景與晉楊羲、許邁所錄降仙之文語詩箋暨諸仙位業，以其爲群眞所誥，故名眞誥。宏景沒後，其弟子筆敘而傳之，其中且有稱及隱居者，其非宏景自作可知。……」

〔註15〕以上所言多同於馮煦〈金陵叢書序〉。

丙　集			
書　　　名	作　者	書　　　名	作　者
左傳博義拾遺 2 卷	清朱元英撰	石臼前集 9 卷後集 7 卷	清邢昉撰
讀書雜釋 14 卷	清徐鼎撰	曹（子建）集考異 12 卷（*03）	清朱緒曾撰
赤山湖志 6 卷	清尙兆山撰	昌國典詠 10 卷	清朱緒曾撰
臺遊日記 4 卷	清蔣師轍撰	梅村賸稿 2 卷	清汪士鐸撰
補輯風俗通義佚文 1 卷	漢應劭撰，清顧櫰三輯	心燈錄 6 卷（*04）	清湛愚老人撰
天方典禮擇要解 20 卷後編 1 卷	清劉智撰	嬾眞草堂集 20 卷（原缺卷 11 至 17）	明顧起元撰
金子有子坤合集：		何太僕集 10 卷	明何棟如撰
金子有集 1 卷	明金大車撰	顧與治詩集 8 卷	明顧夢游撰
金子坤集 1 卷	明金大輿撰		

*03：《曹（子建）集考異》，朱緒曾自序云「凡《考異》十卷《敘錄》一卷《年譜》一卷」，蔣國榜跋
　　云：「……初爲《曹子建集》十卷，又《敘錄》、《年譜》各一卷，合爲十二卷而以攷異名之，
　　從紫陽校韓文例，且先生原目也。」
*04：《心燈錄》，編者跋云：「先生自序詩集二十卷，今十一之十七七卷並缺，即第八卷亦寥寥數葉，
　　恐亦有缺者……」

丁　集			
書　　　名	作　者	書　　　名	作　者
定山集 10 卷	明莊㫤撰	靜虛堂吹生草 4 卷	清王章撰
說略 30 卷	明顧起元撰	柳門遺稿 1 卷	清楊後（原名楊得春）撰
雪村編年詩賸 12 卷	清戴瀚撰	荻華堂詩存 1 卷	清蔡琳撰
白蓉集 4 卷	清戴翼子撰	子尙詩存 1 卷	清車書撰
醇雅堂詩略 6 卷	清阮鏞撰	薄游草 1 卷補遺 1 卷	清侯雲松撰
然松閣賦鈔 1 卷詩鈔 3 卷存稿 3 卷	清顧櫰三撰	西農遺稿 1 卷	清姚必成撰
蟻餘偶筆 1 卷	清劉因之撰	且巢詩存 5 卷	清周葆濂撰
蟻餘附筆 1 卷	清劉因之撰	妙香齋集 4 卷補遺 1 卷	清楊長年撰
讕言瑣記 1 卷	清劉因之撰	柏巖乙稿 15 卷丙稿 1 卷	清淩煜撰

丁 集			
書　　名	作　者	書　　名	作　者
在莒集 1 卷	清朱桂模撰	陔餘雜著 1 卷	清陸春官撰
括囊詩草 2 卷詞草 1 卷	清尙兆山撰	德風亭初集 13 卷	清王貞儀撰
羅氏一家集 5 卷	清羅笏、羅震亨、羅晉亨、羅鼎亨撰	平叔詩存 2 卷（*05）	清蔣國平撰
顧伯蚪遺詩 2 卷	清顧我愚撰		

*05：《平叔詩存》是蔣國榜的弟弟蔣國平遺稿。蔣國榜〈《金陵叢書》後序〉云：「弟國平不幸早夭，遺詩二卷亦附末，庶慰逝者，此又國榜纂輯是編之隱恫也。」

（八）《虞山叢刻》

　　收常熟一縣明清人之著述，常熟縣西北有虞山，故名。丁祖蔭編，祖蔭字初園，又字初我，別署緗素樓主，江蘇常熟人。

　　史語所和臺大藏本分爲甲乙丙三集，《綜錄》未分。叢書前有總目，並標出所用的本子，可知多採抄本，《續修四庫全書提要》云：「……率皆未經刊刻，或爲極有價值之抄本，而與刻本不同者。……」書後多有丁祖蔭跋述其編刊過程。

《虞山叢刻》子目

甲 集		
書　　名	作　　者	總目記所據本
天啓宮詞 1 卷附校語 1 卷	明秦蘭徵撰，校語民國丁祖蔭撰	初園丁氏藏舊鈔足本參校各刊本
崇禎宮詞 2 卷附校記 1 卷	清王譽昌撰，清吳理注，校記民國丁祖蔭撰	初園舊藏鈔足本參校含星別集本
吾炙集 1 卷	清錢謙益輯	柳南王氏鈔校本參校葉石君臨寫牧翁原本
霜猿集 4 卷附校記 1 卷	明周同谷撰，校記民國丁祖蔭撰	南陔張氏藏舊鈔足本參校曹徐澐、陳同叔重編本
東山詶和集 2 卷	清錢謙益輯	初園傳寫本

乙　　　　集		
書　　名	作　　者	總 目 記 所 據 本
和古人詩 1 卷	明毛晉撰	鐵琴銅劍樓瞿氏藏汲古閣本
和今人詩 1 卷	明毛晉撰	鐵琴銅劍樓瞿氏藏汲古閣本
和友人詩 1 卷	明毛晉撰	鐵琴銅劍樓瞿氏藏汲古閣本
野外詩 1 卷	明毛晉撰	鐵琴銅劍樓瞿氏藏汲古閣本
隱湖題跋 2 卷	明毛晉撰	汲古閣刊本
以介編 2 卷	清張宗芝、清王漚輯（*01）	鐵琴銅劍樓瞿氏藏汲古閣本

*01：總目題作者爲「前人」，即毛晉，其實這本書的內容是別人爲毛晉六十大壽所寫的祝壽詞，不是
　　毛晉的作品。

丙　　　　集		
書　　名	作　　者	總 目 記 所 據 本
松窗快筆 10 卷補 1 卷補註 1 卷	明龔立本撰	初園藏舊鈔足本參校黃琴六鈔本
煙艇永懷 3 卷附錄 1 卷	明龔立本撰	初園藏臨寫魚虞巖校補本
虞鄉雜記	明毛晉撰	初園校補涵芬樓藏毛氏稿本

（九）《錫山先哲叢刊》

收無錫一縣之著述。俞復敬等人組成的錫山先哲叢刊社所編。

俞復敬識其緣起云：「歲辛酉舊曆之正月初四日，陶君達三、侯君保三過余寓廬，談次及吾邑先哲遺著云，自劉君書勗長圖書館以來，對於邑先哲遺著輾轉借錄成冊者已不尟，第孤本既不便傳觀，且恐有意外損失，擬擇尤陸續付活字版排印流傳。……」版心下題「錫山先哲叢刊社」。

陸續刊有四輯，第一輯有俞復敬識，第二至四輯前有侯鴻鑑敘言。收書中四種有跋，略言編刊過程。所採用的版本，據第二輯侯鴻鑑序云：「……鴻鑑初意欲先刊鄉賢書籍中之孤本，次抄本，次未刊本，既以未刊本過多，孤本亦不鮮，而抄本又係轉輾傳抄，誤字甚多，校對不易，今擬先擇未刊本之簡單者……」可知版本多爲未刊本。《續修四庫全書提要》云：「核其所收，非盡爲邑人遺著，似兼收有關錫邑掌故之記述者。」

《錫山先哲叢刊》子目（史語所藏本目次與《綜錄》不同）

第 一 輯		第 三 輯	
無錫縣志 4 卷	明□	邵文莊公（寶）年譜 1 卷	明邵鼎、明吳道成撰
愚公谷乘 1 卷	明鄒迪光撰	樂阜山堂稿 8 卷	清王會汾撰
秋水文集 2 卷補遺 1 卷	清嚴繩孫撰		
竹鑪圖詠 4 卷補 1 卷（*01）	民國劉繼增重錄		
第 二 輯		第 四 輯	
浦舍人詩集 4 卷附錄 1 卷	明浦源撰	高子遺書節鈔 10 卷	明高攀龍撰
王舍人詩集 5 卷附錄 1 卷	明王紱撰	高忠憲公（攀龍）年譜 1 卷	清華允誠撰
澹寧居詩集 2 卷	明馬世奇撰	錫山補誌 1 卷	清錢泳編輯，安念祖校

*01：《竹鑪圖詠》有光緒癸巳冬無錫鮮民劉繼增序，云此書前後有兩種刊本，一為乾隆二十七年知無錫縣事吳鉞刻，一為乾隆四十七年知無錫縣事邱漣刻。此本是劉繼增合二刻為一，前四卷採吳本，後補集一卷採邱本。

（十）《太崑先哲遺書首集》

收太倉、崑山兩縣明清人之著述。俞慶恩編，慶恩字鳳賓，江蘇太倉人，寓居崑山。

據民國二十年其子跋語，俞慶恩在完成第一集後就去世了。前有唐文治序、方還敬跋、俞慶恩緣起、凡例五條，書末有俞慶恩編纂餘言。所收書中有二種是唐文治先世的著述。

書前多有作者傳略，後或有俞慶恩或唐文治的跋，略言編刊過程，說明目錄標出的版本，如：

《五子緒言》，俞慶恩跋云：

> 《五子緒言》九十條，蔚芝母舅命余錄自《儒家理要》一書也。陸桴亭先生年譜中載《儒家理要》，係先生代張能鱗先生所撰。……妹婿謀伯為我與《思辨錄》中所載者對校……

《朱柏廬先生大學講義中庸講義》，唐文治序云：

> ……余甥俞鳳賓得自滬上書肆……此冊蓋係海鹽崔以學所藏，徐六英名椿者手鈔精校之本……

《吳梅村編年詩集》，俞慶恩跋云：

……慶恩近年覓得吾鄉程迓亭先生箋注、楊匏堂先生補註者，乃獨爲編年本，後有黃氏菉翁跋，謂從嘉興戴氏松門藏本傳錄云云。經同鄉王君慧言鑒定，謂爲迓亭晚年定本。吳興劉君翰怡、湘潭袁君巽初均藏有舊鈔本，讎對無異，知傳世各本殆皆從黃氏傳錄。……但此書雖經菉翁表章，而坊間尚無刻本，亟宜印行，公諸同好……

《續修四庫全書提要》（只及五種）以此書爲最佳的一種，云：「原書素無刊本，有名於世頗久，慶恩爲之印行，有俾於學者不淺矣。」

《太崑先哲遺書首集》子目

書　　　　名	作　　　　者	目錄記所據本
五子緒言 1 卷	清陸世儀撰	輯本
勤齋考道日錄 1 卷續錄 1 卷	清諸士儼撰	張伯行刊本
囈語偶存 1 卷	清錢敬堂撰	舊鈔本
養正錄 1 卷附復性圖 1 卷	清王景洙輯	稿本
朱柏廬先生大學講義 1 卷中庸講義 2 卷	清朱用純撰	舊鈔本
從先維俗議 5 卷	明管志道撰	萬曆本
吳梅村先生編年詩集 12 卷詩餘 1 卷詩話 1 卷詩詞補鈔 1 卷	清吳偉業撰，清程穆衡原箋，清楊學沆補注	舊鈔本
愛蓮居詩鈔 2 卷	清唐景星（唐文治高祖）撰	稿本
浣花廬詩鈔 4 卷賦鈔 2 卷	清唐受祺（唐文治父親）撰	稿本

（十一）《吳中文獻小叢書》

抗戰期間江蘇省立蘇州圖書館編纂委員會編刊，今題作「僞江蘇省立圖書館」編輯，收蘇州歷代之著述，蘇州在清爲蘇州府，領吳、長洲、元和、吳江、震澤、崑山、新陽、常熟、昭文九縣，以及太湖廳和靖湖廳。

臺灣無原刊本，故參見上海書店《叢書集成續編》，但少《消夏閑記選存》一種，且不知前有無總目、總序。據《寒山留緒》馮超跋云：「……今者同門徐子長省立蘇州圖書館，整集叢殘於兵燹之餘，而有《吳中文獻小叢書》之輯。……」又《澤畔吟》七世孫周麟跋：「……茲承澐秋館長列入《吳中文獻叢書》廣爲刊佈……」可知當時館長是徐澐秋。

部分所收書後有序跋，述其編刊過程，對原書多有刪選，如：

《借巢筆記》，編委會跋云：

    ……茲將其書涉於荒誕不經者，稍加芟汰，凡存三十二則……

《蘭舫筆記》，編委會跋云：

    ……雖屬瑣記，然有關吳中文獻者頗多，向未梓行。去冬本館得其手稿本於元妙觀書肆，爰爲刊入叢書。……

《吳中文獻小叢書》子目

書　　名	作　者	書　　名	作　者
張篁村詩1卷（一名墨岑遺稿）附錄1卷	清張宗蒼撰	古玉圖考補正1卷	民國鄭文焯撰
吳下尋山記1卷	清黃安濤撰	俞曲園先生日記殘稿1卷	清俞樾撰
王雅宜（寵）年譜1卷	清翁方綱撰	箋經室所見宋元書題跋1卷	民國曹元忠撰
聞見闡幽錄1卷	清韋光黻撰	借巢筆記1卷	清沈守之撰
王巢松（抃）年譜1卷	清王抃撰	畏壘山人文集1卷	清徐昂發撰
七姬詠林1卷	清貝墉輯	咫進齋詩文稿1卷	清姚覲元撰
明周端孝先生血疏題跋1卷	清萬福康輯	醉鄉瑣志1卷	清黃體芳撰
珊瑚舌雕談摘鈔1卷	清許起撰	紅蘭逸乘1卷	清張紫琳輯
吳音奇字1卷	明孫樓輯，明陸鎰補遺	心矩齋尺牘1卷	清蔣鳳藻撰
十藥神書1卷	元葛乾孫撰，清潘霨增注	澤畔吟1卷	清周燦撰
石隱山人自訂年譜1卷	清朱駿聲撰，清朱師轍補注，清程朝儀輯	蘭舫筆記1卷	清常輝撰
寒山留緒1卷	清趙耀輯	虞山畫志4卷	清郟掄逵撰
蟋蟀在堂艸1卷	明顧凝遠撰	蘼蕪紀聞2卷	葛昌楣輯
消夏閑記選存1卷	清顧公燮撰	眉綠樓詞聯1卷	清顧文彬撰
楊大瓢先生雜文殘稿1卷	清楊賓撰	唯自勉齋長物志3卷附錄2卷	清唐翰題撰
論古雜識1卷	清吳大澂撰	吳下名園記1卷	江蘇省立蘇州圖書館編纂委員會輯

第三章　臺灣可見其他省分郡邑叢書簡介

　　其他省分的郡邑叢書，湘、閩、滇、黔、魯、豫、晉各一部，贛、冀、陝各二部，鄂、粵各三部，皖四部，而《遼海叢書》一部即包括東北三省，共二十四部。清代八部，嘉慶一部，道光三部，光緒四部；民國十六部。範圍以省爲多，占十七部，縣七部，根據《臺灣公藏方志聯合目錄（增訂本）》表列如下：

所屬省分	叢書名	西元	時代	編者	原刊本藏所	臺灣重刊本	臺灣可見的大陸重刊本
安徽	涇川叢書	1832	清	趙紹祖、趙繩祖	史語所，臺大	藝文印書館《百部叢書集成》，新文豐出版公司《叢書集成新編》	上海商務印書館《叢書集成初編》，北京中華書局《叢書集成初編》
安徽	貴池先哲遺書	1926	民	劉世珩	史語所，臺大	藝文印書館《叢書集成續編》，新文豐出版公司《叢書集成續編》	上海書店《叢書集成續編》
安徽	安徽叢書	1932	民	安徽叢書編審會	史語所，臺大	藝文印書館《叢書集成三編》，新文豐出版公司《叢書集成續編》	上海書店《叢書集成續編》
安徽	南陵先哲遺書	1934	民	徐乃昌	史語所，師大 2 卷（似佚）	新文豐出版公司《叢書集成續編》	上海書店《叢書集成續編》
江西	豫章叢書	1893	清	陶福履		藝文印書館《百部叢書集成》，新文豐出版公司《叢書集成新編》	上海商務印書館《叢書集成初編》，北京中華書局《叢書集成初編》

所屬省分	叢書名	西元	時代	編者	原刊本藏所	臺灣重刊本	臺灣可見的大陸重刊本
江西	豫章叢書	1915	民	胡思敬	史語所	新文豐出版公司《叢書集成續編》	上海書店《叢書集成續編》，杭州市杭州古籍書店1985年
湖北	湖北叢書	1891	清	趙尚輔	史語所，臺大，東海大學	藝文印書館《百部叢書集成》，新文豐出版公司《叢書集成新編》	上海商務印書館《叢書集成初編》，北京中華書局《叢書集成初編》
湖北	湖北先正遺書	1923	民	盧靖	史語所，臺大	新文豐出版公司《叢書集成續編》	上海書店《叢書集成續編》
湖北	沔陽叢書		民	盧弼	史語所	新文豐出版公司《叢書集成續編	
湖南	湖南叢書	1925	民	孫文昱等	史語所	新文豐出版公司《叢書集成續編》	上海書店《叢書集成續編》
福建	浦城遺書（浦城宋元明儒遺書）	1811	清	祝昌泰等	史語所，臺大	新文豐出版公司《叢書集成續編》	
廣東	嶺南叢書（見第一章）		清	吳蘭修	臺大（破損）		
廣東	嶺南遺書六集	1831	清	伍崇曜	史語所全，臺大少第六集，國家圖書館臺灣分館不全	藝文印書館《百部叢書集成》，新文豐出版公司《叢書集成新編》	上海商務印書館《叢書集成初編》，北京中華書局《叢書集成初編》
廣東	廣東叢書三集	1941	民	廣東叢書編印委員會	史語所、臺大第1集全，東海大學第1-2集全，近史所第3集全，文哲所第3集不全	新文豐出版公司《叢書集成續編》	上海書店《叢書集成續編》
雲南	雲南叢書	1914	民	趙藩、陳榮昌等	史語所139種，國家圖書館臺灣分館7種，臺大3種（但僅見1種），師大1種	新文豐出版公司《叢書集成續編》	上海書店《叢書集成續編》
貴州	黔南叢書	1922	民	任可澄	東海大學只有別集	新文豐出版公司《叢書集成續編》黔南叢書別集	上海書店《叢書集成續編》

所屬省分	叢書名	西元	時代	編者	原刊本藏所	臺灣重刊本	臺灣可見的大陸重刊本
河北	畿輔叢書	1879	清	王灝	史語所，臺大	藝文印書館《百部叢書集成》，新文豐出版公司《叢書集成新編》	上海商務印書館《叢書集成初編》，河北人民出版社 1986 年，北京中華書局《叢書集成初編》
河北	屏廬叢刻	1924	民	金鉞	史語所，臺大，師大	新文豐出版公司《叢書集成續編》	北京中國書店據民國 13 年天津金氏刊本影印
山東	習盦叢刊（濰縣文獻叢刊）	1933	民	丁錫田	史語所		
河南	三怡堂叢書	1906	清	張鳳臺	史語所 16 種	新文豐出版公司《叢書集成續編》	北京中國書店 1990 年據河南省圖書館藏版影印 19 種
山西	山右叢書初編	1934	民	山西省文獻委員會	史語所，臺大	新文豐出版公司《叢書集成續編》	山西人民出版社 1986 年《三晉古籍叢書》，上海書店《叢書集成續編》
陝西	關隴叢書	1922	民	張鵬一	史語所只有《北地傅氏遺書》，不全		上海書店《叢書集成續編》
陝西	關中叢書八集	1934	民	宋聯奎	史語所有一至五集，東海大學 50 種	藝文印書館《叢書集成續編》，新文豐出版公司《叢書集成續編》	蘭州古籍書店 1990 年《中國西北文獻叢書》據民國 23-25 年陝西通志館排印本印，上海書店《叢書集成續編》
東三省	遼海叢書	1931	民	金毓黻	史語所全，國家圖書館臺灣分館 10 種，且卷帙不全	藝文印書館《叢書集成續編》，新文豐出版公司《叢書集成續編》	上海書店《叢書集成續編》，遼瀋書社 1985 年

其他省分郡邑叢書的編者和江浙兩省一樣，也有地方官，如清趙尚輔、清王灝、張鳳臺；有藏書家，如清伍崇曜、盧弼、盧靖。不同的是，於民國編成者較

多，而且不少是由某個組織所編，如安徽叢書編審會、廣東叢書編印委員會、山西省文獻委員會，胡思敬《豫章叢書》有豫章叢書編刊局，《雲南叢書》由雲南圖書館編成等是，規模遠大於編《惜硯樓叢刊》的甌風社及編《錫山先哲叢刊》的錫山先哲叢刊社。

　　因為所收範圍多為一省，加上編者多為組織性質，人力、物力和財力較豐厚，故收書多者不少，超過五十種的，有《嶺南遺書》、《湖北先正遺書》、《安徽叢書》、《關中叢書》、《遼海叢書》，超過百種者，有胡思敬《豫章叢書》一百零九種，《畿輔叢書》一百七十九種，《雲南叢書》一百九十七種，近二百種。

　　這部分的臺灣收藏單位仍以史語所為最多，臺大次之，其中《嶺南遺書》僅臺大收藏，惜破損，無重刊本；《嶺南叢書》臺大藏本不全，而且所收書皆無編者序跋，史語所藏本全；《黔南叢書》僅東海大學有別集三種，有大陸重刊本；清陶福履《豫章叢書》只有重刊本。

　　其他藏本收書不全者，有《三怡堂叢書》、《雲南叢書》、《關隴叢書》、《關中叢書》，臺灣皆有重刊本。《習盦叢書》，又稱《濰縣文獻叢刊》，第一輯有兩種內容不同的子目，史語所僅見其一，另一種無重刊本。

　　以下按上表次序作提要，其中清吳蘭修《嶺南遺書》見於第一章第三節。

一、安徽省

（一）《涇川叢書》

收涇縣明清人之著述。清趙紹祖編，紹祖字繩伯，號琴士，安徽涇縣人。

前有趙仁基道光十二年序，民國 6 年瞿鳳翔重刊本有瞿跋。趙仁基序敘其編刊始末云：「涇在大江以南爲望邑，歷代以來固多名人，而自明中葉以後尤邃於經史性理之學，查（鐸）翟（臺）蕭（良榦）董（傑）諸公，其卓卓尤表見者。迨入本朝，著述尤夥，而星閣趙先生爲近時一大宗，顧諸公之書，多藏之於家，後生或未得見見矣，或未備備矣，或不能知所擇，則非諸先生所以嘉惠後之始願也。琴士徵君，星閣先生之從孫也，以博學能文名海內，暇則取先輩遺書，自明迄今凡數十種，皆擇其文章政事之可傳，經學性理之有益於身心者，各述其大旨於後而刻之，以爲《涇川叢書》，於是涇邑數百年來嘉言懿行悉萃是編。」

葉德輝《書林清話》卷九〈刻鄉先哲之書〉條批評《涇川叢書》「多無用之書」，和趙仁基序所言「皆擇其文章政事之可傳、經學性理之有益於身心者」十分不同，可由以下二方面辨別：

1. 所收有不全者，如：

《讀書些子會心》，編者識語云：

……諸書今皆不可得見，而此書又以卷帙浩繁不能備登，因稍採而輯之，若學者欲窺全豹，則自有原書在。

《易學管窺》，編者識語云：

……非靈章先生《易學管窺》凡四冊，此其首冊也。

《子貫附言》，編者識語云：

《子貫》者，乾九胡先生手鈔，而以其所著附焉者也。……因亟擇而錄之，名之曰「子貫附言」。……後有好事者取其全書付之梨棗，亦藝林之大觀也。

2. 雖說多收查翟蕭董四人之著述，但有篇幅甚少者，如《水西會條》、《嵇山會約》、《赤山會約》、《水西會語》、《赤山會語》等，內容是四人在書院任教時的規定和問答筆記等，於四人學術並無多少發明，可知確有不佳之處。

所收書中有趙紹祖先輩著作十四種，趙青藜著作四種、趙良猷一種、趙善政一

種、趙仲全一種、趙知希一種、趙良㵾四種，另有收有趙紹祖著作二種。每書後皆
有編者識語。

《涇川叢書》子目

書　　名	作　　者	書　　名	作　　者
毅齋經說 1 卷	明查鐸撰	西臺摘疏 1 卷	明吳尙默撰
學測 1 卷	明蕭良榦撰	太極後圖說 1 卷	明左輔撰
讀書些子會心 1 卷	明朱苞撰	八士辯 1 卷	明董傑撰
易學管窺 1 卷	清章芝撰	楚中會條 1 卷	明查鐸撰
讀左管窺 2 卷	清趙青藜撰	水西會條 1 卷	明查鐸撰
論語註參 2 卷	清趙良猷撰	稽山會約 1 卷	明蕭良榦撰
賓退錄 4 卷	明趙善政撰	惜陰書院緒言 1 卷	明翟臺撰
筆記 1 卷	明蕭良榦撰	赤山會約 1 卷	明蕭雍撰
拙齋十議 1 卷	明蕭良榦撰	水西會語 1 卷	明查鐸撰
濟南紀政 1 卷	明徐榜撰	白水質問 1 卷	明徐榜撰
浙轍紀事 1 卷	明葉永盛撰	赤山會語 1 卷	明蕭雍撰
三峰傳稿 1 卷	明萬應隆撰	水西答問 1 卷	明翟臺撰
史疑 1 卷	明張應泰撰	梅峰語錄 2 卷	明趙仲全撰
續史疑 2 卷	明張一卿撰	論學俚言 1 卷	清蕭繼炳撰
三峰史論 1 卷	明萬應隆撰	星閣正論 1 卷	清趙青藜撰
星閣史論 1 卷	清青藜撰	子貫附言 1 卷	清胡元暉撰
九畹史論 1 卷	清翟蕩撰	宦遊日記 1 卷	明徐榜撰
五城奏疏 1 卷	明董傑撰	讀書十六觀補 1 卷	明吳愷撰
毅齋奏疏 1 卷	明查鐸撰	漢林四傳 1 卷	清鄭相如撰
伯仲諫臺疏草 2 卷	明鄭欽、鄭銳撰	箴友言 1 卷	清趙青藜撰
制府疏草 2 卷	明蕭彥撰	涇川詩話 3 卷	清趙知希撰
玉城奏疏 1 卷	明葉永盛撰	隻麈譚 2 卷續 2 卷	清胡承譜撰

續			
書　　名	作　　者	書　　名	作　　者
東井誥敕 1 卷	明左鎰撰	讀易經 1 卷	清趙良㵾撰
讀春秋 2 卷	清趙良㵾撰	古墨齋金石跋 6 卷	清趙紹祖撰
讀禮記 12 卷	清趙良㵾撰	涇川金石記 1 卷	清趙紹祖撰
讀詩經 4 卷	清趙良㵾撰		

（二）《貴池先哲遺書》

收貴池縣歷代之著述。民國劉世珩編，世珩字聚卿，又字蔥石，安徽貴池人。

前有馮煦、陳澹然、馬其昶、姚景崇、章學文、胡淩漢、周馥等人的序，後有劉世珩序目。劉世珩〈貴池先哲遺書序目〉說明編書之緣起云：「余於戊戌春明報罷歸，居江甯，校訂《樓山》、《嶧桐》兩集，編《貴池二妙集》。復刻華之二錄、吳之三錄成《秋浦雙忠錄》。輯康、費、兩張、周、顧、杜、殷、余九家，作爲《貴池唐人集》。以後隨得隨刻，每多單行。忽忽二十餘年，窮蒐博訪，纔集三十種，得一百八十六卷，總名《貴池先哲遺書》。」

可知此叢書由原先輯成的《貴池唐人集》、《秋浦雙忠錄》、《貴池二妙集》以及後來隨得本編成。其中《秋浦雙忠錄》多了兩種書，一爲明李達撰《李行季遺詩》一卷《詩餘》一卷，劉世珩〈貴池先哲遺書序目〉云：「吳次尾之友李達，次尾錄其遺詩，與伯宗痛欲傳之，今次於吳、劉之前。」二爲吳應箕《東林本末》。最末有《貴池待訪目》可備查。

叢書所收書大多有傳記資料和跋，有的還有《四庫全書總目》，不同的是，《貴池唐人集》、《秋浦雙忠錄》、《貴池二妙集》三種開頭皆有序，總敘其版本和校正過程，書跋多論版本、勘誤等，不論書，後來刊刻者的跋則多論書，不言校刊。《續修四庫全書提要》云：「明吳應箕著述，此書所收，最爲詳備矣。」按，吳應箕的著述在清代被列入禁燬書目，此叢書收五種。

《中國叢書綜錄》著錄此書爲民國 9 年刊本，張宗茹〈《中國叢書綜錄》訂誤〉〔註 1〕一文云，從劉世珩作於丙寅年（民國 15 年）的序目，即可知《綜錄》著錄錯誤。按，劉世珩序目末云：「前目所刻凡三十種一百八十六卷，附錄二種二卷，附刻一種二十六卷，都二百十四卷，編成於庚申正月，殺青於乙丑嘉平。今年燕九節，姊聟南陵徐積餘鹽巡乃昌過余齋中，出歲暮新得劉興父先生所著《建文遜國之際月表》一書，見示驚喜欲狂，得未曾有之書也⋯⋯亟以付刊⋯⋯」可知叢書編成於庚申年（民國 9 年），乙丑年（民國 14 年）殺青，而在丙寅年（民國 15 年）增刊《建文遜國之際月表》，是叢書實際完成刊印的時間。

《貴池先哲遺書》子目

1. 貴池唐人集

〔註 1〕《山東師大學報（社會科學版）》1995 年第五期，頁 99～100。

書　　　名	作　　　者	所　　據　　本
劇談錄 2 卷附逸文 1 卷	唐康駢撰	明毛氏津逮本
費冠卿詩 1 卷	唐費冠卿撰	錄自全唐詩
張處士詩集 5 卷	唐張祜撰	正德中刊本
周繇詩 1 卷	唐周繇撰	錄自唐音戊籤
顧雲詩 1 卷文 1 卷	唐顧雲撰	錄自全唐文
張喬詩 1 卷文 1 卷	唐張喬撰	錄自唐百家詩
唐風集 3 卷補遺 1 卷	唐杜荀鶴撰	汲古閣刊本
附松窗雜記 1 卷	唐杜荀鶴（一題李濬）撰	舊鈔本
殷文圭詩 1 卷文 1 卷	唐殷文圭撰	錄自唐百家詩
伍喬詩 1 卷	南唐伍喬撰	錄自唐百家詩

2. 秋浦雙忠錄

書　　　名	作　　　者	所　　據　　本
翠微南征錄 11 卷雜錄 1 卷	宋華岳撰	文瀾閣本據鮑黃勞（權）三家勘校本
翠微先生北征錄 12 卷	宋華岳撰	鈔自八千卷樓藏傳鈔本
李行季遺詩 1 卷詩餘 1 卷	明李達撰	
東林本末 3 卷	明吳應箕撰	
啓禎兩朝剝復錄 10 卷附札記 1 卷	明吳應箕撰，札記民國劉世珩撰	原刻本
留都見聞錄 2 卷附南都應試 1 卷	明吳應箕撰	舊鈔本
讀書止觀錄 5 卷	明吳應箕輯	原刻本

3. 貴池二妙集〔註2〕

書　　　名	作　　　者	所　　據　　本
樓山堂集 27 卷首 1 卷	明吳應箕撰	
嶧桐集 20 卷附劉先生年譜 1 卷	明劉城撰	
化碧錄 1 卷	清曹大鎬撰，蔣淦生輯	
楚漢帝月表 1 卷	清吳非撰	

〔註 2〕李銳清〈中國叢書綜錄訂補（三）·輯佚、郡邑、宋至明獨撰部份〉《貴池先哲遺書》條，云尊經閣文庫本書名為《劉氏唐石籍彙刻貴池先哲遺書》，子目有《貴池二妙集》和《秋浦雙忠錄》，其中《貴池二妙集》較《綜錄》多《附錄》四卷，少《劉先生年譜》一卷。按，所見本與《綜錄》同。

書　　　　名	作　　　者	所　據　本
三唐傳國編年 5 卷	清吳非撰	
一草亭讀史漫筆 2 卷	清吳孟堅撰	
偶存草 1 卷	清吳孟堅撰	
雁字和韻詩 1 卷	清吳孟堅撰	
杏花村志 12 卷首 1 卷末 1 卷	清郎遂輯	
莊子解 12 卷	清吳世尚撰	
幼科鐵鏡 6 卷	清夏鼎撰	
南湖集鈔 12 卷	清章永祚撰	
秀山志 18 卷	清陳竑纂，清釋方略重輯	
靜觀書屋詩集 7 卷	清章鶴齡撰	
附　　刻 齊山巖洞志 26 卷首 1 卷	清陳蔚撰	

4. 續　刊

書　　　　名	作　　　者	所　據　本
建文遜國之際月表 2 卷	清劉廷鑾撰	
附貴池先哲遺書待訪目 1 卷	民國劉世珩撰	

（三）《安徽叢書》

收安徽省歷代之著述，安徽叢書編審會編。

共六期，各期均有總目和序，僅第六期總目標出版本，偶有編者校記或後記。各書提要及著者小傳刊於安徽省立圖書館館刊《學風》：

第一期書目提要附著者小傳，黃賓虹、程演生撰，提要多引用原書序，小傳則採自地方志，見第三卷第六期，民國 22 年 7 月。

第二期書目提要附著者小傳，胡樸安撰，提要略論書，見第三卷第七期，民國 22 年 8 月。

第三期書目提要附著者小傳，編審會撰，提要爲論書、所據本等，見第四卷第九期，民國 23 年 11 月。

第四、五、六期書目提要附著者小傳，編審會撰，提要爲論書、所據本等，見第七卷第四期，民國 26 年。

叢書第二期收入清程瑤田《通藝錄》，列出收入之目和原目，說明原書目分正目、附錄、未成書共二十九種，但實際上僅正目十九種和附錄二種合二十一種有書。本

叢書得稿本，增入三種，分別爲《蓮飮集濠上吟稿》、《果贏轉語記》、《儀禮經注疑直》，其中《果贏轉語記》原爲《解字小記》的內容之一。

《安徽叢書》子目

第 一 期（民國 21 年）		
書　　名	作　者	《中國叢書綜錄》記所據本
禹貢今釋 2 卷	清芮曰松撰	求是齋校刊本
毛詩異義 4 卷	清汪龍撰	絜齋鮑氏本
詩譜 1 卷	漢鄭玄撰	絜齋鮑氏本
韓詩外傳校注 10 卷附拾遺 1 卷	清周廷寀撰，拾遺 清周宗杬輯	營道堂本
五聲反切正均	清吳烺撰	杉亭集原刊本
通鑑注商 18 卷	清趙紹祖撰	古墨齋本
漢儒傳經記 2 卷附歷朝崇經記 1 卷	清趙繼序撰	尺木軒本
新安學繫錄 16 卷	明程曈撰	明綠蔭園本
畫偈 1 卷	明釋弘仁撰	傳鈔本
江注詩集 4 卷	明江注撰	傳鈔本

第 二 期（民國 22 年）		
書　　名	作　者	《中國叢書綜錄》記所據本
通藝錄：	清程瑤田撰	清嘉慶八年本
論學小記		
論學外篇		
宗法小記		
儀禮喪服文足徵記		
釋宮小記		
考工創物小記		
磬折古義		
溝洫疆理小記		
禹貢三江考		
水地小記		
解字小記		
聲律小記		

第　二　期 (民國 22 年)		
書　　名	作　　者	《中國叢書綜錄》記所據本
九穀考		
釋草小記		
讀書求解		
數度小記		
九勢碎事		
釋蟲小記		
修辭餘鈔		
附讓堂亦政錄 1 卷附嘉定贈別詩文 1 卷		
附樂器三事能言 1 卷補編 1 卷		
蓮飲集濠上吟稿 1 卷	清程瑤田撰	傳鈔本
果蠃轉語記 1 卷附校記 1 卷	清程瑤田撰	傳鈔本
儀禮經注疑直 5 卷	清程瑤田撰	傳鈔本

第　三　期 (民國 23 年)		
書　　名	作　　者	《中國叢書綜錄》記所據本
字詁 1 卷附兄字說 1 卷	清黃生撰，清（族孫）黃承吉案併撰兄字說	夢陔堂全集本
義府 2 卷	清黃生撰，清黃承吉案	夢陔堂全集本
古韻標準 4 卷詩韻舉例 1 卷	清江永撰，清戴震參定	江氏韻書三種本
四聲切韻表 1 卷附校正 1 卷	清江永撰，校正清夏燮撰	江氏韻書三種本
音學辨微 1 卷附校正 1 卷校刊記 1 卷	清江永撰，校正清夏燮撰，校刊記民國胡樸安撰	江氏韻書三種本
癸巳類稿 15 卷附詩文補遺 1 卷 (*01)	清俞正燮撰	
附俞理初先生（正燮）年譜 1 卷	民國王立中撰，蔡元培補訂	

*01：提要云依俞先生就求日益齋刻本手自改訂者影印。

第　四　期（民國 24 年）		
書　　名	作　　者	《中國叢書綜錄》記所據本
淩次仲先生遺書：	清淩廷堪撰	
禮經釋例 13 卷首 1 卷		文選樓本
燕樂考原 6 卷		校禮堂全集本
晉泰始笛律匡謬 1 卷（*02）		校禮堂全集本
元遺山先生（好問）年譜 2 卷（*02）		校禮堂全集本
校禮堂詩集 14 卷文集 36 卷		校禮堂全集本
梅邊吹笛譜 2 卷補錄 1 卷		校禮堂全集本
附淩次仲先生年譜 4 卷	清張其錦撰	校禮堂全集本

*02：提要云涇縣潘芸閣刻，包慎言校正。

第　五　期（民國 24 年）		
書　　名	作　　者	《中國叢書綜錄》記所據本
黃山圖經 1 卷圖 1 卷	宋□	傳鈔本
黃山志定本 7 卷圖 1 卷（*03）	清閔麟嗣撰	
黃山志續集 8 卷圖 1 卷	清汪士鈜等撰	清康熙本
附黃山志定本校記 1 卷黃山志續集校記 1 卷	程演生撰	

*03：提要云清康熙丙寅（二十五年）本。

第　六　期（民國 25 年）		
書　　名	作　　者	《中國叢書綜錄》記所據本
戴東原先生全集：	清戴震撰	
尚書義考 2 卷		聚學軒叢書本
毛鄭詩考正 4 卷首 1 卷		微波榭叢書本
杲溪詩經補注 2 卷		微波榭叢書本
考工記圖 2 卷		閱微草堂本
中庸補注 1 卷		南陵徐氏傳鈔本
孟子字義疏證 3 卷		微波榭叢書本
緒言 3 卷		粵雅堂本
經考 5 卷		南陵徐氏覆校本
經考附錄 7 卷附校記 1 卷		汪氏不疏園初寫本
方言疏證 13 卷		微波榭叢書本
續方言 2 卷（*04）		

*04：提要云中央研究院影印手寫本。

第　六　期（民國 25 年）		
書　　　名	作　　　者	《中國叢書綜錄》記所據本
聲類表 9 卷首 1 卷		微波榭叢書本
聲韻攷 4 卷		微波榭叢書本
原善 3 卷		微波榭叢書本
原象 1 卷（*05）		微波榭叢書本
續天文略 2 卷		微波榭叢書本
句股割圜記 3 卷		微波榭叢書本
策算 1 卷		微波榭叢書本
水地記 1 卷		微波榭叢書本
屈原賦戴氏注 7 卷通釋 2 卷附音義 3 卷		歙縣汪氏原刊本
屈原賦注初稿 3 卷		稿本
戴東原集 12 卷		鎮海張氏校本
附遺墨 1 卷		據眞跡景印
附戴東原先生年譜 1 卷（*06）	清段玉裁撰	
附戴先生所著書攷 1 卷	民國胡樸安撰	

*05：提要云此書共八篇，前四篇爲〈原象〉，五至七篇即爲下面所列的《句股割圜記》，第八篇爲〈矩以準望〉，後又增第九篇〈迎日推策記〉。不過《句股割圜記》的内容較《原象》的第五至七篇爲詳，而且有圖。

*06：提要云原刊於《東原文集》之後。

（四）《南陵先哲遺書》

收南陵縣之清人著述。徐乃昌編，乃昌字積餘，號隨菴，安徽南陵人。

史語所藏本前有胡樸安序，另師大收有二卷，但似遺失，未得見。所收書只有《讀史記十表》有徐乃昌所作的跋。《續修四庫全書提要》云：「……共收書五種，皆流傳至罕。」新文豐出版公司《叢書集成續編提要》云：「……《安徽叢書》編印時，乃昌爲編審會員之一，於鄉邦文獻，必窮原竟委，後遂輯有《南陵先哲遺書》。」

《南陵先哲遺書》子目（史語所藏本，目次與《綜錄》不同）

書　　　名	作　　　者	書　　　名	作　　　者
史弋 2 卷	清汪楨撰	芸莊詩集 8 卷	清劉開兆撰
讀史記十表 10 卷	清汪越撰，清徐克范補	西溪偶錄 1 卷	清何彤文撰
休庵前集 1 卷後集 1 卷	清盛於斯撰		

二、江西省

（一）《豫章叢書》

收江西省明清人之著述。清陶福履編，福履字稚箕，江西新建人。

據王咨臣〈陶福履校刊《豫章叢書》緣起、內容及版本特點〉〔註3〕所言，其編刊緣起乃清石景芬不滿《皇清經解》、《十三經注疏》編纂時雖有江西人參與，但這兩部書沒有收入江西人著作，便與學生歐陽熙搜集江西人經學著作，未刊而卒。後值歐陽熙同學陶福履返鄉守喪三年，歐陽熙便將所搜集者交予陶氏，陶氏三年中先後刊出三集，不僅是經部，亦擴及史、子、集部，本欲刊十集，但喪期滿後還朝，刻書之事因而作罷。

臺灣有藝文印書館和新文豐出版公司影印本，但皆不全，而且不分集，第一、二集的內容共缺四種，無第三集。此外有大陸北京中華書局重刊本，但亦無第三集。王咨臣該文云，第一集末有歐陽熙序〔註4〕，第二集前有喻震孟序〔註5〕，第三集前有皮錫瑞序，都未得見。可見的重刊子目有些有陶福履識語，識語大抵略述其編刊過程，可知多為難得之本。

《豫章叢書》子目

第　　　一　　　集			
書　　　名	作　　　者	書　　　名	作　　　者
春秋四傳異同辨 1 卷	清黃永年撰	夏小正解 1 卷附徐本夏小正舉異 1 卷	清徐世溥撰
冬官旁求 2 卷	清辛紹業撰	敬堂文稿 1 卷（只見北京中華書局排印本）	清辛紹業撰
周禮釋文問答殘稿 1 卷	清辛紹業撰	交食經 2 卷日食一貫歌 1 卷月食一貫歌 1 卷	清張宷臣指授，清歐陽斌元著法

〔註3〕《江西大學學報（社會科學版）》1980 年第一期，頁 73～79。

〔註4〕王咨臣文云歐陽熙序除說明編校的緣起外，並言及陶福履校刊的精神，深嘆自己愧不能及，引其序云：「熙……進不能通籍，退不能躬耕，奉先師之訓，必克竟厥志，幸因君以觀成，可慰也，尤可愧也！矧君甚貧，舊廬尚質于人，羔雁所入，乃以為表彰先哲之用，君為人非所謂賢豪而何耶？君年甫壯，異日『還朝』，以文章報國，所業當不翅如是。此編其嚆矢哉！至各書得失，君別有識語，無俟覼縷。第校刻緣起，熙誠不可無一言，後之覽者，或亦惓惓前脩，聞風而興起乎？是則予二人拭目竣之者已！」

〔註5〕《新編百部叢書提要》《豫章叢書》下有引喻震孟序：「福履與豐城歐陽熙篤好漢學，暇輒討論，以豫章故人才淵藪，北宋以還，代多名人，而阮文達刻皇清經解，多藉江人之力，顧獨無江人一書。」

書　名	作　者	書　名	作　者
讀舊唐書隨筆 1 卷	清蔡世鈸撰	榆溪詩鈔 2 卷	清徐世溥撰
蠡測彙鈔 1 卷	清鄧傳安撰	榆溪詩話 1 卷	清徐世溥撰
困學紀聞參注 1 卷	清趙敬襄撰	常談 1 卷	清陶福履撰

第　二　集			
書　名	作　者	書　名	作　者
易圖存是 2 卷	清辛紹業撰	輶軒紀事 1 卷	明姜日廣撰
張氏詩說 1 卷	清張汝霖撰	需次燕語 1 卷	清王朝榘撰
唐石經考正 1 卷	清王朝榘撰	聚星札記 1 卷 （只見北京中華書局排印本）	清尚鎔撰
江變紀略 1 卷 （只見北京中華書局排印本）	清徐世溥撰	公孫龍子注 1 卷 （只見北京中華書局排印本）	清辛從益撰
南中雜說 1 卷	清劉崑撰	計有餘齋文稿 1 卷	清陳方海撰

第　三　集（未見）			
書　名	作　者	書　名	作　者
十三經拾遺 16 卷	清王朝榘撰	墨楯 1 卷	清熊文舉撰
癸亥紀事 1 卷	清陳道撰	群雲草 1 卷	清熊人霖撰

（二）《豫章叢書》

收江西省歷代之著述。胡思敬編，思敬字漱唐，號退廬，江西新昌（今宜豐）人。

史語本有原刊本，此外有大陸杭州古籍書店重刊本〔註 5〕，兩本的目錄不同。史語所原刊的目錄分初刻和續刻（按，原書題作「續訪補刻書二十二種」），其中有些書被標示為未刻。《綜錄》和杭州古籍書店本的子目目錄相同，是將續刻依其部類及作者安插入初刻的部分，而且沒列出史語所原刊本目錄標示為未刻的書。

叢書末有序、《四庫著錄江西先哲遺書鈔目》和總目，總目標示版本。總目末有言：「右書自唐宋以來共收百種，合六百九十四卷，其未收者，略舉數例如左」，後有例言十一條。

〔註 5〕1985 年 9 月杭州古籍書店、南昌舊書店合印 24 函 266 冊，據民國間南昌豫章叢書編刻局刊本複印。

　　此部叢書子目的選定是依據《四庫全書》，其序云：「乙卯之春，同人謀刻《豫章叢書》。文獻所繫，徵求宜博。既由當道檄下各縣，復馳簡友朋，廣闢涂畛。顧作者浩穰，見聞難究，必有書目之錄，庶幾按籍可求。《江西通志》藝文略號咳備矣，然捃摭既富，甄蘖未遑，或有目無書，讀者興歎。考《四庫全書提要》著錄江西人書亡慮千種，菁華斯萃，眞贋區分，且當日採進多屬刊本，歲襪雖遠，甯盡散亡，以此津逮，可得崖略。爰因其部居，悉加刪輯，勒爲一帙，用貽同志。……」按，總目《說文蒙求》後有編者按語云：「按宋人經學書《通志堂》蒐羅略備，國朝人經學書《皇清正續經解》蒐羅略備，故今刻所收，元人居其大半。」亦爲選目之說明。

　　所收書有書名頁，正面爲書名，反面爲何時刊於退廬的牌記。每書前多有四庫提要，後大多有跋，略述各書著錄情況、所據本、校勘、論書等，多爲胡思敬所作，且多有校勘記，甚至校勘續記，有校勘之功。舉例說明其優點如下：

1. 校勘態度認眞，如：

　　《詩故》，魏元曠〈校勘記〉云：

　　　　原鈔據新安吳敬符遠甫校閱本，譌誤極多，勘定凡數百家，茲舉其稍涉疑義者存以備考。

　　《通鑑問疑》，胡思敬跋云：

　　　　余所見《通鑑問疑》凡三本，《津逮秘書》不及陳仁錫附刻，陳刻又不及三劉家集，今刻即據三劉本而成，觀卷末結銜尚見宋槧面目。津逮本脫誤至百餘字，一一校出，分注本文之下，使讀者開卷了然，無煩尋檢……

　　《經幄管見》，胡思敬跋云：

　　　　今以文瀾閣本付刊，其中有確知其誤者，徑用己意更改，而存原文於校勘記。

　　《張來儀先生文集》，胡思敬跋云：

　　　　余與潛園補一千二百餘字，皆用陰文別之，蓋創例也。

2. 有重編整理之功，如：

　　《字雲巢文集》，胡思敬跋云：

　　　　予得新建熊爲霖訂本，前去評點重編爲六卷。

　　《揭文安公集》，胡思敬跋云：

　　　　予得隆慶本詩集八卷，宋賓王手校舊鈔本文集九卷，又續集詩一卷，總十八卷，合而刻之。更取天順本文粹、正德本揭富文所編詩互校異同，補小注多條，並改正數十字，各自爲目，差成完書。

3. 糾正《四庫全書總目》：

　　清喻昌《尚論》八卷，分為前篇四卷和後篇四卷。《四庫全書總目》稱原書目為八卷，陳刻併為四卷，別刻後篇四卷，共成八卷。胡思敬據喻昌《尚論》末識語所云：「前四卷詳論六經診治，後四卷推廣春月溫病、夏秋暑溼熱病以及脈法諸方。」發現陳刻本的內容符合喻昌所言，可知《四庫全書總目》有誤。

　　又，在總目續補刻下有《洪文敏公集》二卷，未刻，下有言云：「四庫著錄《野處類稿》係偽作，前刻誤收。」已提出《四庫全書總目》之誤，但未詳論，余嘉錫《四庫提要辨證》卷二十三有辨證《野處類稿》之偽，可參。

《豫章叢章》子目（茲用史語本目錄）

書　　名	作　者	史語所總目記所據本	跋或校勘記所云更詳者
元三家易說： 　易纂言外翼 8 卷 　讀易考原 1 卷 　易學變通 6 卷	民國胡思敬輯 元吳澄撰 元蕭漢中撰 元曾貫撰	三家易說總目後寫：均據錢塘丁氏八千卷樓鈔本，丁鈔蓋出浙江文瀾閣	以文瀾閣本校之無甚異同
詩故 10 卷	明朱謀㙔撰		校勘記：據新安吳氏（遠甫）校閱本
周官集傳 16 卷	元毛應龍撰	據浙江文瀾閣本	此文抄自錢塘丁氏
四書疑節 12 卷	元袁俊翁撰	據八千卷樓所藏吟雪山房舊鈔本	
四書經疑貫通 8 卷	元王充耘撰	據八千卷樓所藏袁雪廬舊鈔本	丁氏得之袁氏臥雪廬
說文蒙求 6 卷	清劉庠撰	據家藏元稿本	
宋人小史三種： 　五代史補 5 卷 　松漠紀聞 1 卷續 1 卷補遺 1 卷附考異 1 卷 　江南野史 10 卷附錄 1 卷	民國胡思敬輯 宋陶岳撰 宋洪皓撰，考異清洪佩聲撰 宋龍袞撰	 據汲古閣本付刊用梅湖盛氏舊鈔本覆校 據洪氏（佩聲）三瑞堂本付刊用汪閬源所藏元刊本覆校 據陳仲魚精鈔本付刊用振綺堂抄本覆校	
資治通鑑問疑 1 卷	宋劉羲仲撰	據高安三劉集付刊用津逮秘書本覆校	

書　　名	作　者	史語所總目記所據本	跋或校勘記所云更詳者
經幄管見 4 卷	宋曹彥約撰	據丁氏八千卷鈔本（據文瀾閣本）	
明人小史八種：	民國胡思敬輯		
庚申外史 2 卷	明權衡撰	據海山仙館本付刊用寶顏堂本覆校	
故宮遺錄 1 卷	明蕭洵撰	據龍威祕書本付刊用陳仲魚舊鈔本覆校	
姜氏秘史 5 卷	明姜清撰	據錢塘丁氏八千卷樓舊鈔本	
備遺錄 1 卷	明張芹撰	據古今說海本付刊用歷代小史本覆校	
北征錄 1 卷北征後錄 1 卷	明金幼孜撰	據古今說海本付刊用歷代小史本覆校	
否泰錄 1 卷	明劉定之撰	據歷代小史本	
北征事蹟 1 卷	明袁彬撰，明尹直錄	據金聲玉振集本	
復辟錄 1 卷	明楊暄撰	據古今說海本付刊用歷代小史本覆校	
朝鮮賦 1 卷	明董越撰	據丁氏八千卷樓鈔本	
明季逸史二種：	民國胡思敬輯		
潯陽紀事 1 卷	清袁繼咸撰	據袁氏家藏《六柳遺集》本	
庭聞錄 6 卷附錄 1 卷	清劉健撰	據問影樓所藏康熙巾箱本	
理學類編 8 卷	明張九韶撰	據明嘉靖益府本	丁氏八千卷樓嘉靖本
胡子衡齊 8 卷	明胡直撰	據明萬曆癸未原刻本	
藏一話腴內編 2 卷外編 2 卷	宋陳郁撰	據丁氏八千卷樓鈔本	
拾遺錄 1 卷	明胡爌撰	據丁氏八千卷樓鈔本	
東谷贅言 2 卷	明敖英撰	據丁氏八千卷樓明刊本	明嘉靖本
兵跡 12 卷	清魏禧撰	據家藏原稿本	據寧都何氏以仁舊鈔本付刊
寒夜錄 2 卷	清陳宏緒撰	據丁氏八千卷樓鈔本	

書　　名	作　者	史語所總目記所據本	跋或校勘記所云更詳者
醫門法律 6 卷	清喻昌撰	據乾隆二十八年集思堂陳刻本	
寓意草 4 卷	清喻昌撰	據乾隆二十八年集思堂陳刻本	
激書 2 卷	清賀貽孫撰	據水田居全集本	
袁州二唐人集：	民國胡思敬輯		
文標集 3 卷補遺 1 卷	唐盧肇撰	據八千卷樓精鈔本付刊用袁際唐注本覆校	據嘉慶辛炳喬本付刊（杭州古籍書店重刊本目錄誤作明嘉靖）
雲臺編 3 卷拾遺 1 卷	唐鄭谷撰	據八千卷樓影嘉靖本付刊用全唐詩文本覆校	據明嘉靖嚴介谿本付刊
四宋人集：	民國胡思敬輯		
王魏公集 8 卷	宋王安禮撰	據八千卷樓鈔本	李振唐抄自南京，較文瀾閣本多卷七雜著 42 首
曲阜集 4 卷	宋曾肇撰	據怡府明抄本	
溪堂集 10 卷附校勘補遺 1 卷	宋謝逸撰	據文瀾閣本	
日涉園集 10 卷補遺 1 卷	宋李彭撰	據文瀾閣本	
九宋人集：	民國胡思敬輯		
雲莊集 5 卷	宋曾協撰	據丁氏八千卷樓鈔本	
飄然集 3 卷	宋歐陽澈撰	據八千卷樓歐陽修撰集本	
格齋四六 2 卷補 1 卷	宋王子俊撰	據丁氏八千卷樓鈔本（據文瀾閣本）	
義豐集 1 卷	宋王阮撰	據八千卷樓鈔本	
野處類稿 2 卷集外詩 1 卷	宋洪邁撰	據武昌李氏鈔本付刊用八千卷樓洪文敏集覆校	李拙翁鈔本，別有王勝庵本，李曾取之互校
應齋雜著 6 卷	宋趙善括撰	據八千卷樓鈔本	
自鳴集 6 卷	宋章甫撰	據八千卷樓鈔本（杭州古籍書店重刊本目錄：據李振唐鈔本付刊用文瀾閣本覆校）	據南城李氏（振唐）付刊以文瀾閣本校之
竹林愚隱集 1 卷	宋胡夢昱撰	據八千卷樓《象臺首末》鈔本	象臺始末

書　　名	作　者	史語所總目記所據本	跋或校勘記所云更詳者
自堂存稿 4 卷	宋陳杰撰	據內府鈔本	據朱伯修藏鈔本
龍雲先生文集 32 卷附錄 1 卷	宋劉弇撰	據明弘治本付刊用問影樓鈔本及李振唐所藏乾隆殘本覆校	
宋宗伯徐清正公存稿 6 卷附錄 1 卷	宋徐鹿卿撰	據顧顧齋所藏萬曆本	
附徐清正公年譜 1 卷	明徐鑒撰		
雪坡舍人集 50 卷補遺 1 卷	宋姚勉撰	據文瀾閣本	
須溪集 7 卷	宋劉辰翁撰	據八千卷樓鈔本，第八卷詞因朱古微已刻未收	
碧梧玩芳集 24 卷	宋馬廷鸞撰	據八千卷樓鈔本	
誠齋策問 2 卷	宋楊萬里撰	據八千卷樓舊鈔本，原書附誠齋集百三十三卷後	
元二大家集：	民國胡思敬輯		此刻從至元庚益友堂本出與毛氏汲古本稍有異同
范德機詩集 7 卷	元范梈撰	據汲古閣本付刊用元至元本覆校	
揭文安公詩集 8 卷續集 1 卷文集 9 卷補遺 1 卷	元揭傒斯撰	據八千卷樓舊鈔本付刊用明隆慶本詩集天順本文粹覆校	
四元人集：	民國胡思敬輯		
芳谷集 3 卷	元徐明善撰	據丁氏八千卷樓明鈔本	
石初集 10 卷附錄 1 卷	元周霆震撰	據周氏家藏存存稿本	
山窗餘稿 1 卷	元甘復撰	據丁氏八千卷樓所藏馬半楂（日璐）鈔本	
吾吾類稿 3 卷	元吳皋撰	據八千卷樓鈔本	
靜居集 4 卷附錄 1 卷補遺 1 卷	明張羽撰	據明萬曆陳（邦瞻）刻本	
張來儀先生文集 1 卷補遺 1 卷	明張羽撰	據士禮居鈔本	
明季六遺老集：	民國胡思敬輯		
朱中尉詩集 5 卷附錄	明朱議㳺撰	據寧都李氏（萱）家藏稿本	
六松堂詩集 9 卷詩餘 1 卷文集 3 卷尺牘 1 卷	清曾燦撰	據寧都曾氏家藏原稿本（原目作李氏，誤）	
懷葛堂集 8 卷外集附錄 1 卷	清梁份撰	據宜黃本（*01）	劉趙活字本

*01：《懷葛堂集》目錄題「據宜黃本」，但胡思敬跋云：「四庫十四卷本、國初宜黃刻本予皆未見……」可知目錄所記為誤，跋云所據乃劉良弻、趙從佐光緒初先後刊行的活字本。

書　　名	作　者	史語所總目記所據本	跋或校勘記所云更詳者
髻山文鈔 2 卷附錄 1 卷補遺 1 卷	明宋惕撰	據星子宋氏家藏原稿本	假雷菊農鈔本校之
四照堂文集 12 卷詩集 4 卷	清王猷定撰	據問影樓所藏玉蔬軒本	
溉園詩集 5 卷	明萬時華撰	據問影樓所藏康熙原本	
字雲巢文集 6 卷	清盛大謨撰	據問影樓所藏嘉慶原刻本	據新建熊為霖訂本
恥夫詩鈔 2 卷	清楊垕撰	據嘉慶癸亥紫荊書屋原刻本	
鄱陽五家集 15 卷：	清史簡輯	據文瀾閣本	
芳洲集 3 卷	宋黎廷瑞撰		
樂庵遺稿 2 卷	元吳存撰		
松巢漫稿 3 卷	宋徐瑞撰		
寓庵詩集 2 卷	元葉蘭撰		
春雨軒集 4 卷	明劉炳撰		
附僅存集 1 卷	元葉懋撰		
豫章詩話 6 卷	明郭子章撰	據丁氏八千卷樓所藏許周生舊鈔本（與跋不符）	據明鈔吳獻臺校本
清江三孔集 34 卷：	宋王蓬輯	據乾隆四年孔氏家刻本付刊用文瀾閣本覆校	
舍人集 2 卷	宋孔文仲撰		
宗伯集 17 卷	宋孔武仲撰		
朝散集 15 卷	宋孔平仲撰		
宜春張氏所著書二種：	民國胡思敬輯		
芑山文集 22 卷詩集 1 卷	明張自烈撰	據家藏原稿本削去末卷制藝，學海類編只摘刊集內與古人書一卷，非知言者	
綱目續麟彙覽 3 卷附案 1 卷	明張自勳撰	據嘉慶元年原刻本（與跋不同）	徐日都鈔本
萬載李氏遺書四種：	清李榮陛撰	據家藏原稿本	
禹貢山川考 2 卷			
黑水考證 4 卷			
江源考證 1 卷			
年歷考 2 卷			
附四庫著錄江西先哲遺書鈔目 4 卷	豫章叢書編刻局輯		

續　刻			
書　　名	作　　者	史語所總目記所據本	跋或校勘記所云更詳者
周易通略 1 卷	明黃俊撰	據明鈔本付刊	
夯易苞 12 卷	明章世純撰	據紀愼齋手校舊鈔本	
石經考文提要 13 卷	清彭元瑞撰	據嘉慶四年許宗彥刻本付刊用嘉慶六年彭氏家刻本覆校	
駢雅 7 卷	明朱謀㙔撰	據明萬曆本	
咸賓錄 8 卷	明羅日褧撰	據千頃堂明抄本	
廬山紀事 12 卷	明桑喬撰	據康熙庚子蔣國祥刻本	
浙西水利書 3 卷（史語所藏原刊本無，重刊本有）	明姚文灝撰	據明弘治本	
陳節愍公奏稿 2 卷附錄 1 卷（*02）	明陳泰來撰	據陳氏家藏稿本	
愼言集訓 2 卷	明敖英撰	據明刻寶顏堂本	
尚論張仲景傷寒論 4 卷首 1 卷後篇 4 卷	清喻昌撰	據乾隆陳刻本	
天仙正理 2 卷附錄 1 卷	明伍守陽撰		
天問天對解 1 卷	宋楊萬里撰	據江南圖書局舊鈔本	
洪文敏公集（未見）	宋洪邁撰	據江南圖書局榮格輯本，四庫著錄《野處類稿》係偽作前刻誤收	
吉州二義集： 　梅邊集 1 卷補 1 卷 　澗谷遺集 3 卷	民國胡思敬輯 宋王炎午撰 宋羅椅撰	 據曹倦圃藏鈔本 據羅念菴輯存家乘本	
半廬文稿 2 卷詩稿 1 卷	清李騰蛟撰	據寧都李氏家藏稿本	據寧都李氏家藏舊抄本付刊
暢谷文存 8 卷	清宋昌悅撰	據宋氏家藏稿本	
妙絕古今 24 卷	宋湯漢輯	據江南圖書局舊鈔本	
皇明西江詩選 10 卷	明韓陽輯	明景泰本	
主客圖 1 卷附圖考 1 卷	唐張為撰，圖考清袁寧珍輯	據袁氏（寧珍）道光刻本	
達觀樓遺著二種： 　讀史雜記 2 卷 　自儆錄 1 卷	明鄒維璉撰	據龍岡鄒氏家藏稿本	

*02：《陳節愍公奏稿》，胡思敬跋云：「此本從柴源陳氏家譜中錄出……當時陳氏子孫秘藏未出，故乾隆迭興文字之獄，此書未經禁燬……」

附：史語所藏本〈豫章叢書總目錄〉標示「未刻」者

書　　名	作　者	所　據　本
中庸指歸 1 卷分章 1 卷大學發微 1 卷本旨 1 卷	宋新喻黎立武撰	據學海類編本
小學史斷 2 卷續 1 卷附通鑑總論 1 卷	宋南昌南宮靖一撰	據丁氏八千卷樓鈔本
性理字訓 1 卷	宋德興程瑞蒙撰	據問影樓舊鈔本
朱氏四談合刻：河上楮談 3 卷汾上續談 1 卷浣水續談 1 卷游宦餘談 1 卷	明新淦朱孟震撰	據明萬曆壬午原刻本
六元人集未刻者二種：		
樗隱集 6 卷	元新喻胡行簡撰	據八千卷樓鈔本
可閒老人集 4 卷	元廬陵張昱撰	據八千卷樓鈔本
羅圭峰文集 30 卷	明南城羅玘撰	據問影樓所藏明萬曆本
明季九遺老集未刻者三種：		
陳士業全集 16 卷	明新建陳宏緒撰	據新建雷氏所藏國初刻本
榆溪逸稿 8 卷	清新建徐世溥撰	據問影樓所藏嘉慶六年羅刻本
湘帆堂集 26 卷	清臨川傅占衡撰	據翁覃溪所藏國初刻本
尊聞居士集 7 卷補遺 1 卷	清瑞金羅有高撰	據乾隆四十七年彭刻本
西江詩話 3 卷	清南城曾廷枚撰	據問影樓所藏曾賓谷原編本
宜春張氏所著書四種未刻二種：		
四書眾解合糾 14 卷	明張自勳撰	據道光十三年原刻本
心書 4 卷	明張自勳撰	據嘉慶二年原刻本
萬載李氏遺書六種未刻二種：		
禮經考 3 卷		
孟子考 2 卷	清李榮陛撰	據家藏原稿本

三、湖北省

（一）《湖北叢書》

收湖北省歷代之著述。清趙尙輔官湖北學政時編，尙輔字翼之，四川萬縣人。

前後無刊書序跋，各書卷一首行書名下題所據本，有些後附箚記，多是與事者所作的校語，每書均有校字人及復校、續校等姓氏，可知編刊態度謹愼。

《湖北叢書》子目

書　名	作　者	書名下記所據本
御定易經通注 4 卷（*01）	清曹本榮等撰	黃岡曹氏家藏稿
易領 4 卷	明郝敬撰	京山郝氏家藏稿
周易集解纂疏 10 卷	清李道平撰	安陸李氏家藏本
易筮遺占 1 卷	清李道平撰	
易象通義 6 卷	清秦篤輝撰	漢川秦氏家藏稿
尙書辨解 10 卷	明郝敬撰	京山郝氏家藏稿
毛詩原解 36 卷	明郝敬撰	京山郝氏家藏稿
詩傳名物集覽 12 卷	清陳大章撰	黃岡陳氏家藏本
春秋非左 2 卷	明郝敬撰	海東刻本
春秋楚地答問 1 卷	清易本烺撰	京山易氏家藏稿
論語類考 20 卷	明陳士元撰	歸雲別集吳刻參湖海樓本
四書逸箋 6 卷	清程大中撰	粵雅堂本
孟子雜記 4 卷	明陳士元撰	歸雲別集吳刻參湖海樓本
孟子要略 5 卷附錄 1 卷	宋朱熹撰，清劉傳瑩輯，清曾國藩按語	湖南曾氏本
孔子家語疏證 10 卷	清陳士珂撰	蘄水陳氏家藏本
伸顧 1 卷附箚記 1 卷	清易本烺撰	京山易氏家藏稿
史懷 20 卷（*02）	明鍾惺撰	天門鍾氏家藏本
讀史臆言 4 卷	清秦篤輝撰	漢川秦氏家藏稿

*01：盧弼《四庫湖北先正遺書札記》云：「《易經通注》九卷，清傅以漸、曹本榮撰，按，《皇朝通考》《御定易經通注》四卷，《湖北叢書》本亦作四卷。又按，《湖北通志》，本榮於順治十二、三年均充日講官，書即修於此時，雖冠以大學士傅以漸之名，乃大官領局之通例，書實成於本榮一人之手，蓋當時即以供日講者，故原稿獨藏其家。」

*02：末有箚記云《史懷》二十卷，前十六卷是陶珽刊本，後四卷是許玉史續本，而且原稿不止二十卷。

書　　名	作　　者	書名下記所據本
學統 53 卷	清熊賜履撰	孝感熊氏家藏本
江漢叢談 2 卷	明陳士元撰	藝海珠塵本
雲杜故事 1 卷	清易本烺撰	京山易氏家藏稿
導江三議 1 卷	清王相心撰	監利王氏家藏本
姓觿 10 卷附錄 1 卷劄記 1 卷	明陳士元撰	歸雲別集吳刻本
姓觿刊誤 1 卷劄記 1 卷	清易本烺撰	京山易氏家藏稿
名疑集 4 卷劄記 1 卷	明陳士元撰	歸雲別集吳刻本
繹志 19 卷劄記 1 卷	清胡承諾撰	顧（錫麒）刻參浙江局本
讀書說 4 卷	清胡承諾撰	天門胡氏家藏本
附胡承諾年譜 1 卷	清□	
蠕範 8 卷劄記 1 卷	清李元撰	京山李氏家藏本
平書 8 卷	清秦篤輝撰	漢川秦氏家藏稿
樞言 1 卷續 1 卷	清王柏心撰	監利王氏家藏本
楚辭 17 卷	漢王逸章句	隆慶重雕宋本

附：藝文印書館重刊整理說明

書　　名	說　　明
論語類考	湖海樓叢書在前。
四書逸箋	粵雅堂叢書、墨海金壺、海山仙館叢書均有湖北本校勘最精。〔註 6〕
孟子雜記	湖海樓叢書亦有，湖北本校訂較善。

（二）《湖北先正遺書》

　　收湖北省歷代之著述。盧靖、盧弼昆仲編，盧靖，字勉之，號木齋；盧弼，字愼之，號愼園。

　　前有盧靖、盧弼序，例言十三條和目錄，目錄有版本項，每書前標出所據版本及來源，較目錄詳細。盧靖序敘其編刊過程云：「……幸吾弟愼之助我蒐討，復承海鹽張君菊生、江安傅君沉叔、吳興劉君翰怡、蒲圻張君乾若、潛江甘君藥樵、星橋周君退舟各出善本相假，而《湖北先正遺書》第一輯七百餘卷，始觀厥成。……」可知盧弼出力最多。

〔註 6〕粵雅堂本末有曾釗記，云：「……世間流傳頗少，曾刻于光華增訂雜錄中，名《四書識遺》不分卷。此從張海鵬《墨海金壺》本，以于本校之。」即粵雅堂本是以于光華本校《墨海金壺》本，《湖北叢書》是粵雅堂本再校勘，故校勘最精。

此部叢書是以《四庫全書總目》著錄者為收入內容，盧弼序云：「……比者兄有《湖北先正遺書》之輯，往復商搉，初擬搜羅散佚、擇要刊布。兄謂吾輩學識不逮古人，蕭蘭並擷，珉玉雜陳，徒為識者所哂。四庫所收，世有定評，乃先就著錄者，選擇善本，為第一輯，其流傳絕少之本，則假文津閣本印行。凡經之屬十，史之屬十，子之屬三十，集之屬二十五，都七十五種，為卷七百二十。……」本分為三輯，第一輯是《四庫全書》收入的九十一種，第二輯是存目著錄的二百零一種，第三輯則為《四庫全書》未收者〔註7〕，但只編出第一輯。

《續修四庫全書提要》批評云：「全書撰人，所收似嫌稍濫，如段公路、段安節、段成式，皆臨淄人，豈以官檢校左僕射徙帥荊南則為鄂人耶？又《郎溪集》，蒲圻張氏既有刊本通行，似不必專為影印。戴震《屈原賦注》，原刊本極精，此舍原本而用抄本，更不知其意之所在，且因屈原而刊戴震注，似亦有濫收之嫌。」

叢書例言第十二條云：「所采各書有疑義者，有拙輯《四庫湖北先正遺書提要》四卷、《存目》四卷、《札記》一卷已刊，可資參考。」因為盧弼輯有《四庫全書總目提要》及補正其誤的札記，所以每書後罕有跋，僅《楊子法言》後有盧靖識語、《東軒筆錄》有傅增湘誌語、《屈原賦》有盧弼跋。

《湖北先正遺書》

經　　部		
書　　名	作　　者	目錄記所據本
漢上易傳 11 卷	宋朱震撰	通志堂經解本
周易卦圖 3 卷	宋朱震撰	通志堂經解本
周易叢說 1 卷附漢上先生履歷	宋朱震撰	通志堂經解本
周易玩辭 16 卷	宋項安世撰	通志堂經解本
易象鉤解 4 卷	明陳士元撰	明歸雲別集本
易象彙解 2 卷	明陳士元撰	明歸雲別集本
詩總聞 20 卷	宋王質撰	武英殿聚珍版書本
讀詩私記 5 卷	明李先芳撰	四庫全書文津閣本
三禮圖 4 卷	明劉績撰	四庫全書文津閣本
春秋穀梁傳 12 卷附考異 1 卷	晉范甯集解，唐陸德明音義，考異民國楊守敬撰	古逸叢書本

〔註7〕蘇精《近代藏書三十家》〈盧靖知止樓〉，民國72年，傳記文學雜誌社出版。

史　　部		
書　　名	作　　者	目錄記所據本
東觀漢記 24 卷	漢劉珍等撰	武英殿聚珍版書本
國語補音 3 卷（只見重刊本）	宋宋庠撰	微波榭叢書本
紹陶錄 2 卷	宋王質撰	十萬卷樓叢書本
殿閣詞林記 22 卷	明廖道南撰	明本
南方草木狀 3 卷	晉嵇含撰	明弘治百川學海本
荊楚歲時記 1 卷	梁宗懍撰	漢魏叢書本
北戶錄 3 卷附校勘記 1 卷	唐段公路撰，唐崔龜圖注，校勘記清陸心源撰	十萬卷樓叢書本
益部方物略記 1 卷	宋宋祁撰	學津討原本
益部談資 3 卷	明何宇度撰	舊鈔本
嵩陽石刻集記 2 卷	清葉封撰	四庫全書文津閣本

子　　部		
書　　名	作　　者	目錄記所據本
新語 2 卷	漢陸賈撰	明范氏天一閣刊本
揚子法言 13 卷前附音義 1 卷	漢揚雄撰，晉李軌注，音義宋□	石研齋本
項氏家說 10 卷附錄 2 卷	宋項安世撰	聚珍版書本
管子補注 24 卷	周管仲撰，唐房玄齡注明劉績增注	明中都四子本
靈臺秘苑 15 卷	北周庾季才撰	四庫全書文津閣本
書品 1 卷	梁庾肩吾撰	續百川學海本
益州名畫錄 3 卷	宋黃休復撰	明嘉靖本
畫史 1 卷	宋米芾撰	明嘉靖本
書史 2 卷	宋米芾撰	說郛本
寶章待訪錄 1 卷	宋米芾撰	明弘治百川學海本
海岳名言卷	宋米芾撰	明弘治百川學海本
海岳題跋 1 卷	宋米芾撰	津逮祕書本
古今畫鑑 1 卷	元湯垕撰	學海類編本
樂府雜錄 1 卷	唐段安節撰	墨海金壺本
硯史 1 卷	宋米芾撰	明弘治百川學海本

子　部		
書　　名	作　　者	目錄記所據本
茶經 3 卷	唐陸羽撰	明弘治百川學海本
竹譜 1 卷	晉戴凱之撰	明弘治百川學海本
鬻子 1 卷	周鬻熊撰，唐逢行珪注	明刊本
鶡冠子 3 卷	宋陸佃解	武英殿聚珍版書本
鬼谷子 3 卷前附篇目考 1 卷末有附錄	梁陶弘景注，清秦恩復校並撰篇目考	石研齋本
名義考 12 卷	明周祈撰	明萬曆本
宋景公文公筆記 3 卷（*01）	宋宋祁撰	學津討原本
麈史 3 卷	宋王得臣撰	知不足齋本
東軒筆錄 15 卷	宋魏泰撰	明嘉靖刊本
張氏可書 1 卷	宋張知甫撰	守山閣本
先進遺風 2 卷	明耿定向撰	明刊本
茅亭客話 10 卷	宋黃休復撰	對雨樓叢書本
酉陽雜俎 20 卷續集 10 卷	唐段成式撰，明李雲鵠校	明刊本
陰符經疏 3 卷	唐李筌撰	墨海金壺本
亢倉子 1 卷	周庚桑楚撰	明本

*01：史語所藏本置於集部《景文集》之前。

集　部		
書　　名	作　　者	目錄記所據本
屈原賦注 7 卷通釋 2 卷音義 3 卷	清戴震撰，音義清汪梧鳳撰	鈔本
庚子山集 16 卷總釋 1 卷	北周庚信撰，清倪璠注	倪注原刊本
前附庚子山年譜 1 卷及庚氏世系圖	清倪璠撰	
李北海集 5 卷	唐李邕撰	全唐文本
集千家註杜工詩集 20 卷文集 2 卷	唐杜甫撰，宋□集注	明嘉靖丙申（十五）玉几山人本
孟浩然集 3 卷	唐孟浩然撰	明活字本
丁卯集 2 卷	唐許渾撰	汲古閣本
唐皮日休文藪 10 卷	唐皮日休撰	明仿宋本
元憲集 36 卷	宋宋庠撰	武英殿聚珍版書本

集　部		
書　　名	作　　者	目錄記所據本
景文集 62 卷拾遺 22 卷	宋宋祁撰	武英殿聚珍版書本
鄖溪集 28 卷補遺 1 卷續補遺 1 卷附校勘記 1 卷	宋鄭獬撰，校勘記民國張國淦撰	蒲圻張氏本
寶晉英光集 8 卷補遺 1 卷	宋米芾撰	別下齋涉聞梓舊本
北湖集 5 卷	宋吳則禮撰	鈔大典本
紫微集 36 卷	宋張嵲撰	四庫全書文津閣本
漢濱集 16 卷	宋王之望撰	四庫全書文津閣本
雪山集 16 卷	宋王質撰	武英殿聚珍版書本
客亭類稿 14 卷	宋楊冠卿撰	四庫全書文津閣本
雪樓集 30 卷	元程鉅夫（初名文海）撰	四庫全書文津閣本
經濟文集 6 卷	元李士瞻撰	舊鈔本
鶴年詩集 3 卷	元丁鶴年撰	四庫全書文津閣本
一山文集 9 卷	元李繼本撰	四庫全書文津閣本
夢澤集 17 卷	明王廷陳撰	明刊本
松陵集 10 卷	唐陸龜蒙輯	明汲古閣本
唐音 15 卷	元楊士弘輯	明嘉靖刊本
臨漢隱居詩話 1 卷	宋魏泰撰	知不足齋本
觀林詩話 1 卷	宋吳聿撰	墨海金壺本

（三）《沔陽叢書》

　　收沔陽一縣明清人之著述，清爲漢陽府沔陽州，大陸於 1986 年改名爲仙桃縣，盧靖、盧弼昆仲編。

　　前有盧弼序，十種有序跋，盧弼所作十種，盧靖所作二種。所收書的附錄爲作者的傳記資料。跋述其刊刻經過，可知有些是採用選本或抄本，如：

　　《默耕詩選》跋：

　　　　弼按《（光緒）湖北通志·藝文志》載李何煒……著有《宙廬易讀》、
　　《默耕堂詩文集》……《宙廬易讀》無傳本，僅《默耕堂詩》刊於康熙乙
　　卯。先生時年五十，自訂五十以前之作名曰前集。家兄木齋命選其佳者，
　　鈔爲二卷，付詩梓人。

　　《展碧山房駢體文選》跋：

《展碧山房駢體文鈔》二卷、《後集》二卷，都文七十餘首，……所著有……已刊者僅駢文四卷。吾友漢陽周君退舟貞亮選其尤佳者得二十二首，弼略依類次寫成二卷……

《沔陽叢書》子目

書　　　名	作　者	書　　　名	作　者
沔陽州志 18 卷	明童承敘撰	陸文節公奏議 5 卷附錄 1 卷	清陸建瀛撰
內方先生集 8 卷附鈔 1 卷附錄 1 卷	明童承敘撰	聽春草堂詩鈔 2 卷附錄 1 卷	清周揆源撰
市隱園集 30 卷附錄 1 卷	明費尚伊撰	海嶽行吟草 10 卷附錄 1 卷	清劉興櫬撰
默耕詩選 2 卷	清李何煒撰	子銘先生遺集 2 卷	清李皋撰
補希堂文集 4 卷附錄 1 卷	清張泰來撰	萬里游草殘稿 3 卷	清陸光祖撰
玩草園詩鈔 1 卷文集 1 卷附錄 1 卷	清劉掞撰	展碧山房駢體文選 2 卷	清邵樹忠撰

四、湖南省

《湖南叢書》，收湖南省歷代之著述。孫文昱等輯，文昱，湖南湘潭人。

據《周易總義》孫文昱考證言：「……湘陰彭公望孝廉，湘潭何特循明經，瀏陽劉腴深學博，寧鄉劉寅先（劉宗向）舍人，皆志慕鄉先，好搜遺獻。」可知與事者尚有數人。

史語所藏本與《綜錄》所列的目次不同，且多《大隱居士集》一種，陽海清《中國叢書綜錄補正》已言《綜錄》失收此書。

無總序，三種有考證，是就《四庫全書總目》所言加以查證；二種有跋，言其編刊經過及所據本，如：

《周易總義》，編者考證云：

> 宋易山齋《周易總義》二十卷，四庫著錄為黃登賢家藏本，此外絕無刻本，癸亥六月寧鄉莓田梅氏（梅殿香）從江南圖書館寫錄以歸，即四庫本也。

《周禮總義》，編者考證云，宋易祓《周禮總義》十八卷是乾隆初寧鄉王文清從《永樂大典》中編出，湘鄉易宗涒（按，易祓後裔）欲刻未果，至乾隆二十年寧鄉易祖壽（按，易祓後裔）始刻之。其中〈地官〉、〈夏官〉大典原闕。王文清所輯刊板無存，書亦罕見，惟郭涵齋太守、劉腴深學博家有藏本，寧鄉劉寅先舍人求之十餘年，亦覓得一本，乃以府學錢重刊之。

《唐劉蛻集》，劉宗向跋云：

> 此本為吳翻所刊，翻本末未詳，據稱得之醉李佛寺，為桑悅遺物，取他書所載蛻文補之成六卷，刊于天啓甲子，較韓本（按，崇禎庚辰閩人韓錫編《全唐文》蛻文一卷）早十六年。……茲據《全唐文》補刊于卷末云。

《續修四庫全書提要》批評此部叢書云：「……所收各書，原無刻本者，僅《周易總義》及《北海三攷》，其餘或覓善本，或求原本，均非潦草從事者。唐宋舊籍，如《劉蛻集》、《李群玉集》、《周易總義》、《周禮總義》、《學林》等，又均旁徵群籍，參稽同異，或搜為補遺，或撰考證，附於各書之後。《學林》一書，校者更以原書目錄但著若干則，無細目，因各附細目於下，以便尋求焉。清人著述，如何紹基之詩文集，流傳至罕，且裨實用，編者並未搜及，僅刻《東洲草堂金石跋》，尚係從西泠印社本翻刻者，則亦有不甚經意之處矣。……」

《湖南叢書》子目（據史語所藏本）

書　　名	作　　者	書　　名	作　　者
周易總義 20 卷附考證 1 卷	宋易祓撰，考證民國孫文昱撰	唐劉蛻集 6 卷補遺 1 卷	唐劉蛻撰
周禮總義 6 卷附考證 1 卷	宋易祓撰，考證民國孫文昱撰	李群玉詩集 3 卷詩後集 5 卷補遺 1 卷	唐李群玉撰
學林 10 卷附考證 1 卷	宋王觀國撰，考證民國孫文昱撰	東洲草堂金石跋 5 卷	清何紹基撰
北海三攷 6 卷	清胡元儀撰	大隱居士集	宋鄧深撰
隋唐石刻拾遺 2 卷附錄關中金石記隋唐石刻原目 1 卷	清黃本驥撰		

五、福建省

《浦城遺書》，收浦城縣歷代之著述。清祝昌泰編，昌泰字東巖，福建浦城人。

首有陳珏、祖之望、陳壽祺三人的序，末有梁章鉅的序。陳珏序云：「《浦城遺書》者，祝東巖太守之所彙刻也。太守自庚午（嘉慶十五年）辛未（嘉慶十六年）請養里居，與同邑祖舫齋大司寇、長樂梁芷鄰儀部搜輯先哲遺書，而太守匯其成……」《續修四庫全書提要》云：「……是編乃祖之望所倡導，而昌泰集其成者，訂正考誤、搜佚補遺，則梁章鉅任之。」可知編者主要有祝昌泰、祖之望、梁章鉅三人。

《浦城遺書》是原《留香室叢刊》增加《詹元善先生遺集》、《大學集編史庸集編論語集編》、《四朝聞見錄》、《謝參軍詩鈔》四種書而成，陳壽祺序云：「留香室者，浦城祝東巖太守藏書之所也。……」

書前有凡例八條，第五條說明所據本，目錄後有各書作者傳略。各書後有後跋，多是祖之望作，言編刊經過等。

《浦城遺書》子目

書　　　名	作　　　者	據凡例第五條云所據本
武夷新集 20 卷楊文公逸詩文 1 卷	宋楊億撰	鈔四庫館及文瀾閣藏本
西崑酬唱集 2 卷	宋楊億輯	鈔四庫館及文瀾閣藏本
何博士備論 1 卷	宋何去非撰	鈔四庫館及文瀾閣藏本
春渚紀聞 10 卷	宋何薳撰	鈔四庫館及文瀾閣藏本
忘筌書 10 卷	宋潘殖撰	梁章鉅於省垣邁獲
詹元善先生遺集 2 卷	宋詹體仁撰	朱秉鑑蒐羅而成
大學集編 2 卷中庸集編 3 卷論語集編 10 卷孟子集編 14 卷	宋真德秀撰	鈔四庫館及文瀾閣藏本
西山文鈔 8 卷	宋真德秀撰	張伯行選刻本
四朝聞見錄 5 卷	宋葉紹翁撰	知不足齋叢書本
真山民集 1 卷	宋真山民撰	鈔四庫館及文瀾閣藏本
謝參軍詩鈔 2 卷	宋謝翱撰	
楊仲宏集 8 卷	元楊載撰	鈔四庫館及文瀾閣藏本
春秋四傳私考 2 卷	明徐浦撰	出邑朱進士（朱秉鑑）家
梅莊遺艸 6 卷（一名梅花遺草）	清翁白撰	出邑朱進士（朱秉鑑）家

六、廣東省

（一）《嶺南遺書》

收廣東省歷代之著述。清伍崇曜編、譚瑩校輯。崇曜原名元薇，字紫垣；瑩字兆仁，號玉生，兩人皆廣東南海（今廣州）人。

《續修四庫全書提要》云：「……第一、二、三、四各集均有崇曜自序，五、六兩集無之，所收各書，類多罕見之本。……」史語所藏本六集，首有伍崇曜道光十一年序和二十七年後序，此後各集無序，與《續修四庫全書提要》所言不同。各書除《楊儀郎著書》外，每書後皆有長跋，多是論書的內容，並可知多是鈔本。臺大藏本一至五集，但書首無序，各書後無跋，當是刊刻者刪去。

《嶺南叢書》子目

第　　一　　集（道光二十五年刊）			
書　　　名	作　　者	書　　　名	作　　者
雙槐歲鈔 10 卷	明黃瑜撰	革除遺事節本 6 卷（*01）	明黃佐撰
廣州人物傳 24 卷	明黃佐撰	春秋別典 15 卷	明薛虞畿撰
翰林記 20 卷	明黃佐撰	百越先賢志 4 卷	明歐大任撰

*01：編者跋云原 16 卷，節本 6 卷。

第　　二　　集（道光二十五年刊）			
書　　　名	作　　者	書　　　名	作　　者
劉希仁文集 1 卷	唐劉軻撰	疑耀 7 卷	明張萱撰
理學簡言 1 卷	宋區仕衡撰	海語 3 卷	明黃衷撰
平定交南錄 1 卷	明丘濬撰	郭給諫疏稿 2 卷	明郭尚賓撰
白沙語要 1 卷	明陳獻章撰	算迪 8 卷（*02）	清何夢瑤撰
甘泉新論 1 卷	明湛若水撰	春秋詩話 5 卷	清勞孝輿撰
元祐黨籍碑考 1 卷慶元偽學逆黨籍 1 卷	明海瑞撰		

*02：編者跋云原 12 卷，缺卷 1 至 4。

第　三　集（道光三十年刊）			
書　名	作　者	書　名	作　者
崔清獻公集 5 卷	宋崔與之撰	昭代經濟言 14 卷	明陳子壯撰
崔清獻公言行錄 3 卷	宋李肖龍撰	周易爻物當名 2 卷	明黎遂球撰
羅浮志 10 卷	明陳槤撰	正學續 4 卷	清陳遇夫撰
小學古訓 1 卷	明黃佐撰	史見 2 卷	清陳遇夫撰
龐氏家訓 1 卷	明龐尚鵬撰	迂言百則 1 卷	清陳遇夫撰

第　四　集（道光三十年）			
書　名	作　者	書　名	作　者
周易本義註 6 卷	清胡方撰	周髀算經述 1 卷	清馮經撰
賡和錄 2 卷	清何夢瑤撰	粵臺徵雅錄 1 卷	清羅元煥撰，清陳仲鴻注
救荒備覽 4 卷附錄 2 卷	清勞潼撰	重訂三家詩拾遺 10 卷	清范家相撰，清葉鈞重訂
周易略解 8 卷附群經互解 1 卷附算略 1 卷	清馮經撰		

第　五　集（道光三十年刊）			
書　名	作　者	書　名	作　者
楊議郎著書 1 卷	漢楊孚撰，清曾釗輯	嶺南荔支譜 6 卷	清吳應逵撰
異物志 1 卷	漢楊孚撰，清曾釗輯	南漢紀 5 卷	清吳蘭修撰
交州記 2 卷	晉劉欣期撰，清曾釗輯	南漢地理志 1 卷	清吳蘭修撰
始興記 1 卷	劉宋王韶之撰，清曾釗輯	南漢金石志 2 卷	清吳蘭修撰
潛虛述義 4 卷附考異 1 卷	清蘇天木撰	端溪硯史 3 卷	清吳蘭修撰
五山志林 8 卷	清羅天尺撰	粵詩蒐逸 4 卷	清黃子高輯
測天約術 1 卷	清陳昌齊撰	春秋古經說 2 卷	清侯康撰
呂氏春秋正誤 1 卷	清陳昌齊撰	穀梁禮證 2 卷	清侯康撰
楚詞辨韻 1 卷	清陳昌齊撰	補後漢書藝文志 4 卷	清侯康撰
袁督師事蹟 1 卷	清□	補三國藝文志 4 卷	清侯康撰

第　六　集（同治二年刊）			
書　名	作　者	書　名	作　者
毛詩通考 30 卷	清林伯桐撰	蠡勺編 40 卷	清凌揚藻撰
毛詩識小 30 卷	清林伯桐撰	紀夢編年 1 卷續編 1 卷	清釋成鷲撰
虞書命羲和章解 1 卷	清曾釗撰		

（二）《廣東叢書》三集

收廣東省歷代之著述，廣東叢書編印委員會編。

史語所、臺大藏本只有第一集，東海大學有第一、二集，近史所郭廷以圖書館有第三集三種全，文哲所只有第三集二種。

第一集前有李漢魂、葉恭綽序。葉恭綽序敘其編輯叢書的緣起云：「余自民國二十六年冬，避難南來，感民族精神之有賴發揚光大，盛勸諸人士研求西南文化，以明其眞價。於是諸社集聞風興起，雲騰霧涌，盛極一時，未幾，復有廣東文物展覽會之設。予海內外以甚大之刺戟，繼同人思永其績、擴其效，遂有編輯廣東文物一書之舉，而廣東叢書之編印，亦緣以發生焉。始余於展覽會期間，有感於地方文獻保存之需要，曾爲文公表編印廣東文獻叢編之意見，贊成者甚眾。廣東省政府主席伯豪李公聞知其事，由省庫慨斥巨資以爲之倡。余以始基既建，又事屬大眾，不如歸之公營，遂商由中國文化協進會主持其事，別組一會，訂名廣東叢書編印委員會，延請諸鴻碩分任選擇校勘，全書遂定今名。仍擬每年至少出書一集，適商務印書館願任印行之役，因舉以屬之。……」

第一集有總目，並標示所用版本，編印略例第四條云：「本書所選板本，悉取罕見難得者，間取較次之本，皆別有原因。如《曲江集》用經溫汝适詳細批校之本，即其一例。」所收書前有作者的像和傳，後多有徐信符序，往往論版本，多是徐信符南州書樓所藏，有存佚之功，例如：

《蓮鬚閣文鈔》，編者徐信符序云：

> 黎忠愍公之佚文也，校之《粵十三家集》中之《蓮鬚閣全集》無一篇複見。……全集蓋經名人甄別，去取較嚴，文鈔則僅藏之其家，傳之其人……此書向無刊本，入余南州書樓所藏已三十餘年……

《喻園集》，編者徐信符序云：

> 《喻園集》刻於康熙時，自乾隆朝奉令銷燬，故名列全燬書目中。當昔文網嚴密，畏罪者不敢私藏，故藏書家絕無著錄。光宣之間，余注意搜

藏焚毀各書，而此書罕覯。民國後因續修番禺縣志，神游夢想皆在鄉先哲
遺著，精神感召，竟於員岡購得此集。員岡即梁公未史鍾毓地也。此集為
崔弼孝廉舊藏，余輾轉搜得，因與舊鈔本《黎忠愍蓮鬚閣文鈔》並貯南州
書樓中。此雙忠遺著，霄壤間殆無第二本矣。

第二集前有葉恭綽序，敘其編刊始末，後亦有編印略例。有總目，書後有跋，
敘其編刊過程。

第三集前有葉恭綽序，後有總目，下標出所據本。《太平天國官書十種》前有王
重民序、簡又文序、葉恭綽簡單說明；《六脈渠圖說》前有葉恭綽簡單的說明。

《廣東叢書》子目

第　一　集		
書　　名	作　　者	目錄記所據本
唐丞相曲江張文獻公集 12 卷附錄 1 卷附曲江集考證 2 卷	唐張九齡撰，清溫汝适校併撰考證	清雍正十二年張氏祠堂刊本（*01）
附曲江年譜 1 卷	清溫汝适撰	
武溪集 20 卷附補佚 1 卷	宋余靖撰	據明成化本景印附排印
附余襄公奏議 2 卷	宋余靖撰，黃慈博輯	
北燕巖集 4 卷	明黃公輔撰	清道光本
禮部存稿 8 卷	明陳子壯撰	明崇禎本
蓮鬚閣文鈔 18 卷	明黎遂球撰	舊鈔本
喻園集 4 卷	明梁朝鍾撰	清康熙本
翁山文鈔 4 卷（卷 1 至 4）附佚文輯 3 卷	清屈大均撰，佚文徐信符輯	據清康熙本景印附排印

*01：徐信符序云：「至溫氏所用以讎校之底本，乃雍正十二年張氏裔孫振文所刻之祠堂本云。」溫氏
　　《曲江集考證》有乾隆五十七年識，卷末又有嘉慶二十二年識云：「余刻是書未二十年，板已殘
　　缺，嘉慶丁丑之春增入四十餘條……」據此可知校讎底本為雍正本，考證則遲至嘉慶。

第　二　集		
書　　名	作　　者	目錄記所據本
皇明四朝成仁錄 12 卷	清屈大均撰，葉恭綽校訂	鈔本
翁山文鈔 6 卷（卷 5 至 10）附翁山佚文二輯 1 卷	清屈大均撰，佚文黃蔭普輯	鈔本
蒯緱館十一章 1 卷	清薛始亨撰	鈔本

第　三　集		
書　　名	作　　者	目錄記所據本
太平天國官書十種：	王重民輯	英國劍橋大學藏本
天理要論 1 卷	太平天國	太平天國四年本
太平天國甲寅四年新曆 1 卷		太平天國四年本
太平天國戊午八年新曆 1 卷		太平天國八年本
太平禮制 1 卷	太平天國	太平天國八年本
太平天國九年會試題 1 卷	太平天國洪仁玕撰	太平天國九年本
干王洪寶製 1 卷	太平天國洪仁玕撰	
資政新編 1 卷	太平天國洪仁玕撰	太平天國九年本
欽定軍次實錄 1 卷	太平天國洪仁玕撰	太平天國十一年本
誅妖檄文 1 卷	太平天國洪仁玕撰	太平天國十一年本
太平天日 1 卷	太平天國洪仁玕撰	太平天國十二年本
廣州城坊志 6 卷	黃佛頤撰	原稿本
六脈渠圖說 1 卷	清陳坤撰	原刊本

七、雲南省

《雲南叢書》

收雲南省歷代之著述，雲南圖書館編。

此部叢書收書一百九十七種，史語所收藏雖不全，但最多，臺大和師大藏本皆只一種〔註8〕，國家圖書館臺灣分館收藏八種。史語所藏民國原刊本 416 冊，有一編和二編，二編和《綜錄》不同，多《南詔野史》一種，未見者數種。前有總目，卷數與所見有不同者，另有標示「待刻」的未刻本。前有唐繼堯序、與事者姓氏和職稱。

每書前後或有跋，多是趙藩、陳榮昌、李根源、袁嘉穀所寫，有的序跋題於光緒年間，可能原已刊行，在民國編叢書時收入。跋記述編刊過程，可以看出編輯態度積極及整理之功。除了自行搜輯外，亦有人主動提供或要求刻入叢書者。版本資料記載不詳，主因是不少為未刻的抄本或稿本，亦可知其存佚之功，例如：

《留硯堂詩選》，袁嘉穀序云：

> ……家廣文兄之言曰先生集板今弆於先生舊樓，余再三訪之不獲，及丙辰而始得七十三卷足本。讀之計詩七千餘首，名曰《留硯堂集》。先生詩集鈔於介弟羅，刊於姪孫孝詩，孝詩名進士，名粵東有聲，校者姪孫軒傳，存詩繁，附注瑣，觀者病之。余忝為先生後學，悉心斟擇，存十之二，先生面目煥然改觀……名之曰詩選，竊比校訂之義，敢曰操選政乎哉？

《鄧虹橋遺詩》，袁嘉穀序云：

> 蒙自居吾滇極邊，百年來績學顯名之城，推稼堂陸中丞。中丞之詩得力於虹橋鄧先生，而虹橋之詩反佚。五塘師重光集僅得二首，乃記虹橋學行於稼堂卷內，深為太息，天之待文人抑何刻也？今忽於《稼堂全集》之末得附刻《虹橋詩》一卷，雖非全豹，而彪炳文采已可見一斑。……

《七峰詩選》，趙藩序云：

> 乾嘉間，晉寧段七峰選貢時恆著《鳴鳳堂》八卷、《問斗吟》二卷、《依斗吟》二卷附詩餘二十五闋……丐余選訂一過，釐為四卷，梓入《雲南叢書》，別選詩餘入《滇詞叢錄》，而子煜昭文遺詩亦選十數篇附刊集末。

〔註8〕《國立臺灣大學普通線裝書目》原載三種，但僅見清方玉潤《詩經原始》一種。

《雲南叢書》子目

1. 初 編

經 部			
書 名	作 者	書 名	作 者
周易標義 3 卷	清李彪撰	泰律 12 卷外篇 3 卷（只見重刊本）	明葛仲選撰（題葛中選）
觀象反求錄 1 卷	清甘仲賢撰	（以上樂類）	
（以上易類）		韻略易通 1 卷	明蘭茂撰
誦詩小識 3 卷	清趙容撰	等音聲位合彙 2 卷	等音，馬獒什撰。聲位，林益長撰。清高奣映合彙
詩經原始 18 卷首 2 卷（史語所和臺大皆有）	清方玉潤撰	切韻正音經緯圖 1 卷	清釋宗常撰
齊風說 1 卷	民國李坤撰	歌麻古韻攷 4 卷	清吳樹聲撰
（以上詩類）		（以上小學）	
勿自棄軒遺稿 1 卷	清華嶸撰		
（以上諸經總義）			

史 部			
書 名	作 者	書 名	作 者
滇雲歷年傳 12 卷	清倪蛻撰	滇南山水綱目 2 卷（史語所和國家圖書館臺灣分館皆有）	清趙元祚撰
（以上編年）		滇小紀 1 卷（史語所無，國家圖書館臺灣分館有）	清倪蛻撰
宙載 2 卷（殘本）	明張合撰	滇繫（史語所和國家圖書館臺灣分館皆有）	清師範纂輯
史筌 5 卷首 1 卷	清楊銘柱撰	雲南備徵志 21 卷（史語所和國家圖書館臺灣分館皆有）	清王崧纂輯
武昌紀事 1 卷	清陳徽言撰	南越遊記 3 卷（史語所和國家圖書館臺灣分館皆有）	清陳徽言撰
（以上雜史）		（以上地理）	
關中奏議全集 18 卷	明楊一清撰	鼎堂金石錄 2 卷（史語所無，國家圖書館臺灣分館有）	清吳樹聲撰
（以上奏議）		（以上金石）	

<table>
<tr><td colspan="4" align="center">子　　部</td></tr>
</table>

書　　名	作　者	書　　名	作　者
二艾遺書 2 卷：	民國陳榮昌輯	信古齋句股一貫述 4 卷雜述 1 卷	清宋演撰
艾雲蒼語錄 1 卷	明艾自新撰	籌算法 1 卷	清李澎撰
艾雪蒼語錄 1 卷	明艾自修撰	（以上算法）	
養蒙圖說 1 卷	明塗時相撰	皇極經世心易發微 8 卷（原缺卷 7 至 8）首 1 卷末 1 卷附補遺 1 卷	明楊體仁撰
鏡譚 1 卷	清張錦蘊撰	（以上術數）	
道南錄初稿 1 卷	清遲祚永撰	澹一齋章譜 1 卷	清孫璃撰
孝弟錄 2 卷	清李文耕撰	介庵印譜 1 卷	清釋湛福撰
銖寸錄 8 卷	清竇垿撰	書學印譜 2 卷（只見重刊本）	清王綜刻
續理學正宗 4 卷	清何桂珍撰	十瓶齋石言（只見重刊本）	清孫鑄撰
何文貞公千字文 1 卷	清何桂珍撰	味秋吟館紅書 1 卷（只見重刊本）	清谷清撰
楊劉周三先生語錄合鈔 3 卷：	民國何秉智輯	（以上藝術）	
知陋軒迂談 1 卷	清楊鳳昌撰	南園漫錄 10 卷	明張志淳撰
藏拙居遺文 1 卷	清劉誼撰	育書 1 卷	清張登瀛撰
郁雲語錄 1 卷	清周文龍撰	說緯 6 卷	清王崧撰
反身要語 1 卷	清鄒澤撰	增訂發蒙三字經 1 卷條辨 1 卷（只見重刊本）	宋王應麟撰，清許印芳增訂
存眞錄 1 卷	清吳昌南撰	冷官餘談 2 卷	清袁嘉謨撰（袁嘉穀之兄）
尚志齋愼思記 1 卷訟過記 1 卷	清呂存德撰	（以上雜家）	
（以上儒家）		滇釋紀 4 卷	清釋圓鼎撰
醫門蕝要 2 卷	明蘭茂撰	（以上釋家）	
滇南本草 3 卷（史語所和國家圖書館臺灣分館皆有）	明蘭茂撰		
（以上醫家）			

集 部			
書　名	作　者	書　名	作　者
朝天集 1 卷	明釋法天撰	汗漫集 3 卷	清萬友正撰
聲律發蒙 1 卷	明蘭茂撰	蛻翁詩集 6 卷文集 2 卷（只見重刊本）	清倪蛻撰
石淙詩鈔 15 卷附諸公詩 1 卷	明楊一清撰	李氏詩存 14 卷：	清李浩輯
楊弘山先生存稿 12 卷	明楊士雲撰	稜翁詩鈔 2 卷	清李治民撰
張愈光詩文選 8 卷附錄 1 卷	明張含撰	鶴峰詩鈔 2 卷	清李因培撰
中谿家傳彙稿 10 卷首 1 卷	明李元陽撰	衣山詩鈔 3 卷	清李翊撰
凝翠集 5 卷	明王元翰撰	蘭溪詩鈔 2 卷	清李翺撰
北征集 1 卷	明祿洪撰	雲華詩鈔 5 卷	清李翃撰
煙坪詩鈔 2 卷	清陸天麟撰	藏密詩鈔 5 卷	清傅爲訏撰
居易軒詩遺鈔 1 卷文遺鈔 1 卷	清趙炳龍撰（趙藩祖先）	錢南園先生遺集 8 卷補遺 1 卷	清錢灃撰
澹生詩鈔 1 卷文鈔 1 卷	清高應雷撰	菉竹堂詩存 1 卷	清余萃文撰
陳翼叔詩集 5 卷附石棺集 1 卷	明陳佐才撰	拾草堂詩存 1 卷	清李觀撰
蒼雪和尚南來堂詩集 4 卷附錄 1 卷	清釋讀徹撰	芊栗園遺詩 2 卷	清朱奕簪撰
擔當遺詩 7 卷附錄 1 卷	清釋普荷撰	寄庵詩文鈔 33 卷	清劉大紳撰
梅柳詩合刻 1 卷	明釋大錯（錢邦芑）撰	西阿先生詩草 3 卷附九峰園會詩 1 卷	清谷際岐撰
呈貢文氏三遺集合鈔：	民國趙藩輯	附漱芳亭詩鈔 1 卷	清谷際岐子婦袁氏撰，袁氏子谷涵榮輯
明陽山房遺詩 1 卷遺文 1 卷（*01）	明文祖堯撰	師荔扉先生詩集 28 卷（*02）	清師範撰
餘生隨詠 1 卷醉禪草 1 卷	明文俊德撰	保山二袁遺詩 12 卷：	民國趙藩輯
晚春堂詩 8 卷	清文化遠撰	陶村詩鈔 1 卷	清袁文典撰
讀書堂綵衣全集 46 卷	清趙士麟撰	時畲堂詩稿 11 卷	清袁文揆撰
釜水吟 2 卷	清李崇階撰	點蒼山人詩鈔 8 卷（*03）	清沙琛撰
賜硯堂詩稿 4 卷附補遺 1 卷	清許賀來撰	觸懷吟 2 卷	清錢允濟撰
李中丞遺集 3 卷	清李發甲撰	小清閟閣詩鈔 1 卷	清倪玢撰
南村詩集 8 卷	清孫鵬撰	樂山集 2 卷	清王崧撰
留硯堂詩選 6 卷	清張漢撰	紅茗山房詩存 10 卷詩餘 1 卷	清嚴烺撰

*01：《明陽山房遺詩》1 卷《遺文》1 卷，後有附錄〈萬里贈行〉及〈交游贈輓詩文〉。

*02：《師荔扉先生詩集》，目錄後有趙藩識言，云缺卷三、七、九、十二、二十一等五卷，第二十八卷是原書序跋。

*03：《點蒼山人詩鈔》八卷，任可澄序、倪惟欽二人的跋皆言「四卷」，不知如何分爲八卷？

集　　部			
書　　　名	作　　者	書　　　名	作　　者
喜聞過齋文集 13 卷（只見重刊本）	清李文耕撰	呈貢二孫遺詩 8 卷：	清□輯
程月川先生遺集 15 卷（只見重刊本）	清程含章撰	抱素堂遺詩 6 卷補遺 1 卷	清孫清元撰
藍尾軒詩稿 4 卷	清王毓麟撰	吉人詩鈔 1 卷	清孫清士撰
即園詩鈔 15 卷	清李於陽撰	思過齋雜體詩存 12 卷	清蕭培元撰
玉案山房詩草 2 卷	清尹尚廉撰	一笑先生詩鈔 2 卷文鈔 1 卷	清李玉湛撰
鄧虹橋遺詩 1 卷	清鄧學先撰	悔齋詩稿 4 卷	清畢應辰撰
王眉仙遺著 2 卷	清王壽昌撰	補過齋遺集 2 卷	清甘雨撰
雪樓詩選 2 卷	清馬之龍撰	李叔豹遺詩 1 卷	清李熙文撰
朱丹木詩集 1 卷	清朱騰撰	陶詩彙注 4 卷首 1 卷末 1 卷	清吳瞻泰撰，清許印芳增訂
晚翠軒詩鈔 8 卷續鈔 8 卷三鈔 8 卷四鈔 8 卷五鈔 8 卷漫稿 5 卷（只見重刊本）	清戴淳撰	五塘詩草 6 卷	清許印芳撰
味雪齋詩鈔 8 卷文鈔甲集 10 卷乙集 8 卷詩鈔續 2 卷（只見重刊本）（*04）	清戴絅孫撰	五塘雜俎 3 卷（未見）	清許印芳撰
抱眞書屋詩鈔 9 卷詩餘 1 卷（只見重刊本）	清陸應穀撰	穆清堂詩鈔 3 卷續集 5 卷	清朱庭珍撰
賡縵堂集 8 卷	清何彤雲撰	天船詩集 2 卷	清張星柳撰
知蔬味齋詩鈔（蜀游草）4 卷	清黃琮撰	香雪館遺詩 1 卷	清張瑩撰
何文貞公遺書 6 卷：	清何桂珍撰	思亭詩鈔 6 卷文鈔 2 卷（只見重刊本）	民國李坤撰（同治丙寅生）
補輯朱子大學講義 2 卷		（以上別集）	
何文貞公文集 2 卷首 1 卷附錄 1 卷		滄海遺珠 4 卷	明沐昂輯
趙文恪公遺集 2 卷（只見重刊本）	清趙光撰	選詩補遺 2 卷	明唐堯官輯
廿我齋詩稿 2 卷	清尹藝撰	滇南詩略 47 卷（史語所無，師大只此一種）	清袁文典、清袁文揆輯

*04：《綜錄》作詩鈔十卷，上海書店本作詩鈔八卷、詩鈔續二卷，而詩鈔續題「卷九」、「卷十」。

集　部			
書　　名	作　者	書　　名	作　者
滇南文略 47 卷	清袁文揆輯	明雷石菴胡二峰遺集合刊：	李根源等輯
滇詩嗣音集 20 卷補遺 1 卷	清黃琮輯	雷石菴尙書遺集 1 卷	明雷躍龍撰
麗郡詩徵 12 卷文徵 8 卷（只見重刊本）	清趙聯元輯	胡二峰侍郎遺集 1 卷	明胡璇撰
滇詩重光集 18 卷（只見重刊本）	清許印芳輯	滇文叢錄 100 卷首 1 卷總目 2 卷作者小傳 3 卷（只見重刊本）	雲南叢書處輯
律髓輯要 7 卷	元方回輯，清許印芳摘抄	滇詞叢錄 3 卷（只見重刊本）	民國趙藩輯
滇詩拾遺 6 卷	民國陳榮昌輯	（以上總集）	
滇詩拾遺補 4 卷	民國李坤輯	蔭椿書屋詩話 1 卷	清師範撰
明滇南五名臣遺集：	李根源輯	酌雅詩話 2 卷續編 1 卷	清陳偉勳撰
楊文襄公文集 1 卷詩集 1 卷	明楊一清撰	藥欄詩話 2 卷	清嚴廷中撰
孫清愍公文集 1 卷詩集 1 卷	明孫繼魯撰	詩法萃編 15 卷	清許印芳輯
楊文毅公文集 1 卷詩集 1 卷	明楊繩武撰	詩譜詳說 8 卷	清許印芳撰
傅忠壯公文集 1 卷詩集 1 卷	明傅宗龍撰	筱園詩話 4 卷	清朱庭珍撰
王忠節公文集 1 卷詩集 1 卷	明王錫袞撰	（以上詩文評）	

2. 二　編

經　部			
書　　名	作　者	書　　名	作　者
太極明辯 3 卷（只見重刊本）	清高奣映撰	六書綱目 1 卷（只見重刊本）	清吳式釗撰
卦極圖說 1 卷	清馬之龍撰	切音導原 1 卷（只見重刊本）（*05）	清吳式釗撰
泰律補 1 卷（只見重刊本）	清閔爲人撰		

*05：《切音導原》一卷，上海書店本爲「第二卷」，首行題「切音導原第一篇」，末行題「切音導原第一篇終」，推想所收非全本。

史	部		
書　　　名	作　　者	書　　　名	作　　　者
南詔野史2卷（史語所和國家圖書館臺灣分館皆有）	明楊慎編輯，清胡蔚訂正	明贈光祿寺卿路南楊公忠節（楊以成）錄2卷（只見重刊本）	民國袁嘉穀輯
重葺楊文襄公事略1卷	明謝純撰（明謝純年譜本，孫良學採輯，四世孫楊世輔先烈胤襄同梓，清朱淳增輯）	盤龍山紀要4卷附行先遺稿1卷	清方秉孝撰
趙忠愍公景忠集1卷	明趙譔撰，清張漢，清傅爲訢輯	晚聞齋稿待焚錄1卷	清竇垿撰
尹楚珍年譜1卷	清尹壯圖自撰		

子	部		
書　　　名	作　　者	書　　　名	作　　　者
制府雜錄1卷	明楊一清撰	鑑辨小言1卷	清趙聯元撰
西征日錄1卷	明楊一清撰		

集	部		
書　　　名	作　　者	書　　　名	作　　　者
楊林兩隱君集2卷附錄1卷：	李文漢、李文林輯	檢齋遺集2卷（未見）	清趙瑗撰
蘭隱君集1卷	明蘭茂撰	七峰詩選4卷（只見重刊本）	清段時恆撰
賈隱君集1卷	明賈維孝撰	附昭文遺詩1卷（只見重刊本）	清段煜撰
桃川剩集2卷補遺1卷（只見重刊本）	明王廷表撰	二餘堂文稿6卷（只見重刊本）	清師範撰
雪山詩選3卷	明木公恕撰	袁陶村文集1卷（只見重刊本）	清袁文典撰
大錯和尚遺集4卷	明釋大錯（錢邦芑）撰	五之堂詩鈔2卷	清李作舟撰
撫松吟集1卷	清張端亮撰	岩泉山人詩四選存稿1卷	清嚴廷中撰
馬悔齋先生遺集2卷	清馬汝爲撰	次民詩稿2卷（未見）	清朱在勤撰

集 部			
書　　　名	作　　　者	書　　　名	作　　　者
不冷堂遺集 4 卷	清張舜琴撰	向湖村舍詩二集 7 卷（只見重刊本）（*07）	民國趙藩撰
夢亭遺集 3 卷（只見重刊本）	清方學周撰	李太白詩選 5 卷（只見重刊本）	明張含輯
彊靜齋詩錄 1 卷（只見重刊本）（*06）	清吳式釗撰	楊文憲公寫韻樓遺像題詞彙鈔 1 卷	清趙惠元輯（趙藩的父親）
劍川羅楊二子遺詩合鈔 2 卷： 　夢蒼山館遺詩 1 卷 　惜春山房遺詩 1 卷	民國趙藩輯 清羅宿撰 清楊誌中撰	錢南園先生守株圖題詞錄 1 卷 味燈詩話 2 卷（只見重刊本）	民國趙藩輯 清王寶書撰

*06：《彊靜齋詩錄》，後有宣統三年陳昭常敘云：「然當時友朋傳論其得意之作，今或不錄，所錄者始光緒乙亥、止乙巳，僅二集，其意蓋有所待也……」所見上海書店本卷次內容似不全，卷一是第一至第九頁，卷二是第一至第七頁，卷三是第一至第六頁，無卷四，卷五只有第七至第八頁，卷六只有第五至第六頁，卷七是第一至第八頁，而且是始於乙亥，止於戊午，不知為何所見和序不一致。

*07：《向湖村舍詩二集》陳榮昌序言有二十五卷，查其目錄作二十六卷，乃第二十五卷分為上下，不知為何只刊七卷。

附：《雲南叢書》總目錄標示「待刻」者

分　類	書　　　名	作　　　者	分　類	書　　　名	作　　　者
經部易類	讀易淺說 10 卷	清李彪撰	集部別集	瘖一草亭詩文鈔 4 卷	寧州董灼文撰
經部易類	象象合參 2 卷	清李彪撰	集部別集	酕吟草 6 卷	寧州劉大容撰
經部詩類	詩小學 6 卷	保山吳樹聲撰	集部別集	悔庵詩鈔 10 卷	寧州李廷杰撰
經部諸經總義	拙修庵讀書脞記 4 卷	劍川趙聯元撰	集部別集	紅樹山莊詩草 4 卷	寧州劉家遹撰
史部奏議	人鑑 148 卷	南寧喻懷信撰	集部別集	梅庵詩草 1 卷	富民釋續亮撰
子部儒家	味道集 1 卷	昆明段楨齡撰	集部總集	滇詩叢錄	雲南叢書處輯
集部別集	彩雲百詠正續 4 卷	建水張履程撰			

八、貴州省

《黔南叢書》

收貴州省歷代之著述。任可澄彙修《貴州通志》時所彙集，可澄字志清，貴州安順人。

有正集六集和別集一集。《黔南叢書》原刊本在臺灣，僅於東海大學藏有別集部分，而且只有三種，楊恩元《汗簡箋正》跋、曹經沅別集序、別集總目也只列出三種，《綜錄》列有十三種。楊恩元跋《汗簡箋正》云：「往歲開局續修省志，並附印《黔南叢書》初、二集，出版後，續議三集，本以鄭徵君《汗簡箋正》、傅廉使《古音類表》、莫徵君《說文木部箋異》合為此集。惟因古字太多，鉛印字向無篆隸，決議定為木刻，較為適宜。……再三商酌，擬不入叢書正集，作為別集，仍照原板刷印多部，以公同好。」又《黔南叢書》別集前有曹經沅序，其序云：「……余於乙亥孟夏觀政來黔，即與邦人君子商討及此，計先後印成《黔南叢書》三、四兩集，茲又有別集之刊，其取材與正集初無大異，惟以正集皆鉛印，此則鋟板，故以別集名之，書凡三種。……」可知正集和別集的差別乃刊印方式不同。

編刊的緣起可見於《淮海易談》陳矩跋，其跋云：「……普定任志清先生博雅嗜古，擁書百城，著述宏博，慨梓桑文獻殘闕，十數年前即有褒輯黔人遺著盛舉。舊歲當軸禮聘先生續修《貴州通志》，乃商定兼印《黔南叢書》，表彰先賢，嘉惠來學，誠不可緩之圖也。……」

版心下題「黔南叢書貴陽文通書局代印」。書名頁分三行，一為黔南叢書第幾集第幾種，二為書名，三為所據本。各書前多有傳，後多有跋，與事者作，如任可澄、李國釗、楊恩元、聶樹楷、柴曉濂、邢端等。跋長短、詳略不一，內容主要有叢書編刊過程、作者事略、書之源流，或考證書中文字等。

《黔南叢書》子目

第　一　集			
書　　名	作　者	書　　名	作　者
淮海易談 4 卷	明孫應鼇撰	儀禮私箋 8 卷	清鄭珍撰
易箋 8 卷圖說 1 卷首 1 卷(*01)	清陳法撰		

*01：《綜錄》未列圖說 1 卷。

第 二 集			
書　名	作　者	書　名	作　者
黔遊日記 2 卷	明徐宏祖撰	黔書 2 卷（未見）	清田雯撰
黔志 1 卷（未見）	明王士性撰	續黔書 8 卷（未見）	清張澍撰
黔塗略 1 卷	明邢慈靜撰	黔軺紀行集 1 卷	清蔣攸銛撰
黔遊記 1 卷（未見）	清陳鼎撰	黔記 4 卷（未見）	清李宗昉撰
滇行紀程摘鈔 1 卷（未見）	清許纘曾撰	黔語 2 卷	清吳振棫撰

第 三 集（詩）			
書　名	作　者	書　名	作　者
雪鴻堂詩蒐逸 3 卷附錄 1 卷補 1 卷	明謝三秀撰	碧山堂詩鈔 16 卷附錄 1 卷	清田榕撰
敝帚集 10 卷	明吳中蕃撰	瑟廬詩草 3 卷	清章永康撰
桐埜詩集 4 卷	清周起渭撰	十五弗齋詩存 1 卷附文存 1 卷	清丁寶楨撰
秋煙草堂詩稿 3 卷	清曹石撰	樹蕙背遺詩 1 卷	清鄭淑昭撰

第 四 集（詞）			
書　名	作　者	書　名	作　者
春蕪詞 3 卷	清江闓撰	琴洲詞 2 卷	清黎庶燾撰
夢硯齋詞 1 卷	清唐樹義撰	雪鴻詞 2 卷	清黎庶蕃撰
香草詞 5 卷附 5 卷附錄 1 卷	清陳鍾祥撰	枯桐閣詞 2 卷	清張鴻績撰
飣餖吟詞 1 卷	清石贊清撰	姑聽軒詞鈔 1 卷	清劉藻撰
海粟樓詞 1 卷	清章永康撰	師古堂詞 1 卷	清傅衡撰
影山詞 2 卷外集 1 卷	清莫友芝撰	夢悔樓詞 1 卷	清趙懿撰
青田山廬詞鈔 1 卷	清莫庭芝撰	牟珠詞 1 卷補遺 1 卷	民鄧潛撰
蔚煙亭詞 4 卷	清黎兆勳撰	弗堂詞 2 卷菉猗曲 1 卷庚午春詞 1 卷	民國姚華撰

第　五　集（史）			
書　　名	作　　者	書　　名	作　　者
靖夷紀事 1 卷（未見）	明高拱撰	苗疆聞見錄 1 卷	清徐家榦撰
安龍紀事 1 卷	明江之春撰	古州雜記 1 卷	清林溥撰
安龍逸史 2 卷	清屈大均撰	都濡備乘 2 卷	清楊宗瀛撰
黔囊 1 卷	清檀萃撰	平黔紀略 20 卷	清羅文彬、清王秉恩撰

第　六　集（文）			
書　　名	作　　者	書　　名	作　　者
孫山甫督學文集 4 卷附補輯雜文 1 卷	清孫應鼇撰	定齋先生猶存集 8 卷	清陳法撰
江辰六文集 9 卷	清江闓撰		

別　　集			
書　　名	作　　者	書　　名	作　　者
汗簡箋正 7 卷目錄 1 卷（上海書店本無）	清鄭珍撰	永城紀略 1 卷	明馬士英撰
唐寫本說文解字木部箋異 1 卷（上海書店本無）	清莫友芝撰	永牘 1 卷	明馬士英撰
古音類表 9 卷	清傅壽彤撰	訓真書屋詩存 1 卷文存 1 卷（*02）	清黃國瑾撰
河干問答 1 卷	清陳法撰	西笑山房詩鈔：	清于鍾岳撰
定齋河工書牘 1 卷	清陳法撰	黔南集 1 卷	
塞外紀程 1 卷	清陳法撰	正安集 1 卷	
劉貴陽遺稿：	清劉書年撰	集外詩 1 卷（一名西笑房詩鈔蒐逸）	
黔亂紀實 1 卷		于鍾岳別傳 1 卷	邢端編輯
滌濫軒詩鈔 1 卷		伯英遺稿 3 卷	清于鍾岳撰
黔行日記 1 卷			
歸程日記 1 卷			

*02：上海書店本只有詩存二卷，無文存，而且字體不同於其他的書，和《綜錄》著錄的應該不同。

《續修四庫全書提要》對此部叢書有二點批評：

1. 有非完書者

提要云：「全書分二集，首集三種，悉明清以來黔人著述。二集十種，亦明清人著述，乃彙集紀載黔南故實之書，非黔人著述，而所收亦有非完書者，如《徐霞記遊記》，僅採記黔事部分，改題曰《黔遊日記》，又《滇行紀程》等，亦摘抄其記黔事者，而名之曰《滇行記程摘抄》。」

按，編者聶樹楷跋《黔遊日記》云：「徐霞客遊記……茲采其黔游日記二卷，以瘦影山房本訂訛脫。」《滇行記程摘抄》未見。除此之外，還有非完書者，如：

《江辰六文集》，編者柴曉濂跋云：

右《江辰六文集》九卷，據莫昍所校藏原刻本編印。原刻都十八卷，一至八卷爲《政在堂文集》，九至十三卷爲《湖外集諸體詩》，十四卷爲《春蕪詞》，十五至十六卷爲《雜記》，十七卷爲《政在堂諸體文》，十八卷爲《漢沔集諸體詩》，總名曰《江辰六文集》。……茲編取一至八卷《政在堂文集》，而附以十七卷《諸體文》爲第九卷，仍名爲《江辰六文集》，從其朔也。……

《西笑山房詩鈔》，編者邢端跋云：

……復不忍沒其嘔心之文藝，爰就其手稿所遺，暨黔南、正安兩集中之有關黔事黔人者，犅加甄采，鈔之一帙，藉覘志慮之忠純，匪較詞華之工拙……

2. 採用本有疏失

提要云：「全書多用原刻，其用叢書本者，僅四五種，田雯《黔書》、張澍《續黔書》二書，原刻本頗易尋求，乃據粵雅堂本刊之，不無小疵，而《黔書》復用光緒熊氏本，及《養素堂集》等書讎校之，更覺淺陋矣。」

九、河北省

（一）《畿輔叢書》

收河北省歷代之著述。清王灝編，王灝字文泉，河北定州人。

史語所藏本前有繆荃孫序，陶湘編目及序，臺大藏本兩者皆無。

繆荃孫序云：「直隸定州王文泉郎中灝，咸豐壬子科舉人，與張文襄公同榜，曾識之文襄公座上，時在光緒初年。《畿輔叢書》之輯，文襄公與議，黃子壽年丈主蓮池講席，亦慫恿之。文泉豪富好事，在京廣購書籍，海陵陳研香年丈書盡歸之，皆鈔刻秘帙，遂延貴筑黃再同國瑾、歸安錢彥劬恂分校，開局保定，大半王棣軒方伯樹柟、胡月舫廉訪景桂主之，有采訪畿輔先哲遺書目之刻。……」可知與事者有黃國瑾、錢恂、王樹柟、胡景桂等人，先是王灝官京曹時聚書，後來為配合保定開局修《畿輔通志》，編了此部叢書。〔註9〕

陶湘序云：「直隸定州王灝文泉氏彙刻，光緒己卯（五年）開雕，刻未竟而灝卒，所以各書之序目跋記忽略忽詳，灝之題跋或無或有，校對亦未完善。丙午（三十二年）以後，北京書肆集資彙印，另刊總目，訛錯尤甚。今就書肆所彙印者，重加編訂，按四部分錄，其有彙一姓或一人所著者，另錄彙刻一類。各書之序目跋記，有則詳載，無則缺如。撰人籍里悉照原刻錄入，仍名畿輔叢書，而曰初編者，以明所刻未盡，且原刻各書首行之下，或注初編、二編，或竟不注，特以初編表出之，亦作者之本意也。」

所見本的情況如陶湘所述，如：

1. 有的有書名頁，正面分三行，分別題「光緒五年開雕」，「畿輔叢書」，「謙德堂藏版」；反面寫書名，偶題版本和校者，而且版本至多寫「傳鈔本」、「舊刻本」等。

2. 少數有王灝或與事者的跋，有的略言書的來源，如：

《群經音辨》，王灝識語云：

> ……保定府蓮池書院舊藏有影宋鈔本，足以證澤存堂張氏、粵雅堂任氏兩本之誤者凡三十餘字，……王君晉卿以是本屬余重刊行世，其顯然譌誤者則據張氏、任氏兩本一一校正之……晉卿別為校勘記（按，所見本無

〔註9〕劉尚恒《古籍叢書概說》附錄〈七十五種綜合性古籍叢書簡介〉畿輔叢書條，1989年，上海古籍出版社出版。

校勘記）附於卷後，庶讀此書者不至沿偽襲誤云爾……

《近事會元》，王灝識語云：

> 是書傳本甚稀，錢氏熙祚刊入《守山閣叢書》內，繼得萬曆舊鈔本……
> 此用錢本加考證。

《宋布衣集》三卷附《清平閣唱和詩》一卷，王灝識語云：

> ……是集為康熙乙丑柏城王益仲培所刊，今其板藏冀州書院，茲據傳
> 鈔、舊本重加校刊，凡文一卷、詩二卷，附清平閣倡和詩一卷於後……

3. 書名下有題「畿輔叢書」、「畿輔叢書編」、「畿輔叢書■編」、「畿輔叢書初編」、
「畿輔叢書二編」等。

繆荃孫在序中批評《畿輔叢書》三點：

1. 不宜刻他鄉人的注

繆氏序云：「……竊意生今之世，徵求本地名賢著述而傳播之，並全部收入，不
加刪節，實為有功先賢，嘉惠後學。第書與注均是鄉人，固宜全刻，如書係鄉人，
注則非是，宜擇無注本刻之，否則終嫌屢雜。宋人專著，郡望須加考證〔註10〕，今
《廣雅》之疏證、《春秋繁露》之注，未免喧賓奪主。……」關於這點，《續修四庫
全書提要》云：

> 查全書所收未免過於泛濫，秦漢古籍既不計及板刻之優劣，復刻他省
> 人所撰校注，如《荀子》刻謝墉校本，《春秋繁露》刻凌曙之注，《韓詩外
> 傳》刻周廷案之校注，《廣雅》刻王念孫疏證，《大戴禮》刻孔廣森補注等，
> 均未免失當。蓋流傳鄉邦著述與刻讀書者之著述不同，只計某人校注之優
> 劣而收之，殊失本旨矣。至書之本質如何，罕見與否，亦不計及，雖極通
> 行之書，亦均收入。……

李希泌〈《畿輔叢書》簡介〉〔註11〕一文有不同的意見，李氏認為：

> 這部叢書兼收古人的原著與後人對這種著述的校注與考證。如《荀子》
> 三十卷，兼收唐楊倞注，清盧文弨、謝墉校。又如宋李上交撰《近事會元》
> 五卷，兼收清錢熙祚所撰校勘記與王樹枏等所撰考證。這說明王灝在刻這

〔註10〕「宋人專著，郡望須加考證」與上下句不銜接，疑原文當作「……宜擇無注本刻之，
　　　否則終嫌屢雜，今《廣雅》之疏證、《春秋繁露》之注，未免喧賓奪主。宋人專著，
　　　郡望須加考證，李之儀實是武定人，非滄州；金伯玉武進人，宛平是其寄籍，亦覺
　　　疏於攷證……」。

〔註11〕《古籍整理出版情況簡報》第 190 期，1988 年，頁 20～21。

部叢書時，不僅注意收集古人著述，而且重視後人對這一著述的研究成果。本文以為，《續修四庫全書提要》將「流傳鄉邦著述」與「刻讀書者之著述」的不同作為收書當有的限制，等於畫地自限，未若李氏的意見較為公允。

2. 郡望考證有疏失

繆氏序云：「李之儀實是武定人，非滄州；金伯玉武進人，宛平是其寄籍，亦覺疏於攷證。」按，所收撰者無「金伯玉」，或繆氏所見與今本不同。

3. 稱讚為難得之書

繆氏序云：「惟一省之大，京輔人物之眾，刊書一百一十八部，為種二百二十二，為卷一千五百四十五，格既清朗，字少訛奪，與錢唐丁氏所刻《武林掌故叢編》、《往哲遺書》相埒，北地更為罕見矣。……」按，所見種數一百七十九種，和繆氏序所云不同，不詳何因。

此外，李希泌〈《畿輔叢書》簡介〉歸納四點《畿輔叢書》受重視的原因，一是兼收古人的原著與後人對這種著述的校注與考證；二是有缺佚者則收後人所輯佚文；三是有《四庫全書》未收者多種；四是收自著叢書五種。

史語所藏本有陶湘編的目錄，次序和臺大藏本相近而不同，是按四部分類排列。《綜錄》目次是依作者時代排，和臺北藝文印書館、石莊市河北人民出版社重刊本的次序相同。李銳清〈《中國叢書綜錄》訂補（三）〉列出十一個日本館藏，有十所目次和《綜錄》相同，只有京都大學人文科學研究所的藏本大抵以四部為序，又云《綜錄》漏列《校正孔氏大戴記補註》後的《敘記》一卷，而且靜嘉堂文庫藏本編後多出十種子目，但該文只列出八種：

《論語鄭氏注》十卷　漢鄭玄撰

《周易注》三卷　清張惠言撰

《周易乾鑿度》二卷　漢鄭玄注

《易緯辨終備》一卷　漢鄭玄注

《易緯通卦驗》二卷　漢鄭玄注

《易緯乾元序制記》一卷　漢鄭玄注

《易緯坤靈圖》一卷　漢鄭玄注

《尚書鄭注》十卷　宋王應麟撰

按，以上八種史語所和臺大藏本皆無，《校正孔氏大戴記補註》後亦無《敘記》一卷。

《畿輔叢書》子目（此採史語所藏本）

經　類		
書　　名	作　　者	備　　註
易經增註 10 卷考 1 卷	明張鏡心撰，季子張瀗輯	
韓詩外傳 10 卷補逸 1 卷附校注拾遺 1 卷	漢韓嬰撰，清周廷寀校注，補逸清趙懷玉輯，校注拾遺清周宗杬輯	
詩附記 4 卷	清翁方綱撰	
禮記附記 6 卷	清翁方綱撰	
論語附記 2 卷	清翁方綱撰	
孟子附記 2 卷	清翁方綱撰	
大學古本輯解 2 卷	清楊宣驊撰	
中庸本解 2 卷中庸提要 1 卷	清楊宣驊撰	
大戴禮記補注 13 卷序錄 1 卷	清孔廣森撰	牌記：光緒九年用孔霶軒所著書本重校刊
校正孔氏大戴禮記補注 13 卷	民國王樹枏撰	
春秋繁露 17 卷附凌注校正 17 卷	漢董仲舒撰，清凌曙注，校正清張駒賢撰	
王制管窺 1 卷	清耿極撰	
古經服緯 3 卷附釋問 1 卷	清雷鐏撰，清雷學淇釋并撰釋問	
介菴經說 10 卷補 2 卷	清雷學淇撰	
廣雅疏證 10 卷	清王念孫撰，清王引之述	
博雅音 10 卷	隋曹憲撰，清王念孫校	
群經音辨 7 卷	宋賈昌朝撰	據影宋鈔本（臨安府府學紹興九年）
重斠唐韻攷 5 卷	清紀容舒撰，清錢熙祚斠，民國錢恂重斠	
審定風雅遺音 2 卷	清史榮撰，清紀昀審定	
沈氏四聲考 2 卷	清紀昀撰	
歌麻古韻考 4 卷	清吳樹聲撰，清苗夔補注	
周秦名字解故附錄 1 卷	清王萱齡撰	

史　類		
書　　　名	作　　　者	備　　　註
明史紀事本末 80 卷	清谷應泰撰	
明書 171 卷	清傅維鱗撰	
戰國策 33 卷	漢高誘注	
世本 2 卷附考證 1 卷	漢宋衷注，清雷學淇校輯并撰考證	
汝南遺事 4 卷	元王鶚撰	
典故紀聞 18 卷	明余繼登撰	書名頁題傳鈔本
平播全書 15 卷	明李化龍撰	書名頁題原刻本
魏鄭公諫錄 5 卷	唐王方慶輯	書名頁題傳刻本
魏鄭公諫續錄 1 卷	元翟思忠輯	
李相國論事集 6 卷遺文 1 卷	唐李絳撰，唐蔣偕輯	書名頁題新校本
西使記 1 卷	元劉郁撰	
元朝名臣事略 15 卷	元蘇天爵撰	書名頁題聚珍本
認眞草 16 卷	明鹿善繼撰	
鹿忠節（善繼）公年譜 2 卷	清陳鋐撰	
黃崑圃先生（叔琳）年譜 3 卷	清顧鎮撰	
盡言集 13 卷	宋劉安世撰	書名頁題舊刻本
蘭臺奏疏 3 卷	明馬從聘撰	書名頁題舊刻本；編者跋云：馬介愍公家藏本
王少司馬奏疏 2 卷	明王家楨撰	
政學錄 5 卷	清鄭端撰	
元和郡縣圖志 40 卷（原缺卷 19、20、23、24、35、36）闕卷逸文 1 卷附攷證 34 卷	唐李吉甫撰，逸文清孫星衍輯，攷證清張駒賢撰	書名頁題岱南閣本
漢書西域傳補注 2 卷	清徐松撰	
唐兩京城坊考 5 卷	清徐松撰，清張穆校補	
臺海使槎錄 8 卷	清黃叔璥撰	書名頁題傳刻本
潞城考古錄 2 卷	清劉錫信撰	

子　類		
書　　名	作　　者	備　　註
荀子 20 卷附校勘補遺 1 卷	周荀況撰，唐楊倞注，清盧文弨補遺，清謝鏞校	
明本釋 3 卷	宋劉荀撰	
洨濱語錄 20 卷	明蔡靉撰	
朱子學歸 23 卷	清鄭端輯	
潛室劄記 2 卷	清刁包撰	
簡通錄 2 卷	清馬輝撰	書名頁題舊刻本
成周徹法演 4 卷	清何貽霈撰	
古今注 3 卷	晉崔豹撰	
人物志 3 卷	魏劉邵撰，後魏劉昞注	
劉子 10 卷	北齊劉晝撰，唐袁孝政注	
尚書故實 1 卷	唐李綽撰	
元城語錄 3 卷附行錄 1 卷	宋馬永卿撰，行錄明崔銑撰	
元城語錄解 3 卷附行錄解 1 卷	明王崇慶撰	
近事會元 5 卷附校勘記 1 卷考證 1 卷	宋李上交撰，校勘記錢熙祚撰，考證民國王樹枏等撰	
春明退朝錄 3 卷	宋宋敏求撰	
困學齋雜錄 1 卷	元鮮于樞撰	
敬齋古今黈 8 卷	元李冶撰	
樵香小記 2 卷	清何琇撰	
郝雪海先生筆記 3 卷	清郝浴撰	
姑溪題跋 2 卷	宋李之儀撰	
古今律歷考 72 卷	明邢雲路撰	
戊申立春考證 1 卷	明邢雲路撰	
乾坤大略 10 卷補遺 1 卷	清王餘佑撰	書名頁題新校傳鈔本
鄉約 1 卷	明尹畊撰	
塞語 1 卷	明尹畊撰	書名頁題舊刻本
車營百八叩 1 卷	明孫承宗撰	

子　　類		
書　　　名	作　　者	備　　註
觀心約 1 卷	明鄒森撰	書名頁題傳鈔本
朝野僉載 1 卷	唐張鷟撰	
封氏聞見記 10 卷	唐封演撰	
廣陽雜記 5 卷	清劉獻廷撰	
文字蒙求 3 卷	後晉李瀚撰	
歷代諱名考 1 卷	清劉錫信撰	

集　　類		
書　　　名	作　　者	備　　註
董子文集 1 卷	漢董仲舒撰	
高令公集 1 卷	後魏高允撰	
魏鄭公文集 3 卷詩集 1 卷	唐魏徵撰	書名頁題新輯本
盧昇之集 7 卷	唐盧照鄰撰	
高常侍集 2 卷	唐高適撰	
劉隨州集 11 卷	唐劉長卿撰	
盧仝集 3 卷	唐盧仝撰	
劉賓客文集 30 卷補遺 1 卷	唐劉禹錫撰	
李元賓文集 6 卷	唐李觀撰	
長江集 10 卷閬仙詩附集 1 卷	唐賈島撰	
李衛公會昌一品集 20 卷別集 10 卷外集 4 卷補遺 1 卷	唐李德裕撰	
忠肅集 20 卷	宋劉摯撰	書名頁題聚珍本
學易集 8 卷	宋劉跂撰	書名頁題聚珍本
李忠愍公集 1 卷	宋李若水撰	
閑閑老人滏水文集 20 卷補遺 1 卷附 1 卷	金趙秉文撰，附金元好問撰	
滹南遺老集 45 卷詩集 1 卷續編詩集 1 卷	金王若虛撰	
靜修先生文集 12 卷	元劉因撰	書名頁題新校本
安默庵先生文集 5 卷附錄 1 卷	元安熙撰	書名頁題傳鈔本

集　　類		
書　　名	作　　者	備　　註
金忠潔集 6 卷	明金鉉撰	書名頁題校訂傳鈔本
附金忠潔年譜 1 卷	明金鏡撰	
楊忠愍公集 2 卷	明楊繼盛撰	
東田文集 3 卷詩集 3 卷	明馬中錫撰	
花王閣賸稿 1 卷	明紀坤撰	
味檗齋文集 15 卷	明趙南星撰	書名頁題新校本
范文忠公文集 10 卷	明范景文撰	
宋布衣集 3 卷	明宋登春撰	
附清平閣唱和詩 1 卷	明宋登春等撰	
史忠正公集 4 卷首 1 卷附錄 1 卷	明史可法撰	書名頁題史氏家刻本
魏文毅公奏議 3 卷（*01）	清魏裔介撰	
兼濟堂集 9 卷（卷 4 至 12）	清魏裔介撰	
瓊琚佩語 1 卷	清魏裔介撰	
魏貞庵先生（裔介）年譜 1 卷	清魏荔彤撰	
寒松堂集 10 卷詩集 3 卷	清魏象樞撰	
魏敏果公（象樞）年譜 1 卷	清魏象樞述，清魏學誠等錄	
居業堂文集 20 卷	清王源撰	書名頁題舊刻本
陳學士文集 15 卷	清陳儀撰	
笥河文集 16 卷首 1 卷	清朱筠撰	書名頁題原刻本
知足齋文集 6 卷進呈文稿 2 卷	清朱珪撰	書名頁題原刻本
瓶水齋詩集 17 卷別集 2 卷	清舒位撰	
萬善花室文稿 7 卷	清方履籛撰	
留耕堂詩集 1 卷	清殷岳撰	
積書巖詩集 1 卷	清劉逢源撰	
柿葉庵詩選 1 卷	清張蓋撰	
玉暉堂詩集 5 卷	清趙湛撰	
玉臺新詠考異 10 卷	清紀容舒撰	

*01：《魏文毅公奏議》，編者識語云：「右《奏議》三卷，《兼濟文集》本也。」按，《兼濟文集》共十二卷，此《奏議》為其第一至三卷，後刻《兼濟文集》九卷，乃第四至十二卷。

彙　刻　類		
書　　　名	作　　者	備　　註
永年申氏遺書：	清申居鄖輯	
申端愍公文集 2 卷首 1 卷末 1 卷	明申佳胤撰	
申端愍公詩集 8 卷	明申佳胤撰	
聰山詩選 8 卷	清申涵光撰	
聰山集 3 卷	清申涵光撰	
荊園小語 1 卷	清申涵光撰	
荊園進語 1 卷	清申涵光撰	
申鳧盟先生（涵光）年譜 1 卷	清申涵煜、清申涵盼撰	
通鑑評語 5 卷	清申涵煜撰	
省心短語 1 卷	清申涵煜撰	
忠裕堂集 1 卷	清申涵盼撰	
耐俗軒新樂府 1 卷	清申遁撰	
西巖贅語 1 卷	清申居鄖撰	
申氏拾遺集 2 卷	清申居鄖輯	
顏習齋遺書：	清顏元撰	
顏習齋先生年譜 2 卷	清李塨撰	
顏習齋先生言行錄 2 卷闕異錄 2 卷	清鍾錂輯	
習齋記餘 10 卷		
四存編 11 卷		
李恕谷遺書：	清李塨撰	
聖經學規纂 2 卷		
論學 2 卷		
小學稽業 5 卷		
大學辨業 4 卷		
學禮 5 卷		
學射錄 2 卷		
閱史郛視 4 卷續 1 卷		
擬太平策 7 卷		
評乙古文 1 卷		
恕谷後集 13 卷		
平書訂 14 卷		
李恕谷先生年譜 5 卷（無目有書）	清馮辰撰	

彙　刻　類		
書　　　名	作　　　者	備　　　註
孫夏峰遺書：	清孫奇逢撰	
夏峰先生集 14 卷		
語錄 2 卷		
答問 2 卷		
孝友堂家規 1 卷		
孝友堂家訓 1 卷		
孫夏峰先生年譜 2 卷	清湯斌等撰	
尹健餘遺書：	清尹會一撰	
尹少宰奏議 10 卷		
健餘先生文集 10 卷		
四鑑錄 16 卷		君臣士女四鑑，各有書名頁，題舊刻本
呂語集粹 4 卷		書名頁題舊刻本
健餘劄記 4 卷		
健餘先生讀書筆記 6 卷	清苑琯輯錄	書名頁題舊刻本
健餘先生撫豫條教 4 卷	清張受長輯	書名頁題舊刻本
健餘先生尺牘 4 卷		書名頁題傳鈔本
尹健餘先生（會一）年譜 3 卷	清呂熾撰	書名頁題舊刻本
崔東壁遺書：	清崔述撰	
考信錄提要 2 卷		
補上古考信錄 2 卷		
唐虞考信錄 4 卷		
夏考信錄 2 卷		
商考信錄 2 卷		
豐鎬考信錄 8 卷		
豐鎬考信別錄 3 卷		
洙泗考信錄 4 卷		
洙泗考信餘錄 3 卷		
孟子事實錄 2 卷		
考信附錄 2 卷		
考古續說 2 卷		
讀風偶識 4 卷		
五服異同彙考 3 卷		

附：藝文印書館重刊整理說明

書　　名	說　　明
荀子 （畿輔覆刻抱經堂叢書本）	古逸叢書及抱經堂叢書均有。古逸景刻南宋臺州本，抱經據北宋呂夏卿本，經盧文弨校勘，然校以古逸本，仍多遺漏。
春秋繁露	漢魏叢書、抱經堂叢書、古經解彙函、聚珍版叢書、兩京遺編皆有，以畿輔本校勘最精。
韓詩外傳	古經解彙函、學津討原、漢魏叢書及津逮秘書均有，畿輔本校勘最精。
廣雅疏證	漢魏叢書、五雅全書及小學彙函均有，畿輔本爲王氏疏證，校刻最精。
博雅音	五雅全書亦有。畿輔係王念孫校本。
戰國策	雅雨堂藏書、士禮居叢書均有，士禮居本校刻最精。
李元賓文集	粵雅堂叢書亦有，畿輔本取粵雅本校訂。
群經音辨	粵雅堂叢書、鐵華館叢書均有，畿輔本兼有各本之長。
明本釋	聚珍版叢書在前。
元城語錄附行錄	惜陰軒叢書及小萬卷樓叢書均有，惜陰本體例最善。
元城語錄解附行錄解	惜陰軒叢書及小萬卷樓叢書均有，惜陰本體例最善。
近事會元	守山閣叢書亦有，畿輔本有考證。
春明退朝錄	百川學海、學津討原、歷代小史、唐宋叢書及學海類編均有，百川宋本。
忠肅集	聚珍版叢書在前。
學易集	聚珍版叢書在前。
姑溪題跋	津逮秘書亦有，案此書自姑溪居士文集摘抄而成，粵雅堂叢書收入文集已印。
敬齋古今黈	海山仙館叢書及聚珍版叢書均有，海山、畿輔均據聚珍版叢書。
西使記	古今說海、歷代小史、學海類編、學津討原均有，學津本校刻精審。
元朝名臣事略	聚珍版叢書在前。
汝南遺事	指海在前。
困學齋雜錄	據知不足齋叢書。
戊申立春考證	寶顏堂秘笈在前。
楊忠愍公集	正誼堂叢書亦有，文字有出入，畿輔本較多。
荆園進語	澤古堂叢鈔、借月山房彙鈔亦有，畿輔本多序文。
重斠唐韻攷	守山閣叢書亦有，畿輔彙刊錢氏校訂。

書　　　名	說　　　明
漢書西域傳補注	史學叢書、武訓堂叢書、指海均有，指海最先。
唐兩京城坊考	連筠簃叢書為最初刻本。
廣陽雜記	功順堂叢書亦有，在前。
樵香小記	守山閣叢書亦有，畿輔較佳。
荊園小語	借月山房彙鈔亦有，畿輔本多序文。

（二）《屏盧叢刻》

收天津一地清人之著述，金鉞編，河北天津人。

有目錄，下有版本項。收書十五種，九種有跋，敘述書之內容或來源。

金鉞在目錄後記其緣起，云天津修志局徵集鄉先輩著作，積之數稔，羅致甚多，有手抄、傳鈔、舊刻、殘編等數百種，擔心修志完成，書即散去，故與王仁安、高彤階、張君壽等人擇取雜著，編成《屏盧叢刻》，凡十五種、二十四卷。其中有金鉞族人著作兩種，一為祖父金玉岡作的《天臺雁蕩紀游》，一為先世金剛所作，後人所輯、金鉞重輯的《表忠錄》。

《屏盧叢刻》子目

書　　　名	作　　　者	總目記所據本
詩禮堂雜纂 2 卷	清王又樸撰	原刻本
介山自定年譜 1 卷	清王又樸撰	原刻本
蓮坡詩話 3 卷	清查為仁撰	原刻本
銅鼓書堂詞話 1 卷	清查禮撰	錄自銅鼓書堂遺稿
畫梅題記 1 卷	清查禮撰	錄自銅鼓書堂遺稿
書法偶集 1 卷	清陳玠撰	張壽鈔本
南宗抉秘 1 卷	清華琳撰	傳鈔本
天臺雁蕩紀游 1 卷	清金玉岡撰	張壽鈔本
慤思錄 1 卷	清欒立本撰	原刻本
竈嫗解 1 卷	清沈峻撰	原刻本
篷窗附錄 2 卷	清沈兆澐撰	原刻本
吟齋筆存 3 卷	清梅成棟撰	舊鈔殘本
耄學齋晬語 1 卷	清楊光儀撰	張壽鈔本
古泉叢攷 4 卷（一名藏雲閣識小錄）	清徐士鑾輯	張壽校錄本
金剛愍公表忠錄 1 卷	清金頤增輯，民國金鉞重輯	

十、山東省

《習盦叢刊》

此書又名《濰縣文獻叢刊》，收濰縣一地之著述，丁錫田編。

《習盦叢刊》子目

第　一　輯		第　二　輯	
二孔先生文鈔：		旭齋文鈔 1 卷	民國宋書升撰
經之文鈔 1 卷	清孔憲庚撰	訪碑拓碑筆札 1 卷	清陳介祺撰
繡山文鈔 1 卷	清孔憲彝撰	第　三　輯	
北史論略 1 卷	清王筠撰	白狼河上集 1 卷	清王洵輯
		濰縣竹枝詞自註 2 卷	清郭麐撰
		濰縣宏福寺造像碑考 1 卷	清郭麐撰

本叢書有第一輯子目不同的問題，討論如下：

張宗茹《〈中國叢書綜錄〉訂誤》〔註12〕「正名與異名收書不一」條下云：

> 《習盦叢刊》（一名《濰縣文獻叢刊》）丁錫田輯民國濰縣丁氏排印本
>
> 按，《補正》（陽海清《中國叢書綜錄補正》）只在叢書異名表中列出。
>
> 今檢原書：《習盦叢刊》第一輯子目同《綜錄》所載，書名頁、版心下皆題"習盦叢刊"。
>
> 而《濰縣文獻叢刊》丁錫田輯 1932－1936 年濰縣和記印刷局排印本，第一輯子目：《全濰紀略》、《濰縣全城記》、《濰縣竹枝詞》、《濰縣紀事詩》。第二、三輯子目同《綜錄》。是書有完整的三輯內容，且封面題簽、卷端均題"濰縣文獻叢刊"。《綜錄》誤將前者第一輯子目與後者第二、三輯子目混爲一談，且又漏後者第一輯子目。正、異書名收書不一的情況較少出現，似爲輯印時間不同所致。

陽海清《中國叢書廣錄》上冊 236 頁，地方類 2002《濰縣文獻叢刊》所列子目的第一輯只有三種：

《全濰紀略》一卷　清周亮工撰

《濰縣竹枝詞》一卷　清鄭燮撰

《濰陽紀事詩三十首》一卷　□

陽海清按語云：「此與《綜錄》所收之第二、三輯全同，唯第一輯不同。」

此部叢書，史語所有藏本，子目和《綜錄》所載相同，第一輯書名題「習盫叢刊」，第二、三輯書名題「濰縣文獻叢刊」，有牌記：「濰縣和記印刷局印」，但第二輯版心下題「濰縣文獻叢刊」，第三輯版心下題「習盫叢刊」。

據以上資料發現有三點：

1. 張宗茹言所見《濰縣文獻叢刊》三輯的封面題簽和卷端皆題「濰縣文獻叢刊」。

2. 史語所第一輯有丁錫田民國 25 年跋，第二輯書名頁題民國 22 年，第一輯編刊時間爲何反在第二輯之後？

3. 《白狼河上集》丁錫田識語云：「是書與周令（元亮）所爲《通燼詩刻》、《全城紀略》皆爲清代禁書目錄所不載，然三書實吾濰保族禦侮之血史。二書予曾借高翰先生家藏本重印行世，惟是書求之二十餘年，僅得郭氏詮次本，刪節太甚，難窺一斑。去多高香嚴兄復以翰生先生家本見示，三百年來孤本僅存……。」按，丁氏識語說曾將《通燼詩刻》、《全城紀略》兩本重印行世，其中《全城紀略》可能是《濰縣文獻叢刊》第一輯子目之《全濰紀略》，但無法確定當時是單行或是編入叢書。

依據以上三點，推測可能丁錫田原擬收集濰縣文獻，故有《濰縣文獻叢刊》三輯，原子目即爲張宗茹和陽海清所見，版心標「習盫叢刊」，當是書齋名，後來又改以他書爲第一輯，題爲《習盫叢刊》，故第一輯編刊較第二輯晚，也無第二、三輯皆有的「濰縣和記印刷局印」牌記。

第一輯的《北史論略》後有陳蜚聲跋，其跋云：「蜚聲家舊藏王荪友先生所著《十六國史略》一冊，……丁生稼民見而愛之，以有關於鄉邦文獻也。遂慫恿其編訂先後，錄爲副本，出貲印行，以嘉惠後學云。」又《旭齋文鈔》卷末有陳蜚聲所撰的行狀，可知陳蜚聲有參與其事。

史語所藏本所收書或有跋，敘述編刊緣起或書的內容，版本不詳，但可知爲罕見之本，例如《旭齋文鈔》丁錫田後跋云：「吾邑宋晉先生……遺稿率多焚毀，以日照王君獻唐收其餘燼之。濟南圖書館擬爲次第刊行，時予有海岱文徵之輯，獻唐以所得文稿見示曰：『曷不先爲印之』，予曰：『諾』。因取舊所輯及假錄於郭蔭庭天民叔姪者，彙爲一編，計五十餘首。」

十一、河南省

《三怡堂叢書》

收河南省歷代之著述。民國張鳳臺官河南首揆時編，鳳臺字鳴岐，河南安陽人。

《綜錄》收十七種，史語所藏本十六種，少《紫山大全集》一種，牌記作「河南官書局」。文哲所北京中國書店重印本十九種，重印說明：「《三怡堂叢書》，清代張鳳臺輯刻。原刻版藏於河南省圖書館。當時張氏輯刻此書，隨刻印隨發行，向無總目，故各家藏本種數多寡不一，叢書總錄（按，《中國叢書綜錄》）所收也僅十七種。中國書店經多方搜集，修補整理原版，共得十九種，可算是當前最完整的版本。現重新印刷出版，為讀者提供一部有一定價值的文史資料。」其中有的牌記改成「河南省立圖書館重刊」。

十九種中只五種有序，多言編刊緣起和作者生平等。關於內容，《續修四庫全書提要》云：「……若明李濂《汴京遺蹟志》，僅有四庫本。鄭廉《豫變紀略》，以記明季闖寇犯汴史事，為清乾隆煨焚之書，向無刻本。孟有涯、王祖嫡均為明代碩儒，原書罕傳。張氏輯為一編以廣其傳，其意甚盛。……張氏所刻之書，搜輯雖未備，若王祖嫡《師竹堂集》，尚非據足本，然因張氏之書而賡繼其志，流傳舊籍，提倡學術，此亦教育當局之責也。」

目次三種都不同，史語所《輶軒博紀續編》為第六部，據邵松年敘：「……辛酉之冬，信陽劉生海涵以修河南通志奉省長張鳴岐先生命，至江南甄訪中州先賢遺籍，知吾有此續編，迂道訪予于虞，予乃以手寫本暨《皇華周咨》一卷授之。今聞省長籌辦于首，予又安能無一言哉？……」可知當以此為第一部。

《三怡堂叢書》子目（此依北京中國書店本）

書　　名	作　　者	書　　名	作　　者
輶軒博紀續編 4 卷	民國邵松年撰	玉楮集 8 卷附錄 1 卷	宋岳珂撰
豫變紀略 8 卷	清鄭廉撰	圭塘小稿 13 卷別集 2 卷附錄 1 卷續集 1 卷附錄 1 卷	元許有壬撰
如夢錄 1 卷	明□	孟有涯集 17 卷	明孟洋撰
黃谷讔談 4 卷（*01）	明李蓘撰	過菴遺稿 8 卷	明陳卜撰

*01：《黃谷讔談》和《妙遠堂詩鈔》二書的書名頁不題「三怡堂叢書」，而題「南陽先民集」，又《黃谷讔談》牌記作「己巳秋九月陶然齋開雕」，為同治八年本，《妙遠堂詩鈔》牌記作「庚午冬十月陶然齋開雕」，為同治九年本，皆有張嘉謀跋，當是直接採錄。

書　　　名	作　　者	書　　　名	作　　者
東京夢華錄 10 卷	宋孟元老撰	天根文鈔 4 卷文法 1 卷續集 1 卷詩鈔 2 卷	清何家琪撰
李子田詩集 2 卷	明李蓘撰	菱谿詩集 4 卷（只見重刊本）	明何彝光撰
汴京遺蹟志 24 卷	明李濂撰	妙遠堂詩鈔 5 卷（只見重刊本）	明馬之駿撰
石魚齋詩選 2 卷	清李維世撰	師竹堂集 30 卷（*02）	明王祖嫡撰
岳起齋詩存 2 卷	清吳振周撰	紫山大全集 26 卷（只見重刊本）	元胡祇遹撰
汴宋竹枝詞 2 卷	清李于潢撰		

*02：龍潭精舍本。中國書店本《師竹堂集》後有一冊，內容是 1.《王師竹先生年譜》劉海涵編訂，《王師竹先生年譜附錄》劉海涵編輯；2.《報慶紀行》，信陽王祖嫡胤昌著。又一冊，爲《龍潭精舍叢刻》之三——《師竹堂尺牘》。二冊的內容皆爲《綜錄》所漏列，陽海清《中國叢書綜錄補正》已補列。張鳳臺〈重刻《師竹堂集》序〉云：「……查胤昌原書三十七卷，其子延世萬曆刊本內《尺牘》五卷、《報慶紀行》一卷，係怡宣（劉海涵）前刻本，茲去楹聯一卷，雖定三十卷，而《尺牘》、《紀行》仍附行卷後，並益以怡宣所編年譜、附錄以廣流傳，怡宣更出胤昌遺像摹鐫卷首，庶讀是書者瞻仰風裁而情殷嚮往，於知人論世亦不無小補云。……」按，史語所藏本無尺牘、紀行、年譜，亦無遺像。

十二、山西省

《山右叢書初編》

收山西省歷代之著述，山西省文獻委員會編。

叢書前有總目及山西省文獻委員會編校姓氏，無版本資料，每書皆無序跋。新文豐出版公司《叢書集成續編提要》敘其編刊緣起云：「……民國初年，閻錫山任山西省政府主席，籌組本省文獻委員會，編山右叢書，自任總裁，賈景德等為委員，常乃惠、方聞等為編纂，選編自唐至清山西名著作，彙而排印……」

關於出版和流傳，山西人民出版社重印出版說明〔註13〕云：「出版後，正值『七七事變』，續編工作半途而廢、未竟即終。所印之書亦未及向海內發行，存之既寥寥，流傳又極少，許多圖書館、資料室只有《中國叢書綜錄》（一）所列書目，洵為絕版，行世甚希。或舊為禁書，搜求不易；或領異標新，不被留意，實學術研究之憾事。為了向海內各圖書館、資料室和從事古籍整理研究、古代文化研究人員提供資料，依《中國叢書綜錄》（一）所列書目順序編排，影印梓行。」

《山右叢書初編》子目

書　　　名	作　　者	書　　　名	作　　者
周易史證 4 卷	清彭作邦撰	南遊記 1 卷	清孫嘉淦撰
附易傳偶解 1 卷	清彭作邦撰	從戎始末 1 卷兵燹瑣記 1 卷	明張道濬撰
論語贅言 2 卷	清宋在詩撰	西陲要略 4 卷	清祁韻士撰
讀孟子劄記 1 卷	清崔紀撰	附西陲竹枝詞 1 卷	清祁韻士撰
四書說 6 卷	明辛全撰	綠溪語 2 卷	清靳榮藩撰
緯攟 14 卷	清喬松年輯	聞見瓣香錄 10	清秦武域撰
萬卷精華樓藏書記 146 卷	清耿文光撰	附西湖雜詠 1 卷	清秦武域撰
大唐創業起居注 3 卷	唐溫大雅撰	蘿藦亭札記 8 卷	清喬松年撰
萬里行程記 1 卷	清祁韻士撰	尚書攷辨 4 卷	清宋鑒撰
附濛池行稿 1 卷	清祁韻士撰	朞齋文集 8 卷詩集 4 卷	清張穆撰
附鶴皋年譜 1 卷	清祁韻士撰	附石州（張穆）年譜 1 卷	清張繼文撰

〔註13〕山西人民出版社 1986 年出版。

書　　　　名	作　　者	書　　　　名	作　　者
西北之文 12 卷（原缺卷 12）	清畢振姬撰	兩漢幽并涼三州今地考略 1 卷	
續尤西堂擬明史樂府 1 卷	清張晉撰，清楊履道注	漢志沿邊十郡考略 1 卷	
梅崖文鈔 1 卷	清郭兆麟撰	常評事集 4 卷	明常倫撰
附梅崖詩話 1 卷	清郭兆麟撰	附常評事寫情集 2 卷	明常倫撰
顧齋遺集 2 卷	清王軒撰	莊靖先生遺集 10 卷	金李俊民撰
附顧齋簡譜 1 卷	民國楊恩灝撰	王石和文 9 卷	清王琦撰
泊水齋文鈔 3 卷詩鈔 5 卷	明張慎言撰	老生常談 1 卷	清延君壽撰
文潞公文集 40 卷	宋文彥博撰	鹺藉室詩草 1 卷	清馮婉琳撰
自課堂文 1 卷詩餘 1 卷詩選 1 卷	清程康莊撰	西臺集 20 卷	宋畢仲游撰
松龕全集 10 卷： 　奏疏 2 卷 　文集 4 卷詩集 2 卷	清徐繼畬撰		

十三、陝西省

（一）《關隴叢書》

收陝西省歷代之著述。民國張鵬一編，鵬一字扶萬，陝西人。

臺灣未見，不知有無總目、總序。史語所藏本僅有其中的《北地傅氏遺書》，另有兩種，《綜錄》無之，不確定是不是原屬《關隴叢書》，暫存疑：

1. 《太史公年譜附太史公祠墓文錄并圖》，牌記：癸酉初□（按，□無法辨識）在山學堂刊，張鵬一著。

2. 《魏略》輯本二十五卷首一卷，作者魚豢是京兆人，書前有張鵬一甲子序，與《關隴叢書》所收書書序的寫作時間相近，而且同樣有「陝西文獻徵輯處刊」的牌記。張氏序云：「……今輯爲《魏略》二十五卷，雖斷簡殘編，未副劉昫、薛居正舊諸史，而遺文要證、承祚國志，缺載良多，彙采成書，足資攷鏡，比之北江君謨諸補志，儻亦求乙部者之所不廢乎？寫稿竟，太倉李君惠農助我校正，再更歲序，或有未是，敬俟來哲。」

此叢書每書前有序、傳，多爲補輯之書，序說明補輯情形，卷末多題「郭毓璋校」，可知郭毓璋助之。

《關隴叢書》子目

書　名	作　者	書　名	作　者
扶風班氏佚書 3 卷：	民國張鵬一輯	摯太常遺書 3 卷：	晉摯虞撰，民國張鵬一輯
叔皮集 1 卷	漢班彪撰	摯太常文集 1 卷	
蘭臺集 1 卷	漢班固撰	決疑要注 1 卷	
曹大家集 1 卷	漢班昭撰	文章流別志論 1 卷	
北地傅氏遺書 6 卷（*01）：	民國張鵬一輯	馮曲陽集 1 卷	漢馮衍撰，民國張鵬一校補
三傅集 1 卷補 1 卷	漢傅幹，魏傅巽，魏傅嘏撰	傅司馬集 1 卷	漢傅毅撰，民國張鵬一輯
傅子 1 卷方本傅子校勘記 1 卷（*02）	晉傅玄撰	趙計吏集 1 卷	漢趙壹撰，民國張鵬一輯
傅子校補 1 卷	晉傅玄撰	趙太常集 1 卷	漢趙岐撰，民國張鵬一輯
鶡觚集 2 卷	晉傅玄撰	蘭泉老人遺集 1 卷	金張建撰，民國張鵬一輯
中丞集 1 卷	晉傅咸撰	楊晦叟遺集 1 卷	金楊庭秀撰

*01：史語所藏《北地傅氏遺書》的總目，爲卷一《三傅集》，卷二《傅子》，卷三《傅子校補》，卷四《鶡觚集》，卷五《中丞集》，卷六《晉諸公敘贊》，卷六下有「續出」二字，即當時未刻。

*02：上海書店本後有方氏校勘記和郭毓璋跋，史語所藏本無之。

（二）《關中叢書》

收陝西省歷代之著述。宋聯奎編，聯奎，陝西西安人。

叢書前有宋聯奎序，例言九條。宋氏序云陝西省政府主席邵力子為振興文化，請宋聯奎主持編纂，與事者有蒲城王健、江寧吳廷錫、渭南武澍善、興平馮光裕、南鄭林朝元、三原晁秋舫等，同為編校。〔註14〕每書後有跋，跋的內容據其例言第五條說：「……此編於著書顛末、稿本淵源，或得諸故紙，或求諸遠方，以及訂證苦心、選擇用意，皆為綴書卷尾，一如前人之例。原本閒有舊跋亦並存之，冀仍廬山眞面。」可知具有參考價值。

書跋多說明所採的版本，其中有叢書本、原刊本、鈔本等。編者很注重校正，據例言第四條云：「坊肆盛行、卷帙太繁之類，俱從略。所輯諸書，或僅鈔本，或刻本而板佚，或雖多刻本，而譌誤脫漏，亟須校正，皆得入集。至於校讎，則廣求善本參互考訂以求一，當風葉几塵，未必淨盡，識者鑒焉。」但《續修四庫全書提要》云：「……惜關中書籍缺少，所據原刻多不甚佳，如《西京雜誌》所據正覺樓本，不知《正覺樓叢書》源出《抱經堂叢書》，校者不知，尚考較其校者何人而為設疑之語，則未免太陋矣。」可知仍有不足之處。

蘭州古籍書店1990年《中國西北文獻叢書》據民國23年至25年陝西通志館排印本重印《關中叢書》，子目與《綜錄》相同，但只分七集，次序也略異。其他所見本則同於《綜錄》。

《關中叢書》子目（據《綜錄》）

第　一　集		
書　　名	作　　者	跋云所據本
孟子14卷	漢趙岐注	微波榭叢書本
三輔決錄2卷	漢趙岐撰，晉摯虞注，清張澍輯	
西京雜記2卷	漢劉歆（一題晉葛洪）撰	正覺樓叢書本
三輔黃圖2卷	漢□	寶顏堂秘笈本
十三州志1卷	後魏闞駰撰，清張澍輯	
鄉約1卷鄉儀1卷	宋呂太忠撰	
陝西南山谷口考1卷	清毛鳳枝撰	
周禮政要4卷	清孫詒讓撰	

〔註14〕宋聯奎原序云與事者有蒲城王卓亭，江寧吳子敬，渭南武念堂，興平馮孝伯，南鄭林捷三，三原晁秋舫，此據《續修四庫全書提要》列明原名。

第　二　集		
書　　　名	作　　　者	跋云所據本
白虎通義 4 卷附白虎通考 1 卷附校勘 4 卷	漢班固撰，白虎通考莊述祖輯，校勘記清孫星華撰	
考工記 2 卷	唐杜牧注	琳琅祕室刊本
匡謬正俗 8 卷	唐顏師古撰	雅雨堂叢書本
眞珠船 8 卷	明胡侍撰	寶顏堂秘笈本
河套圖考 1 卷	清楊江撰	原刊本
聽園西疆雜述詩 4 卷	清蕭雄撰	元和江氏叢書本

第　三　集		
書　　　名	作　　　者	跋云所據本
顏氏家訓 2 卷	北齊顏之推撰	明萬曆刊本
雍錄 10 卷	宋程大昌撰	明嘉靖刊本
雞山語要 2 卷（*01）	明張舜典撰	鈔本
歲寒集 1 卷	明焦之夏撰	鈔本
莘野先生遺書 2 卷首 1 卷年譜	清康乃心撰，年譜清康緯撰	鈔本
華山經 1 卷	清東蔭商撰	
秋窗隨筆 1 卷	清馬位撰	
豐川雜著 1 卷 3 種（*02）	清王心敬撰	
修齊直指評 1 卷（*03）	清劉光蕢撰	
三省山內風土雜識 1 卷	清嚴如煜撰	問影樓叢書本

*01：《雞山語要》，編者跋云原本爲《致曲言》、《明德集》二種，後經李顒訂正，改題「雞山語要」。前有許孫荃和李顒序，已明言之。

*02：《豐川雜著》，編者跋云：「右《豐川雜著》一卷，鄠縣王爾緝先生撰，內分區田法、荒政考、四禮寧儉編凡三種。……茲就曾中丞望顏刻本摘錄先生區田法，並取《豐川集》中荒政各條合爲一卷，以四禮寧儉編附焉……」

*03：《修齊直指》爲清楊峒所著。

第 四 集		
書　名	作　者	跋云所據本
摯太常遺書 3 卷： 　摯太常文集 1 卷 　決疑要注 1 卷 　文章流別志論 1 卷附文章志	晉摯虞撰，民國張鵬一輯	
游城南記 1 卷	宋張禮撰	藕香零拾本
太華太白紀游略 1 卷	清趙嘉肇撰	
思菴野錄 3 卷	明薛敬之撰	
古今韻考 4 卷附記 1 卷	清李因篤撰，附記清楊傳第撰	
新疆建置志 4 卷	清宋伯魯撰	
陝境漢江流域貿易稽核表 2 卷	清仇繼恆撰	

第 五 集		
書　名	作　者	跋云所據本
廣成先生玉函經 3 卷	前蜀杜光庭撰	
韓翰林集 3 卷補遺 1 卷	唐韓偓撰，清吳汝綸評注	
香奩集 3 卷	唐韓偓撰	
忠愍公詩集 3 卷	宋寇準撰	
華原風土詞一卷	清顧曾烜撰	
附郡陽雜詠 1 卷	清顧曾烜撰，清黨濃注	
關中三李年譜 8 卷（李顒，李柏，李因篤）	清吳懷清撰	

第 六 集		
書　名	作　者	跋云所據本
竇氏聯珠集 1 卷	唐褚藏言輯	
古今事物考 8 卷	明王三聘撰	
豳風廣義 3 卷	清楊屾撰	
關中水利議 1 卷	清張鵬飛撰	
續漢書郡國志釋略 1 卷	清毛昌傑撰	
尚書微 1 卷	清劉光蕡撰	
立政臆解 1 卷學記臆解 1 卷	清劉光蕡撰	
陝甘味經書院志 1 卷	清劉光蕡撰	

第　　七　　集		
書　　名	作　　者	跋云所據本
秦邊紀略 6 卷	清□	
楚辭新注 8 卷	清屈復撰	
河濱遺書鈔 6 卷	清李楷撰，族孫李時齋選輯	
漢詩音註 10 卷	清李因篤撰，附記清楊傳第撰	

第　　八　　集		
書　　名	作　　者	跋云所據本
不二歌集 2 卷	明張春撰	
關中勝蹟圖志 30 卷	清畢沅撰	畢氏家刻本（即靈巖山館本）
春冰室野乘 3 卷	清李岳瑞撰	

十四、遼寧、吉林、黑龍江三省

《遼海叢書》

金毓黻編。毓黻字靜庵，遼寧遼陽人。

劉發〈遼海叢書述略〉〔註15〕云：「1930 年春，東北史學家金毓黻氏，邀集同人組織東北學社，並制定編刊計劃：一為出刊《東北叢鐫》，一為編輯《東北叢書》。是時對後者已寫定例目，開始搜求群籍，著手校選。不幸遭際"九一八"事變，同仁星散，叢書編輯幾于夭折。金氏堅志不移，獨立繼續其事，……。當叢書付印之際，東北已淪于日寇，如用"東北"之名，非只為招禁之端，或且為罹禍之由，經再三斟酌，遂改名為『遼海叢書』」由此可知這部叢書編刊的波折。

前有緣起、凡例六條和總目提要。總目提要簡述作者字號、籍貫、著作和所據本等。據其序所言，收入範圍包括專著、雜志、文徵和存目四例，已於第一章談論，此不再重複。查叢書內並無存目，但金毓黻有《遼東文獻徵略》、《遼海書徵》、《東北文獻拾零》等書單行。

叢書共分十集，每一集前面有總目，下列版本，所收有傳鈔本、稿本、活字本、叢書本、原刊本、輯本等，可見其存佚及蒐輯之功，其中《黃華集》、《李鐵君文鈔》、《瑤峰集》、《大元大一統志》殘本是輯本。所收書僅十二種有金毓黻敘，另《渤海國紀》、《含中集》二種有金氏校錄，內容為書的淵源流傳，各版本差異及錯誤等。

叢書例言第三條云：「本編所取諸本頗費營慮，如楊大瓢《柳邊紀略》有三種刊本，以收入《仰視千七百二十九鶴叢書》之五卷本為最足，一也。高江村扈從《東巡日錄》有兩種刊本，以刊入《江村全集》者為最足，二也。本編所悉為足本，類此之籍，不一而足，姑舉二例以概其餘。」又第四條云：「本編付印次第不無緩急先後之分，其為家藏稿本及傳鈔本而向未付印者在所宜先，其書雖已付印而久經絕版者次之，其見在雖有傳本而非本編所能遺者又次之，至於流傳甚廣不虞散佚之作，則暫不收入，載籍至夥，資力有限，不能悉印，勢使然也。」根據以上例言，可知編者力求足本和流傳罕見者。

〔註15〕《古籍整理出版情況簡報》1986 年第六期，頁 15～21。

《遼海叢書》子目

第　一　集		
書　　名	作　　者	總目記所據本
遼小史 1 卷	明楊循吉撰	傳鈔本
金小史 8 卷	明楊循吉撰	傳抄本
遼方鎮年表 1 卷	民國吳廷燮撰	稿本
金方鎮年表 2 卷	民國吳廷燮撰	稿本
渤海國記 3 卷附校錄 1 卷	民國黃維翰撰，校錄金毓黻撰	稿本
松漠紀聞 2 卷補遺 1 卷	宋洪皓撰	顧氏山房小說本
扈從東巡日錄 2 卷附錄 1 卷	清高士奇撰	原刊本
柳邊紀略 5 卷	清楊賓撰	仰視千七百二十九鶴齋叢書本
鳳城瑣錄 1 卷附朝鮮軼事 1 卷	清博明撰	博明三種本，又傳鈔本
瀋故 4 卷	清楊同桂撰	原刊本
灤陽錄 2 卷	朝鮮柳得恭撰	傳抄本
燕臺再游錄 1 卷	朝鮮柳得恭撰	傳鈔本

第　二　集		
書　　名	作　　者	總目記所據本
遼東志 9 卷附解題 1 卷校勘記 1 卷	明畢恭等修，明任洛等重修，解題日本稻葉嵓吉撰，校勘記高鳳樓、許麟英撰	據覆刊活字本補校（第二集目：傳鈔本）
全遼志 6 卷附校勘記 1 卷	明嘉靖四十四年李輔等修，校勘記高鳳樓、許麟英撰	傳抄本

第　三　集		
書　　名	作　　者	總目記所據本
遼陽州志 28 卷	清康熙二十年楊鑣修	抄本
鐵嶺縣志 2 卷	清康熙十六年賈弘文等修	刊本
鐵嶺縣志 2 卷	清康熙二十二年賈弘文等修，清李廷榮補輯	抄本
錦州府志 10 卷	清康熙二十一年劉源溥、清孫成修	抄本

第 三 集		
書　名	作　者	總目記所據本
塔子溝紀略 12 卷	清乾隆三十八年哈達清格撰	原刊本
岫巖志略 10 卷	清咸豐七年臺隆阿等修	傳抄本
瀋陽紀程 1 卷	清道光九年何汝霖撰	原刊本
瀋陽紀程 1 卷	清同治六年潘祖蔭撰	原刊本
東北輿地釋略 4 卷	民國景方昶撰	稿本
黑龍江輿地圖 1 卷（*01）	清屠寄撰	石印本
輿圖說 1 卷	清屠寄撰	活字本

*01：遼瀋書社於 1985 年重新影印，將正集列目而未刊的《黑龍江輿圖》（屠寄序）補足於附冊，但查此重印本，未見附冊，不知原因。

第 四 集		
書　名	作　者	總目記所據本
醫閭先生集 9 卷	明賀欽撰	明刊本
耕煙草堂詩鈔 4 卷	清戴梓撰	原刊本
慶芝堂詩集 18 卷	清戴亨撰	原刊本
在園雜志 4 卷	清劉廷璣撰	原刊本
愛吟草 1 卷附錄一（殉節詩）愛吟前草 1 卷愛吟草附錄二（詩）題跋 2 卷（*02）	清常紀撰	原刊本
解脫紀行 1 卷附行吟雜錄 1 卷	清金科豫撰	稿本
三槐書屋詩鈔 4 卷	清金朝覲撰	稿本

*02：《中國叢書綜錄》原題作「愛吟草一卷、前草一卷、附題跋殉節錄詩一卷」，此依原書改。

第 五 集		
書　名	作　者	總目記所據本
皇清書史 32 卷首 1 卷末 1 卷附錄 1 卷	民國李放撰	稿本
附皇清書人別錄 1 卷	民國葉眉撰	
畫家知希錄 9 卷	民國李放撰	稿本

第　六　集		
書　　名	作　　者	總目記所據本
遼文萃 7 卷 　附遼史藝文志補證 1 卷	清王仁俊輯 清王仁俊撰	原刊本
黃華集 7 卷附錄 1 卷	金王庭筠撰	金毓黻輯
雙溪醉隱集 6 卷	元耶律鑄撰，清李文田箋	
李鐵君先生文鈔 2 卷	清李鍇撰	用傳抄本補輯
含中集 5 卷附含中睫巢兩集校錄 1 卷 （*03）	清李鍇撰，校錄金毓黻撰	傳抄本
瑤峰集 2 卷附錄 1 卷（*04）	清王爾烈撰	金毓黻輯
兩漢紀字句異同考 1 卷	清蔣國祚撰	
指頭畫說 1 卷	清高秉撰	昭代美術兩叢書本
白石道人歌曲 6 卷別集 1 卷（*05）	宋姜夔撰，民國陳思疏證	稿本
白石道人年譜不分卷	民國陳思撰	稿本
清真居士年譜不分卷附校記 1 卷	民國陳思撰，校記民國鄭文焯撰	稿本
稼軒先生年譜不分卷	民國陳思撰	稿本

*03：金毓黻敘《李鐵君先生文鈔》云：「所著之詩初名《含中集》，後易名《睫巢集》。」

*04：《瑤峰集》，金毓黻云：「……余於遊千山詩以外，又蒐得文九首、詩三首，因釐之上下兩卷，以遊千山詩爲上卷，餘爲下卷，命名曰瑤峰集……」

*05：遼瀋書社 1985 年重印本在「附錄」收有《白石道人歌曲》二卷，下有說明：「原闕第一、第二兩卷，今覓得原稿補入」按，《白石道人歌曲》六卷所收的第一、二卷有佚文。

第　七　集		
書　　名	作　　者	總目記所據本
全遼備考 2 卷	清林佶撰	傳抄本
東三省輿地圖說 1 卷附錄 1 卷	清曹廷杰撰	原刊本
西伯利東偏紀要 1 卷	清曹廷杰撰	振綺堂刊本
東北邊防輯要 2 卷	清曹廷杰撰	藩屬輿地叢書本
盛京疆域考 6 卷	清楊同桂撰，清孫宗翰輯	聚學軒叢書本
錦縣志 8 卷	清康熙二十一年王奕曾等修	抄本
廣寧縣志 8 卷（原缺卷 7 至 8）	清康熙二十一年項蕙等修	抄本
寧遠州志 8 卷	清康熙二十一年馮昌奕等修	抄本
蓋平縣志 2 卷	清康熙二十一年駱雲修	寫本
開原縣志 2 卷	清康熙五十七年劉起凡等修	寫本
布特哈志略 1 卷	民國孟定恭撰	稿本

第 八 集		
書　　　名	作　　　者	總目記所據本
翰苑殘 1 卷（存卷 30）	唐張楚金撰，唐雍公叡注	據日本影印本覆校
遼東行部志 1 卷	金王寂撰	藕香零拾本
附鴨江行部志節本 1 卷	金王寂撰	朱希祖節本
神宗皇帝即位使遼語錄 1 卷	宋陳襄撰	宋刊古靈集本（第八集目：靜嘉堂文庫藏鈔本）
嘉慶東巡紀事 3 卷	清（嘉慶十年）	併《東巡紀事》、《盛京路程》兩抄本爲三卷
遼紀 1 卷	明田汝成撰	傳抄本（第八集目：靜嘉堂文庫藏鈔本）
遼陽聞見錄 2 卷	清顧雲撰	傳抄本
鮓話 1 卷	清佟世思撰	與梅堂遺集本
耳書 1 卷	清佟世思撰	與梅堂遺集本
旗軍志 1 卷	清金德純撰	學海類編、昭代本
蜀輶紀程 1 卷	清文祥撰	文文忠公事略本
巴林紀程 1 卷	清文祥撰	文文忠公事略本
棟亭書目 4 卷	清曹寅撰	傳抄本
四庫全書輯永樂大典本書目 1 卷	清孫馮翼撰	傳抄本（第八集目：抱經堂本）
附永樂大典書目考 4 卷	郝慶柏撰	稿本
瀋館錄 7 卷	朝鮮（題世子從臣撰）	上虞羅氏藏鈔廣史本
附瀋陽日記 1 卷附錄 1 卷	朝鮮宣若海撰	原刊本

第 九 集		
書　　　名	作　　　者	總目記所據本
雪屐尋碑錄 16 卷首 1 卷附人名通檢	清盛昱輯	稿本
欽定滿洲祭神祭天典禮 6 卷	清乾隆十二年敕撰	武英殿本
夢鶴軒楳澥詩鈔 4 卷	清繆公恩撰	稿本

第　十　集		
書　　名	作　　者	總目記所據本
易原 16 卷	清多隆阿撰	稿本
毛詩多識 12 卷	清多隆阿撰	遼陽張氏排印本、傳鈔本、嘉業堂刊本
慧珠閣詩鈔 1 卷附錄 1 卷	清多隆阿撰	稿本
毛詩古樂音 4 卷	清張玉綸撰	稿本
夢月軒詩鈔 1 卷	清張玉綸撰	稿本
大元大一統志殘 15 卷輯本 4 卷附考證 1 卷附錄 1 卷	元孛蘭肹等撰，輯本金毓黻、安文溥輯，考證金毓黻撰	輯本
總目提要末言附 32 冊計書四種 132 卷，下題「別行」：		
永樂別錄 2 卷（未見）	近人吳廷燮稿本凡二冊（提要：鈔自明實錄）	
宣德別錄 2 卷（未見）	同上	
滿洲實錄 8 卷（未見）	清代官修凡四冊	
熱河志 120 卷（未見）	乾隆四十六年官修凡二十四冊（提要：精鈔本，以盛京故宮本借校）	

　　除了以上十集外，金毓黻曾想續輯第十一、十二集，在他寫給羅繼祖要求重印《遼海叢書》的回信中說：「至于續編十集以下各集，黻早有此心，特恨力不能舉耳。茲將擬編入十一、十二兩集者，另紙寫錄草目，以供省覽。如獲實現，至所切望。」〔註 16〕可惜後來因爲羅繼祖力有未逮而作罷。據遼瀋書社 1985 年重印本的說明，可知該社有續編的計劃，不知是否有收金氏此草目之書。其草目〔註 17〕內容如下：

〔註 16〕羅繼祖〈金毓黻與《遼海叢書》〉，《遼海文物學刊》1988 年第一期，頁 1～3。
〔註 17〕草目原文爲：「《遼海志》一百六十卷（稿本傳鈔），金州隋汝齡撰，分訂六十餘冊，前有吳棠、梁佐中序。分爲二十四門，即《盛京通志》之重編本。我以其中如人物、藝文多錄自《盛京通志》，爲了避免重複可以節刪爲十冊，成爲《遼海叢書》之第十一集。《千山剩人禪師詩集》二十卷補遺一卷，清僧函可撰（廣東刻本，共四冊）；《千山剩人和尚語錄》凡二冊，同前人撰（嘉興刻《續藏經》本，北京故宮博物院圖書館藏）；《鄭學齋文鈔》（傳抄本，倫明舊藏）；《灌木草堂詩抄》（北京圖書館藏），以上二種，瀋陽孫馮翼撰；《經典集林》二冊，孫馮翼輯印；《遼左聞見錄》，傳抄本（現存南京圖書館），以上擬編爲《遼海叢書》第十二集，共十冊。」

第十一集：

《遼海志》一百六十卷，金州隋汝齡撰，稿本傳鈔。

第十二集：

《千山剩人禪師詩集》二十卷補遺一卷，清僧函可撰，廣東刻本。

《千山剩人和尚語錄》，清僧函可撰，嘉興刻《續藏經》本。

《鄭學齋文鈔》，瀋陽孫馮翼撰，傳抄本。

《灌木草堂詩抄》，瀋陽孫馮翼撰。

《經典集林》，孫馮翼輯印。

《遼左聞見錄》，傳抄本。

第四章　郡邑叢書的特色與價值

　　從第一章可知，第一部郡邑叢書出現在明代天啓年間，清代嘉慶、道光有少數幾部，到了同治、光緒才大量出現，民國以後仍盛行。其興起的原因，除了刻書興盛的條件以外，主要是受中國自古愛好文獻的傳統，以及當時國勢日衰、社會風氣惡化的背景所影響。綜合編者的序跋、凡例等，可知其編纂的動機不外兩個：

　　一、因爲文獻凋零，故欲收集保存之。如胡鳳丹序其《金華叢書》云：「……我浙自咸豐間疊遭兵燹，先哲遺書散佚略盡。……」《常州先哲遺書》目錄後盛宣懷云：「毘陵文獻，盛於齊梁，以迄勝朝，代有傳述，國朝人文蔚起，獨標學派，尤稱著作之林。郡志藝文自經兵燹，遺編散佚，一、二孤集，大氐有目無書，斯文將墜，桑梓足徵，亦後學之責也。……」陳恒和《揚州叢刻》後序云：「……竊考吾揚藝文志，其涉及一郡掌故之書至夥，而斷簡遺篇，零落殆盡……」等是。

　　二、因爲社會風氣敗壞，欲以先賢之著述導正人心，其中亦有提及西學東漸者。例如：《三怡堂叢書》邵松年〈續輶軒博紀敘〉云：「……慨自歐學東漸，聖教衰微，道德凌夷，綱常隳壞，非一朝一夕之故矣。當此風俗日偷、人心日喪之秋，爲一省之長官者，猶能提倡斯文，訪求遺書，表彰潛德，謂非伊洛淵源流傳有緒，山川靈秀，鍾毓夙深，又豈易得此乎？宜從役諸多吉士，皆欣欣樂爲之助也。……」《太崑先哲遺書首集》凡例第一條云：「是編序次雖不均時代先後，但首列匡救人心，裨益世道之遺著。」又俞慶恩編纂餘言云：「……今醉心歐化者，輒以效法他人爲快，法其所長，非不當也，然何能弁髦吾國之所長乎？……」《錫山先哲叢刊》侯鴻鑑序《高子遺書節鈔》云：「……鴻鑑受而讀之，節鈔十一卷，年譜一卷，皆先生手定本，茲入先哲叢刊第四輯，一以存忠憲道學之眞，一以養先生精神之寄，並示後世學者以爲學之序，入德之門，其有關於今日之世道人心者，非淺鮮也。」

　　再從郡邑叢書所收的內容由最初單收歷代一地先哲之著述，擴大爲「徵文集

獻」，凡有關一地掌故者都收入，不限於一地鄉人所著的變化來看，可知具有地方文獻特色和價值。

第一節　郡邑叢書的特色

郡邑叢書的特色，在於它以收一地鄉人著作爲主，兼收不限鄉人所著的地方掌故爲輔。所收的內容既然以鄉人著作爲第一考量，本應不限經史子集，無所偏重，但基於保存文獻和導正世風二大動機，郡邑叢書往往收有非鄉人所著或是編者自行編輯的地方文獻，對鄉人著作的選擇，也以可表彰先哲和啓發後人的爲主，因此可從其所收書的作者和所收書的內容兩方面來瞭解其特色，說明如下：

一、所收書的作者

郡邑叢書除了間取掌故，不限本地人著述外，所收者皆爲一地鄉人，而且多爲先哲。歷史是人在天地間創發的過程和軌跡，西漢司馬遷《史記》開創了紀傳體，爲後世正史所沿用，而且地理書、方志也多載有人物。被記錄的人物雖僅是一部分，但代表了歷史影響者、時代的風氣和人類的心靈等。我們從中可看到形形色色的人不斷摸索人的價值和意義，並曾提出了人生三不朽：立德、立功、立言，而所謂先哲，亦多不出這三者。

此外，郡邑叢書不乏收有編者先世或自己的著述者，如《鹽邑志林》、《婁東雜著》、《涇川叢書》、《江陰叢書》、《橫山草堂叢書》、《金陵叢書》、《太崑先哲遺書》、《廣東叢書》、《屛廬叢書》等。有些叢書偶而會收入無名氏作品，尤其是兼收一地掌故者，如《嶺南遺書》、《三怡堂叢書》、《遼海叢書》、《關中叢書》、《安徽叢書》等。

郡邑叢書既以收一地人著述爲主，應當要確定作者的籍貫屬於本地。一人的籍貫可能因爲作官、流寓、遷徙等或其他原因而有變動，一般與本籍有關者，編者多會收入，如《鹽邑志林》，朱國祚序云：「至晉干寶爲新蔡人，五代譚峭爲泉州人，又皆流寓邑中，故其撰述均行列入也。……」《浦城遺書》凡例第四條云：「前儒有自吾鄉遷他邑者，有由他邑徒吾鄉者，有梁儀部《南浦詩詁》、朱進士《柘浦詩鈔》，皆不以先後遷徒，遂置不錄，今從其例，若葉嗣宗、謝參軍，俱彙入吾浦。」又如《橫山草堂叢書》和《雲南叢書》收有明楊一淸的《制府雜錄》和《西征日錄》，因爲楊氏本雲南人，父親到丹徒作官，死後葬於丹徒，遂籍焉，所以兩部叢書都收入，《雲南叢書》的《西征日錄》即是採用《橫山草堂叢書》本。在《安徽叢書》編纂

標準中也有「訪印游宦流寓皖省，於史志可稽者之撰述」和「訪印流寓外省，有本籍淵源可考者之撰述」兩條。

《續修四庫全書提要》（《仙居叢書》第一集）云：「……此外，孫部《拾遺集》，為四明張壽鏞所輯，以其流寓，遂定為四明人，鏡渠更從《咸陽縣志》等書，補輯遺文遺詩，復據志傳，定其為仙居人。互爭籍貫，各誇鄉里，頗無意識，然孫部遺文，因此又一本，則又未始非相爭之幸矣。」認為互爭籍貫以誇耀鄉里並不足取，然而在保存文獻上是有益處的。

同樣基於表彰先賢所輯成的叢書，還有專收一人著述的自著叢書和專收一氏族著述的氏族叢書，大多數是由其子孫後代或學生所刊刻，可以作為郡邑叢書的延伸。實際上，有些郡邑叢書已涵蓋了這兩類叢書，例如《畿輔叢書》收有《永年申氏遺書》、清顏元《顏習齋遺書》、清李塨《李恕谷遺書》、清孫奇逢《孫夏峰遺書》、清尹會一《尹健餘遺書》、清崔述《崔東壁遺書》等；《關隴叢書》輯有《扶風班氏佚書》、《北地傅氏遺書》、《摯太常遺書》等；《雲南叢書》收有《呈貢文氏三遺集合鈔》、《李氏詩存》；《安徽叢書》有《淩次仲（廷堪）先生遺書》、《戴東原（震）先生全集》等。

綜合以上，可知郡邑叢書所收書的作者以當地先哲為主，有些編者因追念先世而刻入先人之作，或是乘刻書之便而收錄自己的著作，其中有的作者雖不以本地為本籍，但因作官、流寓、遷徙而居本地者，編者一般多會收入。

二、所收書的內容

郡邑叢書依其保存文獻和導正世風的動機，在內容選擇上也有相應的兩種考量：

（一）求一地文獻之備

郡邑叢書主在搜集一地著述，有的為了達到一地文獻完備，不限於本地著作而間取掌故、方志等書，因而擴大搜集的內容，如《遼海叢書》認為可以依章學誠編方志之例來編輯地方叢書，擬收專著、雜志、文徵、存目為一編，在內容上可說十分完備。

郡邑叢書的編者普遍有感於一地著述之盛而流傳不易，故努力收集以求齊備。要搜集一地著作，除了耳聞目見外，歷代書目、地方藝文志、地方書目等，都是重要的參考，並且需要一番整理搜集的工夫，如王灝編《畿輔叢書》時，先刻有《采訪畿輔先哲遺書目》；編《永嘉叢書》的孫詒讓編有《溫州經籍志》；《遼海叢書》的編者金毓黻編有《遼東文獻徵略》、《遼海書徵》、《東北文獻拾零》等；劉世珩《貴池先哲遺書》末附有《貴池先哲遺書待訪目》一卷，皆有助於讀者參考和日後的刊

刻。又如胡鳳丹《金華叢書》、盧靖《湖北先正遺書》、胡思敬《豫章叢書》等，是以《四庫全書》所收者為收集目標，也是求完備的好方法。

此外，編者還會自行編輯詩文集、金石略、人物志、藝文志或年譜等文獻，如《涇川叢書》的《涇川金石記》一卷，《金陵叢刻》的《金陵歷代建置表》一卷，《吳中文獻小叢書》的《吳下名園記》一卷，《江陰叢書》的《江陰藝文志》二卷《校補》一卷，《涇陽文獻叢書》的《涇獻文存》十二卷《外編》四卷、《涇獻詩存》四卷《外編》二卷；《臺州叢書後集》的《臺州藝文略》一卷、《臺州金石略》一卷、《赤城別集》五卷；《廣東叢書》的《廣州城坊志》六卷；《雲南叢書》的《滇文叢錄》一百卷等。

郡邑叢書所收不偏某類著述，但因具有地方性，故收有方志者不少，如《仙居叢書》的《（萬曆）仙居縣志》十二卷；《臺州叢書》的《赤城志》四十卷；《續臺州叢書》的《赤城新志》二十三卷；《錫山先哲叢刊》的《無錫縣志》四卷；《沔陽叢書》的《沔陽州志》十八卷；《南林叢刊》的《南潯鎮志》十卷；《乍川文獻》的《乍浦志》六卷《續纂》二卷等。

（二）擇能「闡發先哲，導正人心」者

如《涇川叢書》清趙仁基序云：「……琴士，徵君星閣先生之從孫也，以博學能文名海內，暇則取先輩遺書，自明迄今，凡數十種，皆擇其文章政事之可傳，經學性理之有益於身心者，各述其大旨於後而刻之，以為涇川叢書，於是涇邑數百年來嘉言懿行，悉萃是編。……」《婁東雜著》凡例第六條云：「是集所輯，或探析理要，或推本治原，或考證經史，或辨論詩文，凡屬鄉邦利弊以及遺聞軼事，雖係一人一家而裨風化者，亦必采及。」《太崑先哲遺書》俞慶恩編纂餘言云：「……今醉心歐化者，輒以效法他人為快，法其所長，非不當也，然何能弁髦吾國之所長乎？余有感於此，故輯印叢書，其中有談理學之本，以及明辨是非之史料，於正心修身有直接之關係者，有考據掌故足以喚起愛國愛鄉之心者，有詩文之集於怡情淑性有益者，均裒入也。……」《四明叢書》凡例第二條云：「……先取有關鄉邦利弊，足資身心學問，而坊肆無傳本，或傳而未廣者。……」《關中叢書》凡例第一條云：「關中為從古人文淵藪，著作如林。是編擇其上自漢唐下迄近代，凡鄉賢遺製，足助身心學問及有裨實用者，悉採付印，冀獲類聚而免散軼。」等，都十分強調導正世風、啟發後學。

胡思敬《豫章叢書》總目末言中，有「譔人品學不端正者不收」和「未經名人論定者不收」兩條，《續修四庫全書提要》批評云：「……此外，撰人品行不端者，及非出名人評定者亦不收，則頗失之。蓋撰人如品行不端，而書關係綦重，因其人而棄其書，未免過苛，且激揚微意，亦不在此一書之著錄與否也。至經名人論定一

例，尤覺無識，李榮陛著書，有價值者甚多，流傳亦極稀少，僅錄四種，其他十餘種，以未經名人論定而之，實不脫標榜陋習也。」《豫章叢書》不收品行不端者的著述，是基於表彰先哲而導正人心的目的，所以《續修四庫全書提要》的批評並不恰當。至於「未經名人論定者不收」的看法，是價值觀的問題，難遽下定論。

綜合以上，可知郡邑叢書對於內容的選擇，乃以鄉先哲所著有用之書為主，其中多有不限鄉人所著或編者自編之地方文獻，正如繆荃孫〈江陰叢書序〉所云：「士大夫居鄉，收拾先輩著作，壽之梨棗，以永其傳，有三善焉：一邑讀書之士能著述者，不過數十人，著述而能存者，不過數人，吉光片羽，蟫蠹為巢，及今傳之，俾不湮沒，其善一也；土風民俗之遷革，賢人才士之出處，貞義士女之事實，耳目近接，紀載翔實，是傳一人之詩文，即可傳數人之行誼，其善二也；鄉曲末學，志趣未定，貽以準則，牖其心思，俾志在掌故者既可考訂，以名家工于詞章者，亦能編纂而成集，佩實銜華，聞風興起，其三善也。」皆有保存文獻、表彰先人行誼、啟發後人之用心。

第二節　郡邑叢書的價值

叢書，是編輯眾書為一書，其保存和整理古籍的價值和對讀者求書之便利，遠勝於單行本。叢書保存書籍的價值，除了指書籍本身的價值外，尤指使罕見的書和版本得以流傳，如抄本、稿本、宋元舊本、輯本等，並以精校、首尾完備的善本為尚，一般不收通行本或卷帙太大者，或基於蓋棺論定的原則而不收入生人的著述。又因為古籍流傳至今，有版本殘佚、偽造、文字錯誤等問題，故需要校勘辨偽等，叢書整理書籍的價值，即指編者對所收書的校訂、補遺、輯佚，或在序跋中提出學術上的見解等。

郡邑叢書是收一地人之著述為主，而往往兼收地方掌故，故具有地方文獻的價值；在形式上是叢書，因而具有叢書保存和整理古籍的價值。關於郡邑叢書的價值，本文將八十六部郡邑叢書編纂的概況作成附表一，置於本節之末，以進一步討論。

一、地方文獻的價值

郡邑叢書在地方文獻上的價值，是無庸置疑的。中國歷史悠久，地大物博，文獻豐富，若由各地一一收集，不失為有效的方法，繆荃孫〈常州先哲遺書正續集緣起〉云：「……然欲傳古人之書，當自鄉先輩始。夫前輩著述，府縣志連篇累牘，語其實在，百不一存。求幸存者，為之刊播，尤當擇足本、精本，校勘不苟。至若近

人著述，泰斗共瞻，流風餘韻，未盡漸滅，蛛絲馬跡，搜獲遺編，見知聞知，八求四當，既傳其書，即傳其人，萃前輩之精神，為後人之模範，使文學之鄉，處處能傳其先哲，豈不大快？……」郡邑叢書保存了鄉人著作，可補方志僅有鄉賢著述書目的不足，並彰顯一地著述之盛。

郡邑叢書所收的地域範圍有一省、一府、一縣，甚至一個鄉鎮，最大者，如《遼海叢書》，廣及東北三省，最小者，如《南林叢刊》，僅南潯一鎮，其中以一府、一縣者最多。所收的時代，最早起自周，最晚迄至民國，以收明清兩代者為最多。種數方面，百種以上者四部，五十種以上者十六部，低於十種者十八部，介於百種和五十種者最多，有四十八部。

一般而言，範圍越大者，所收的著作越多，範圍越小者，所收則可能較詳備。編有《吳興叢書》的劉承幹〈南林叢刊序〉便云：「……曩余之有志校刻也，以為叢書之屬於一省、一郡、一邑者，其校刻之人，皆為本省、本郡、本邑之人，於鄉賢著述聞見能詳，搜采易備，實較他叢書之包含廣泛者為善，故於《吳興叢書》之輯，致力尤勤。自度一郡著述之有埤誦讀而未行世者，可以略備。今觀子美之目，則余於吾鎮著述已所遺，若是向孳孳於一郡者，庸有當乎？於是歎為學之道，其分野愈隘，則其業愈精。叢書之屬於一省者，其完備必不及一郡一邑；屬於一郡一邑者，其完備必不及一鎮一鄉。……」

第一部郡邑叢書《鹽邑志林》，收入三國吳迄明代，凡四十一種書，其他所收書起迄時代尤長，且種數達五十種以上者，有《嶺南遺書》收漢迄清五十九種；《婁東雜著》收元迄清六十八種；《金華叢書》收唐迄明六十九種；《畿輔叢書》收周迄清一百七十九種；《武林往哲遺著》收唐迄清六十二種；《常州先哲遺書》收梁迄清七十三種；《粟香室叢書》收晉迄民國六十種；《金陵叢書》收漢迄清五十五種；胡思敬《豫章叢書》收唐迄清一百零九種；《湖北先正遺書》收周迄清七十五種；《續金華叢書》收劉宋迄明五十八種；《遼海叢書》收唐迄民國八十種；《四明叢書》收漢迄民國一百七十三種；《關中叢書》收漢迄清五十四種等。除此之外，大多數是以收明清兩代人著作者居多。

《臺州叢書》、《畿輔叢書》、《太崑先哲遺書首集》、《四明叢書》四部叢書的編者未竟而卒；清陶福履《豫章叢書》因為編者喪期已滿，返回朝廷，於是中斷編印；《山右叢書初編》出版後，因為七七事變，因而沒有完成續編，要不然以上幾部叢書所收的種數可能不止於今本所見。

郡邑叢書所收書的價值，見仁見智，無法遽下論斷，不過有一致而明確的動機，即保存文獻、闡揚先賢、導正人心世風，因此所選的內容如上一節所言，多為可觀

之書。清李兆洛〈婁東雜著序〉云：「……竊嘗謂叢書之刻，當隨乎人所居都邑，萃其鄉先哲所著述，編而錄之，或關於士民風俗之遷變，或究於賢人才士之出處，或辨於貞義士女之事實，耳目親切，可無訛淆，見聞稱說足資法戒，其有達官貴仕，條記國故，藉資多聞，素族通儒，禪心名理，以開夕秀，乃文獻之總持，輶軒之先路，無泛雜之病，而收切近之效者也……」可知此類叢書的編者尤其關懷社會，重視傳統文化以及人格的培養，與氏族類叢書、自著類叢書的編者同樣有感念先賢、勸人見賢思齊和維繫文化的動機。同樣是搜集地方文獻的叢書，尚有收地方掌故的輿地類叢書和收一地人之詩文的集類總集郡邑叢書，輿地類叢書可見一地之風土、民情和掌故，總集郡邑類叢書可見一地人之詩文，而郡邑叢書不但可見一地人的經史子集著述，有些編者還自行編輯地方文獻，或收入方志、掌故等，收入的內容更廣，故楊家駱云：「蓋就地以求，既事半而功倍，敬恭桑梓，兼示勵於來軫，保存文獻，恢宏學術，莫善於此矣。」〔註1〕

二、保存和整理古籍的價值

清盧文弨〈知不足齋叢書序〉〔註2〕認為編叢書時，要「擇之必其精」、「取之必雅」、「必使其首尾完、勿加刪節」，又因為古籍流傳至今，版本往往有異同，故要加以「校讎」。董金榜〈遂雅堂叢書序〉也提出「忌改竄」、「忌割裂」、「忌真贗不分」、「忌脫誤未正」四點〔註3〕，皆是評量叢書優劣的重要標準。本文以為，郡邑叢書在叢書方面的價值，可從三點評斷：

（一）保存古籍的價值

叢書保存古籍的價值，兼指保存有價值和罕見的古籍和版本，郡邑叢書保存一地鄉人之著述和地方掌故等書，因而具有地方文獻的價值，已如前所述，在此則說

〔註1〕《叢書大辭典》〈叢書大辭典草創本序例〉第一章叢書史。

〔註2〕盧文弨〈知不足齋叢書序〉云：「吾常以謂必得深于書旨而有餘力者始足任此事。擇之必其精，如《三墳》、《端木詩傳》、《魯詩說》、《素書》、《忠經》、《天祿外史》之類勿錄也；取之必雅，如《百川學海》、《百家名書》所輯之繁蕪猥雜者，勿錄也。而且勿惜工費，一書必使其首尾完，勿加刪節。至于校讎之功，如去疾焉，期于盡而後止，如此則古人之精神始有所寄，而後人之聰明亦有所入，叢書之刻乃有益而無弊。」

〔註3〕董金榜〈遂雅堂叢書序〉云：「叢書之名，創於唐陸魯望《笠澤叢書》。……叢書之名，不必勝古，世已習之，勿取違眾，亦無一定之例。但以評者之是非為刊者之優劣，比而觀之，亦有可舉者焉。一忌改竄，如胡氏《格致叢書》之類；二忌割裂，如陶氏《說郛》之類；三忌真贗不分，如曹氏《學海類編》之類；四忌脫誤未正，如陳氏《寶顏堂秘笈》之類。」

明郡邑叢書採用善本和保存罕見本的情形。

1. 採用善本

郡邑叢書以收明清人之著述者居大多數，故版本多為原刻本或抄稿本。其中有些郡邑叢書在採用的版本上有不精之處，如《續修四庫全書提要》批評《金華叢書》云：「惟大半悉依《四庫全書》本付梓，而不更搜佳本，且刊刻不精，殊憾事也。」批評《黔南叢書》云：「全書多用原刻，其用叢書本者，僅四五種，田雯《黔書》、張澍《續黔書》二書，原刻本頗易尋求，乃據粵雅堂本刊之，不無小疵，而《黔書》復用光緒熊氏本，及《養素堂集》等書讎校之，更覺淺陋矣。」批評《關中叢書》云：「……惜關中書籍缺少，所據原刻多不甚佳，如《西京雜誌》所據正覺樓本，不知《正覺樓叢書》源出《抱經堂叢書》，校者不知，尚考較其校者何人而為設疑之語，則未免太陋矣。」又以《四明叢書》所收全祖望《漢書地理志稽疑》不用原刻本而用粵雅堂本、《湖北先正遺書》所收戴震《屈原賦注》捨極精的原刻本而用抄本等，為不足之處。

郡邑叢書有採用非全本者，有些是因為原書卷帙較大，故編者僅取部分付梓，此不失為提供地方文獻的方法，如：

《嬰東雜著》凡例第二條云：

> 是集有全書不及并刊，採錄一、二卷以存其概者，卷末另作跋語以免割裂之誚。

《檇李遺書》，編者清孫福清跋《幾亭外書》云：

> ……全集卷帙較繁，流傳頗少，近從南海袁敦齋明府處借得舊本，如獲異寶，爰錄其《舉業素語》、《家矩》二種校而刻之，以見一斑……

有就原書刪取與地方文獻有關的資料者，亦不失為整理地方文獻的方法，如：

《黔南叢書》，編者邢端序《滌濫軒詩鈔》云：

> ……其《滌濫軒詩鈔》，張文襄《思舊集》中雖舉其目，實未成書，因薈黔中諸詩及其嗣君櫻寧齋詩中有關黔事者，輯成一卷……

《吳中文獻小叢書》，編者沈潛跋《珊瑚舌雕談摘鈔》云：

> 清長洲許起氏所著筆記也。其文二四六篇，計八卷，光緒乙酉夏甫里王韜氏刊印。許起字壬狐……所著詩文大多佚失，《珊瑚舌雕談》皆記平日見聞……今擇其有關藝苑及涉及吳中文獻之尤精要者五十三篇，以活字版排印成摘鈔一書，俾公同好。

若是所採本本身是刪節本，則不可取，如《鹽邑志林》，《四庫全書總目》六十二卷《鹽邑志林》下云：

其中如陸績《易解》之類，多出鈔合明人所著，又頗刪節，大抵近《說郛》之例，其最舛誤者，莫如顧野王之《玉篇廣韻直音》。《玉篇》自唐上元中經孫強增加，宋人又有大廣益會之本，久非原帙，舉今本歸諸野王已為失考，又《玉篇》自《玉篇》，《廣韻》自《廣韻》，乃併為一書，尤舛謬。且《玉篇》音用翻切，並無直音之說，忽以直音加之野王，更不知其何說。考首卷訂閱姓名，列姚士麟、鄭端允、劉祖鍾三人，士麟固當時勝流，號為博洽者也，何乃至於是哉？

如以上所列舉的批評，有些叢書採用的版本有不精、不足的缺點，不過，不少叢書在版本選擇或校正有可取之處，如《遼海叢書》例言第三條云：「本編所取諸本頗費營慮，如楊大瓢《柳邊紀略》有三種刊本，以收入《仰視千七百二十九鶴叢書》之五卷本為最足，一也。高江村鳧從《東巡日錄》有兩種刊本，以刊入《江村全集》者為最足，二也。本編所悉為足本，類此之籍，不一而足，姑舉二例以概其餘。」再者，有編者自行輯佚本者，如《浦城遺書》的《詹元善先生遺集》是編者之一清朱秉鑑所輯；《關隴叢書》全是張鵬一所輯；《遼海叢書》的《黃華集》、《李鐵君先生文鈔》、《瑤峰集》和《大元大一統志》輯本四卷等；《仙居叢書》的《一瓢稿賸稿》和《窳齋先生遺稿》等。

2. 保存罕見本

叢書一般不收流傳尚廣的書，而較注重罕見的書或版本，故《續修四庫全書提要》批評《畿輔叢書》「雖極通行之書，亦均收入」；云《紹興先正遺書》所收，除了《周易二閭記》、《周易小義》、《元史本證》、《南江札記》等書原刊不易得之外，其他各書流傳尚多，無罕見之本；認為《揚州叢刻》「所集諸書，如李斗《揚州名勝錄》、焦循《邗記》、王秀楚《揚州十日記》，既非名鈔佳槧，率多習見之書，且刊刻不精。……」不過，若從按某主題重新篩選古籍的角度來看，為了搜集完備，當不以習見為非，如以《四庫全書總目》所著錄的鄉賢著述為收入對象的《金華叢書》、《湖北先正遺書》、《豫章叢書》等。

從郡邑叢書的總序、凡例或各書之編者序跋可知編者搜集罕見本的努力，例如：《婁東雜著》凡例第一條云：

> 是集所取都係零圭寸璧，俱係外間罕見之品，其有卷帙繁富及已有別本單行者不及備登。

《吳興叢書》，編者劉承幹跋《易小傳》云：

> 國朝四庫著錄，稱《書錄解題》有《繫辭補注》十餘則附卷末，今本無之，蓋已久佚。是稿余由張石銘觀察處借得，《繫辭補注》一卷儼然存

焉，則爲罕見之本矣……

《錫山先哲叢刊》侯鴻鑑序云：

> ……鴻鑑初意欲先刊鄉賢書籍中之孤本，次抄本，次未刊本，既以未刊本過多，孤本亦不鮮，而抄本又係轉輾傳抄，誤字甚多，校對不易，今擬先擇未刊本之簡單者……

《敬鄉樓叢書》劉紹寬序云：

> ……凡所刊書，必視世無刊本，或刊後再佚不復流傳者，或刊本雖存而中多闕佚者，始爲校勘付印，並示所得於跋中。……

《遼海叢書》凡例第四條云：

> 本編付印次第不無緩急先後之分，其爲家藏稿本及傳鈔本而向未付印者在所宜先，其書雖已付印而久經絕版者次之，其見在雖有傳本而非本編所能遺者又次之，至於流傳甚廣不虞散佚之作，則暫不收入，載籍至夥，資力有限，不能悉印，勢使然也。

《廣東叢書》第一集，編印略例第四條云：

> 本書所選板本，悉取罕見難得者，間取較次之本，皆別有原因。如《曲江集》用經溫汝适詳細批校之本，即其一例。

再從部分郡邑叢書於總目錄、牌記、序跋中所列採用的版本來看，有叢書本、抄本、稿本、原刻本等類，亦可知大多數仍以保存罕見本爲主。

值得一提的是，郡邑叢書中收有清代禁燬書。清代大興文字獄，乾隆朝並以編《四庫全書》之名，禁燬了許多不利清代統治者的文字記載，並因風俗教化而禁止淫穢小說戲曲等。清末國勢衰微，禁令漸弛，辛亥變革，禁書之令亦自動解除，郡邑叢書中就收有不少清代禁燬書，如：《臺州叢書》的《滇考》；《嶺南遺書》的《雙槐歲鈔》；《畿輔叢書》的《四鑒錄》；清陶福履《豫章叢書》的《榆溪詩鈔》、《江變紀略》；《常州先哲遺書》的《從野堂存稿》、《落落齋遺集》；《三怡堂叢書》的《豫變紀略》；《吳興叢書》的《豐草庵詩集》；《金陵叢書》的《顧與治詩集》、《何太僕集》、明焦竑著述兩種；《貴池先哲遺書》收有明吳應箕著述五種、清吳非著述兩種；《太崑先哲遺書》的《從先維俗議》、《學庸講義》；《遼海叢書》的《遼小史》、《金小史》；《揚州叢刻》的《揚州十日記》；《廣東叢書》的《喻園集》、《皇明四朝成仁錄》、《翁山文鈔》等是。

（二）校正整理古籍的價值

郡邑叢書一般都會校正，只是講求的程度有別。校正和整理古籍的情形，多見

於其總序、凡例和各書之編者序跋，如：

《永嘉叢書》，編者清孫詒讓跋《竹軒雜著》云：

> 《宋史》不為立傳，《雜著》十六卷亦久散佚。家大人既以《橫塘集》付刊，以此書流傳尤少，亦并校刊之。至陳伯玉所偁〈沮和義疏〉，大典本已佚不存，今檢徐夢莘《三朝北盟會編》，所載尚其全文，謹據錄入以補□閣本之闕焉……

《江陰叢書》，編者金武祥序《滄螺集》云：

> ……己丑春，繆筱珊太史攜有抄本見示，脫誤錯簡，觸目皆是，將付梓而苦無別本勘正，適聞巴陵方氏藏有汲古閣刻本，假以讎校，凡勘正數十條……

《橫山草堂叢書》，編者陳慶年跋《戴叔倫詩集》云：

> ……予於明徐獻忠《唐百家詩》中得叔倫詩二卷外，有明活字本亦二卷，次序與百家同，以叔倫詩單行者僅見此本，今依以付梓而據他本改其明誤者。其闕字之處以百家本補之，百家所無者以席啟㝢《唐詩百名家集》補之，百名家所無者，以《全唐詩》補之，使皆可讀。

《吳興叢書》，編者劉承幹跋《陵陽先生集》云：

> 予先得舊鈔於甬上抱經樓，復假葉鞠裳侍講所藏，乞劉誠甫侍御、況夔笙太守以兩本互勘，差為完善，乃授之剞氏。

《金陵叢書》，編者蔣國榜跋《陶貞白集》云：

> 是編為阮文達所鈔道藏本，從藝風堂假而校印者。初為宋人所編校，翁鐵梅丈鈔丁氏本，不同極多，然以張天如《百三家集》校之，尚缺詩文三首，今始補入。然編次先後凌雜無次，乃乞王伯沆丈為排比，汪振之丈為校勘，蒿盦先生復從蕭選例，略有移易，雖不能云毫髮無遺，然以視他人，則顯若畫一矣。……

《四明叢書》凡例第八條云：

> 是編每刻一書必取諸善本，參校互異之處，擇善而從，其無從互校者仍之，然落葉之紛，旋掃旋作，魯魚亥豕，在所難免，覽者幸有以正之。

《關中叢書》例言第四條云：

> 坊肆盛行、卷帙太繁之類，俱從略。所輯諸書，或僅鈔本，或刻本而板佚，或雖多刻本，而譌誤脫漏，亟須校正，皆得入集。至於校讎，則廣求善本參互考訂以求一，當風葉几塵，未必淨盡，識者鑒焉。

其中以《臺州叢書》、《永嘉叢書》、《敬鄉樓叢書》、《橫山草堂叢書》、《四明叢

書》，以及作成校記者，尤可見其校正之用心，例如《湖北叢書》有「箚記」，《虞山叢刻》有「校記」，《仙居叢書》有「校勘記」，《金華叢書》、《續金華叢書》有「考異」，胡思敬《豫章叢書》有「校勘記」、「校勘續記」等。

（三）編纂體例完備的價值

編者在編輯叢書時，會有編纂體例，常見的有總目錄、總序、凡例、各書之編者序跋、校記、補遺、版本項、作者傳略等，項目越齊備，則提供越多關於編者整理眾書及編成該部叢書的資訊，便利於讀者使用，樹立編輯叢書的良好典範。

如後附表一所著錄的，各部郡邑叢書編纂體例的情形各有不同，要說明的是，由於大多不易分辨各書後所附補綴原書遺佚篇章的「補遺」是收入的本子本來就有，還是編者自行搜集，所以附表中無「補遺」一項。本文以為，編纂體例中最可注意的部分，是版本項和各書之編者序跋。

版本的優劣是評量叢書的重要指標，一般可從所收書前後的序文或牌記查證，但編者若能一一說明所據版本，更可使讀者快速掌握版本。所見郡邑叢書直接列明全部所採用的版本者，有《浦城遺書》、《嶺南叢書》、《湖北叢書》、《常州先哲遺書》、胡思敬《豫章叢書》、《虞山叢刻》、丁祖蔭《虞陽說苑》、《湖北先正遺書》、《屏廬叢刻》、《續金華叢書》、《太崑先哲遺書首集》、《遼海叢書》、《四明叢書》等；亦有僅列出部分採用本，或見於各書編者序跋者，如《金華叢書》、《貴池先哲遺書》、《關中叢書》、《仙居叢書》等。

編者所寫的各書序跋可以讓我們瞭解編者之用心，一般而言，若附有《四庫全書總目》，編者的序跋往往簡略，甚或沒有序跋。臺灣可見的五十五部郡邑叢書中，其編者序跋有「全無」、「偶而有」、「大部分有」和「全有」等的情形，內容則有「編刊過程」、「該書簡介」、「版本源流」、「校正辨偽」、「作者生平事蹟」、「所據版本」、「心得感想」等項目，尤其是書評、目錄版本、學術觀點、其他見聞等，都是其他刊本未必能提供給讀者的東西。

所收書全部或大部分有編者序跋者，有《浦城遺書》、《臺州叢書》、《嶺南遺書》、《涇川叢書》、《金華叢書》、《永嘉叢書》、《檇李遺書》、《紹興先正遺書》、《常州先哲遺書》、《京口掌故叢書》、《橫山草堂叢書》、《吳興叢書》、《金陵叢書》、《雲南叢書》、胡思敬《豫章叢書》、《虞山叢書》、《關隴叢書》、《黔南叢書》、《屏廬叢刊》、《續金華叢書》、《敬鄉樓叢書》、《四明叢書》、《關中叢書》、《廣東叢書》等。其中又以《嶺南遺書》、《永嘉叢書》、《紹興先正遺書》、《常州先哲遺書》、《吳興叢書》、《貴池先哲遺書》、《敬鄉樓叢書》、《四明叢書》、《關中叢書》等的序跋較

為突出，對讀者為學的幫助較大，如：

1. 評論書籍

《嶺南遺書》，伍崇曜跋《史見》云：

> 右《史見》二卷，國朝新甯陳遇夫交甫撰。按，是書前卷史論，後雜著。昔劉知幾撰《史通》，於歷代諸史攻擊，不遺餘力，卷內刪史一則，實已盡其概。又如謂「宋人必欲去呂不韋月令為非」一條，「王介甫新法其中固有可行者」一條，皆持平之論。《宋稗類鈔》謂元祐初政，司馬光居政府，凡王安石、呂惠卿所建新法，劉革略盡，至罷僱役，復差役，人情未協。范純仁曰：「治道去其太甚可也，差役一事，尤當熟講而緩行。」調謔編亦稱東坡登禁林，與司馬溫公共論免役差役，利害不合，則僱役殆未始不可行也。至謂茅容殺雞奉母事為東漢尚名節，遂有偽名節。王叔文志小而圖大，欲有所更張而不能決，史謂其黨日夜密謀，不令人知為故，甚其辭。謝安當國，委任得宜，眾心不搖而淝水之捷，評史者謂晉君臣無恢復志，殆未深考，則又不同矮人觀場，隨眾毀譽，而又非過為危言酷論，以聳動耳目者，信通人也。

《吳興叢書》，劉承幹跋《吳興掌故集》云：

> 《吳興掌故集》十七卷，明徐獻忠伯臣撰。伯臣一號長谷，又號九霞山人，華亭人，嘉靖乙酉舉人，官奉化縣知縣，《明史》列入文苑，附見文徵明傳中，是編乃其寓居湖州時所作。首載嘉靖庚申范唯一序、伯臣自序、李松來書、萬曆乙卯茅瑞徵一序。分類十三，曰宦業，曰鄉賢，曰游寓，曰著述，曰金石刻，曰藝文，曰名園，曰古跡，曰山壚，曰水利，曰風土，曰物產，曰雜考。是書采摭亡佚，補綴漏略，整齊故事，足備考證，而尤關心水利，湖為澤國，上游宣歙諸山之水，無不以吳興為壑，而吳江垂虹湮塞，有來源而無去路，而又圍築為蘆埂，淳游為藕蕩，謹告當道，疏濬排決，尤宜先事豫防，灑沈澹災，談何容易，亦可謂有心人矣。

《四明叢書》，張壽鏞序《石經考》云：

> 清初考石經者三家，曰顧亭林，曰萬季野，曰杭堇浦，季野後亭林而先於堇浦。堇浦合數人之力，其集事也易；亭林、季野據一人之聞見，其成書也難。堇浦見亭林之所述，而未見季野之所編，季野既采亭林之說，又益以吳任臣、席益、范成大、吾邱衍、董迫諸家之論，間附以己見。亭林詳於漢魏而略於唐宋，季野則於唐宋石經引據特詳，有為堇浦所不及

者。夫以季野之學之識其精且博者，未可於是書限之，蓋是書乃其搜錄之緒餘也，而其始爲勞，夙好之篤，於斯見矣。昌黎之論畫也，蒐集衆工人之所長與一工人之所運，思曲極其妙者，有不同焉，豈獨一石經哉？況集衆工人爲之者，幸而獲備焉，烏知其罅漏之必能免乎？故以三家之考石經者言之，五經六經七經之核其實，一家三家之定其歸，二十五碑、四十八碑之析其數，堂東堂西之殊其別，自洛入鄴、自汴入燕之分其地，駁鴻都門學非太學、魏石經非邯鄲淳書，董浦勝矣；而屬樊榭序更引何休《公羊傳》註證漢石經爲一字，引孔穎達《左傳》疏稱魏石經爲三字，以補董浦之闕；全謝山序更引《魏略》、《晉書》、《隋志》證邯鄲淳非無功於石經，引《魏書》崔浩、高允傳證魏太武時未嘗無立石經事，與董浦之說互可參考。季野雖在董浦前，而董浦既云未見其書，故其書之所詳者，董浦轉失之，然則考石經者，必合三家之書讀之，庶乎其有得也。因取省吾堂所錄萬氏《石經考》重刊之，而論其大凡如此。

2. 敘述版本源流

《永嘉叢書》，編者清孫詒讓跋《止齋文集》云：

> 陳直齋《書錄解題》所載止齋集凡二本，一本五十二卷，即曹文肅公叔遠所編，嘉定壬申溫教授徐鳳刊于永嘉郡齋者也；一三山本五十卷，據荊谿吳氏《林下偶談》，蓋蔡文懿公幼學所刊，其本明以後已不傳，無由稽其同異。趙希弁讀書附志謂止齋〈周禮說〉舊刊集中，曹文肅別爲一書而刻之。檢文肅爲此集後敘云「集舊未成編」，則文肅以前，《止齋集》無刻本。趙氏云載〈周禮說〉者，殆即三山本矣。然蔡曹兩本並出嘉定間，而蔡刻稍後，若其本載〈周禮說〉，當由文懿所增，文肅編集時〈周禮說〉故不繫《止齋集》，非由析出別行，不審趙志何以有文肅別爲一書之語。且蔡本既增〈周禮說〉，則卷弟自當溢出，顧反少二卷？今〈周禮說〉及三山本《止齋集》並佚，代祀緜邈，書缺有閒，其原流分合莫能明也。此本即文肅所編，明永嘉王文定公瓚從內閣宋本錄出，至正德丙寅溫州同知林長繁爲刻之，於曹編附錄後別增張璉所輯集外文八篇，其〈民論〉、〈文章論〉、〈守令論〉、〈收民心論〉四篇，並出方蛟峰所評《止齋奧論》，餘亦皆止齋少作，曹文肅所刊削者也。後嘉靖壬申別有書肆所刊小字本，以正德本合并爲二十八卷，所謂安正堂本也，兩本版片並亡，傳本寖少。國朝乾隆丙寅邑人林知縣上梓，又取正德本重編爲《陳文節公詩集》五卷《文集》十九卷《附錄》一卷，乾隆癸巳，其版燬于

火，而新城陳侍郎用光視學浙江，復以林本重刻于杭州，今盛行于世。顧正德本一遵宋槧，凡宋本文字刓泐不可辨者，並闕之，雖校讎不審，而無肊改肊增之失；安正堂本雖卷帙省并，而敘次猶舊于曹編，面目亦未盡失也。至林氏重編，始以曹編逐易離析、任意更張，其內外制諸卷刪改篇目，至不勝校，乙篇中缺文譌字，率多馮肊增竄，無復舊觀，止齋遺書，斯爲一厄。陳侍郎重刻時，屬長興錢士雲爲之覆校，錢序亦偁訪得正德本補正，然其本仍沿林刻詩文分集之陋，譌文奪字，因襲尚眾，其言殊不踐也。家大人既校刊劉許諸先生集，復以止齋永嘉魁儒而遺集世無佳刻，乃檢家藏明槧兩本，手自讎勘，得以盡刊林陳兩刻之謬，其明槧奪誤，今參檢群籍補正之者，復得數百，事雖不能盡復宋本之舊，而較之明槧，已略爲完整，不論林陳兩刻也。官齋多暇，遂刺舉同異，揭所據依，寫爲定本，光緒戊寅春開雕于江寧，而命黃巖王工部彥威及詒讓覆勘一過，并命記其校讎之例于冊尾，以示讀者。凡今刻本，悉以正德本爲正，其正德本誤而以諸刻及它書刊定者，並注其元作之字于下方，校語中所偁「元作某者」是也，諸刻本與正德本異而義兩通者，并注之。陳本即據林刻覆刊，而陳本後出，略有補正，故卷中止校陳本異同，凡林本誤而陳本不誤者，並不著也。

《常州先哲遺書》，編者盛宣懷跋《唐荊川先生文集》云：

　　右《荊川集》十八卷，明唐順之撰。順之字應德，一字義修，武進人，嘉靖己丑進士，官至右僉都史，巡撫淮揚，天啓中追謚襄文，事蹟具《明史》本傳。荊川學問淵博，留心經濟，自天文、地理、樂律、兵法，以至句股、壬奇之術，無不精確，著有左右文武儒稗六編，爲士林所推重，即以文論，亦能博通今古，自鑄偉詞。方嘉靖中，滄溟、弇州繼空同之後，以先秦西京之文雄長海內，荊川獨與遵巖、浚谷數君子發明唐宋六家之緒言，其文渾茫演迤，盡埽膚庸撫儗之習，在明中葉屹然爲一大宗。其集初刻於嘉靖，無錫安如石編爲十二卷，再刻於萬曆外孫孫愼行，并正續集爲十七卷，益以外集爲二十卷，三刻於康熙六世孫執玉，編爲十八卷，外集未刻，今用康熙本重刊，訛脫字取嘉靖本補足，嘉靖所無，仍留墨丁以俟，未敢以私意妄儗。嘉靖本多詩五首、文一卷，執玉不能不見，或在外集中，與他日收得外集，當更附梓以傳。

《關中叢書》，編者跋《白虎通義》云：

　　右《白虎通義》四卷附《白虎通考》一卷《白虎通義校勘記》四卷，

清光緒中福州書局重刊武英殿聚珍版本也。是書《隋書經籍志》作六卷，稱「白虎通」，唐藝文志稱《白虎通義》六卷，始題班固名。北宋《崇文總目》作《白虎通德論》十卷，陳振孫《書錄解題》亦作十卷，凡四十四篇。乾隆時修《四庫全書》，據元劉世常藏本，則作四卷，然篇數與解題相符，非有所闕佚也。書本總述經義，四庫提要及莊氏述祖、皮氏錫瑞皆明言之，《四庫總目》列入子部雜家，固未確當，即張文襄《書目答問》改列經部禮類，亦豈盡允？獨隋、唐兩志列類與提要、莊、皮等論吻合，似不如仍舊貫之爲得矣。書更千載，久有脫遺，雖經盧氏校定、莊氏補遺，略可成書，未爲全璧。逮句容陳氏撰疏證一編，囊括群言，考訂精密，此書乃有善本行世。紹興孫氏星華校書閩局，蒐致諸本，參稽互證，辨補加詳，並撰校勘記四卷，遂覺益可頌讀。茲印用福本者，亦以孫校又較句容爲審也。至莊氏所輯《白虎通考》一卷，其述原委，篇第釐然可觀，故附存焉。

其他郡邑叢書的序跋，亦多有參考之處，可以參考附表一「子目各書的編者序跋及其內容」。

總而言之，郡邑叢書所收書的時代起迄越長、種數越多、越罕於流傳、版本越好、校正越嚴謹、編纂體例越完備、各書序跋內容越豐富，其地方文獻、保存和整理的價值就越高。

葉德輝《書林清話》〔註4〕卷九刻鄉先哲之書條云：「如《梓吳》、《鹽邑志林》，雖有開必先而卷帙零奇，殊嫌瑣細，《涇川》亦多無用之書，不必爲世傳誦。惟《臺州》漸有巨冊，《浦城》採集益宏。《婁東》全屬小書，乃以八音分集。《金華》頗多專集，校刻又嫌不精。《武林》卷帙浩繁，濫收山水寺觀志書，未免不知鑒別。惟《常州》出自繆藝風老人手定，抉擇嚴謹，刻手亦工，後有作者，當取以爲師資矣。」認爲《常州先哲遺書》可爲郡邑叢書的典範，《續修四庫全書提要》《常州先哲遺書》下亦云：「……是編之成，實繆荃孫主之。荃孫字炎之，一字筱珊，晚號藝風，江蘇江陰人。……清末刻叢書幾成風氣，率多由荃孫主持，是編在郡邑叢書中，可稱最完善者矣。」此外，較後出的《四明叢書》亦是其中翹楚，如瞿嘉福在〈張壽鏞及其《四明叢書》〉〔註5〕一文云：「寧波籍近人張壽鏞，躋身于我國歷代著名藏書家行列中是毫無愧色的，然他《四明叢書》之裒輯，在搜羅之廣、校勘之精、著錄之全、部頭之大諸方面，更可冠于郡州叢書編纂之首。」十分值得重視。

〔註4〕文史哲出版社77年出版。初版在民國9年。
〔註5〕《東南文化》1992年第一期，頁242～251。

　　綜合以上討論，可知郡邑叢書的編纂動機有二，分別表現出兩種收書的特色，一是闡揚先哲，啓發後學，故所收的作者多限於一地先哲，內容包括經史子集等著述；二是保存地方文獻，故所收的作者不限於一地人，包括無名氏，在內容上雖亦經史子集皆有，但搜集較多的地方掌故，甚至由編者自行編輯地方文獻。在價值方面，則有地方文獻和保存、整理古籍的價值。

附表一：

1. 浙江省

叢書名	收入地域範圍	收入時代起迄	收入書籍種數	編者總序	凡例	子目各書編者序跋及其內容	版本項	採用的版本	校記	其他
鹽邑志林	縣	三國吳迄明	41	有				《四庫全書提要》云：「全書體例，頗似《說郛》所收各書，大半刪節。又如陸績《易解》之類，多出抄合明人所著。且以《玉篇》、《廣韻》併爲一書，《玉篇》又加直音，尤爲舛誤。」		
乍川文獻（未見）	鎮	清	7							
檇李遺書	府	明清	27			全有。論作者、編刊過程。				
檇李叢書（未見）	府	清	9							
金華叢刻（未見）	府	宋迄明	12							
金華叢書	府	唐迄明	69	有		近全。編刊過程、校正版本。	見各書序跋	《續修四庫全書提要》云：「惟大半悉依《四庫全書》本付梓，而不更搜佳本，且刊刻不精，殊憾事也。」採用叢書本、舊刊本、抄本等。	考異	《金華叢書書目提要》八卷
翠微山房叢書（未見）	府	唐迄明	46							
續金華叢書	府	劉宋迄明	58	有	有	全有。敘其版本，各書詳略不一。	總目及每書末行	刊本、抄本、叢書本。		四庫提要
義烏先哲遺書（未見）	縣	清	4							
臺州叢書（有未見）	府	宋、明、清。	9			全有。論人、書、事，以及編刊過程。		多取抄本校正		
蔭玉閣叢書（未見）	縣	宋2種，明1種，清2種。	5							

叢書名	收入地域範圍	收入時代起迄	收入書籍種數	編者總序	凡例	子目各書編者序跋及其內容	版本項	採用的版本	校記	其他
續臺州叢書（未見）	府	宋迄明	10							
臺州叢書後集	府	三國吳迄民國	16	有		1種有		5種爲編者編撰		
赤城遺書彙刊（未見）	府	宋迄清	16							
臺州叢書己集（未見）	府	宋元	12							
仙居叢書	縣	唐迄明	12	有	有	2種有	見校勘記	叢書本、刊本、輯本。	5種有校勘記，有版本資料。	多有附錄（多是作者傳記資料）和補遺
永嘉叢書	府	宋、清。	16			全有。編刊過程、作者事略及書的刊刻源流。		宋人之作爲輾轉抄錄而來。		四庫提要，作者傳略。
敬鄉樓叢書四輯（只見三輯）	府	宋迄清	38	各輯有校正者序		近全。版本。		劉紹寬序云：「必視世無刊本，或刊後復佚不復流傳，或刊本雖存而中多闕佚者。」		作者傳略，有些有附錄和補遺
惜硯樓叢刊	府	清迄民國，民國1種。	8	有		與事者所作				有些有作者傳略
湖州叢書	府	清	12			1種				
吳興叢書	府	宋迄民國	64	有		近全。略述作者、來源、論書。		《續修四庫全書提要》云：「其中宋元人著述，無不選精校最足本。清人著述，則大半爲未刻稿本，即或已有刻本，亦必重爲刊行。」		
南林叢刊	鎮	明迄民國	12	有		偶而有。有與事者所作。	次集有提要	正集不詳；次集爲抄本、稿本。		
萬潔齋叢刊（未見）	不詳	清迄民國，民1種。	6							
紹興先正遺書	府	明清，明1種。	12	啓		近全。論人、書。				附作者傳記資料於附錄或卷末
越中文獻輯存書（未見）	府	明清	10							
蕭山叢書（未見）	縣	明清	11							
武林往哲遺著	府	唐迄清，清1種。	62	有		一些。編刊經過或版本。	偶有牌記	有宋、元本。		多有附錄或補遺
四明叢書	府	漢迄民國	173	有	有	全有。大抵論與書有關的學術或歷史背景、編刊過程。	總目	取善本參校，有刻本、抄本、稿本、叢書本、輯本等。		
處州叢書（未見）	府	宋迄清季	40							

2. 江蘇省

叢書名	收入地域範圍	收入時代起迄	收入書籍種數	編者總序	凡例	子目各書編者序跋及其內容	版本項	採用的版本	校記	其他
虞陽說苑(愛日精廬鈔本)	縣	明清	8					本身即抄本		
婁東雜著	直隸州(同府)	元迄清	68	有	有	4種有跋		篇幅多一、二卷的罕見本，有的取全書中的一、二卷付刊。		
虞陽說匯（蘇村漁父，未見）	縣	明清	30							
東倉書庫叢刻初編(有未見)	直隸州(同府)	清	11							
海虞雜志十三種（未見）	縣	明清	13							
海虞雜志二十五種（未見）	縣	明清	25							
虞山叢刻	縣	明清	14			多有。版本。	總目	多本參校，有抄本、汲古閣寫本等。	3種	
虞陽說苑（丁祖蔭編，有未見）	縣	明清	32	有			目錄，牌記。			
太崑二哲遺書首集	二縣	明清	9	有	有	不全。略言編刊過程、說明版本。	總目	多抄本、稿本。		作者傳略
吳中小文獻（重刊本）	府	元迄民國	32	不詳	不詳	不全有。編刊過程。				
酌古準今（未見）	不詳	元迄清	15							
常州先哲遺書（有未見）	府	梁迄清	73	有		全有。略論作者、版本流傳。	總目，牌記。	《續修四庫全書提要》云：「全書所據，太半荃孫所藏。……凡明以前書，率多用影抄本，或舊抄本，或四庫本，而明清各書則大半用原刻本，多世不經見者。」		
粟香室叢書（未見）	縣	晉迄民國	60							
江陰叢書（有未見）	縣	宋迄民國	36	有主持者繆荃孫序		18種有。編刊過程。	3種有牌記	多抄本，8種為編者編撰。		4種有四庫提要，14種有作者傳略。
錫山先哲叢刊	縣	明清	12	各輯		4種有。略言編刊過程。		據侯鴻鑑序云：「今擬先擇未刊本之簡單者。」可知多為未刊本。		
江陰先哲遺書（未見）	縣	明清	5							
金陵叢刻	江寧和上元二縣	明迄民國，明1種，清居多。	15	有		過半。論書、人。		《續修四庫全書提要》云：「或為未刊稿本，或刊本流傳極稀。」		
金陵叢書	府	漢迄清，清居多。	55	有		全有。編刊過程、論書，雖言及版本，但不詳。		世所罕觀，多是翁長森搜輯鈔錄者，若有較佳的他本則取他本。		每書皆有作者傳略

叢書名	收入地域範圍	收入時代起迄	收入書籍種數	編者總序	凡例	子目各書編者序跋及其內容	版本項	採用的版本	校記	其他
南京文獻叢刊（未見）		明迄民國	65							
京口掌故叢編	縣	清	6			全有。略言此書內容、編刊過程及發抒感慨。			1種有校勘記	
橫山草堂叢書（有未見）	縣	唐迄民國	23種，若加上史語所多的2種則為25種。	有		全有。略述作者生平、校勘情形。		據編者序可知多據丁丙嘉惠堂藏本，有抄本、叢書本、影本。		
東臺先哲遺書（未見）	縣	明迄民國	16							
海陵叢刻（未見）	縣	宋迄清	24							
揚州叢刻	府	唐迄清，清居多。	24	有						
山陽叢書（未見）	縣	明迄民國	25							
楚州叢書第一集（未見）	府	漢迄清	20							

3. 安徽省

叢書名	收入地域範圍	收入時代起迄	收入書籍種數	編者總序	凡例	子目各書編者序跋及其內容	版本項	採用的版本	校記	其他
涇川叢書	縣	明清	51	有		全有。述其大旨及編刊過程。				
龍眠叢書（未見）	縣	明清	18							
貴池先哲遺書	縣	唐迄清	33	有		叢書的子目依編刊方式可分為原先編成集子者三種和後來隨見隨刊者數種。三種集子各有總序，敘其版本和校正過程，各書之跋亦多論版本、勘誤等。其他書僅有跋，多論書。	見於序跋	抄本、刻本、抽錄本。		有些四庫提要，《貴池先哲遺書待訪目》，多有作者傳記資料。
安徽叢書	省	漢1種、宋1種，明清。	70	有			僅有第六集總目列	刊本、抄本、叢書本。		提要，刊於《學風》。
南陵先哲遺書	縣	清	5	有		1種有		《續修四庫全書提要》云：「皆流傳至罕。」		

4. 江西省

叢書名	收入地域範圍	收入時代起迄	收入書籍種數	編者總序	凡例	子目各書編者序跋及其內容	版本項	採用的版本	校記	其他
豫章叢書(陶福履編,有未見)	省	清	26	有非編者序,但未見。		不全有		傳抄本		
豫章叢書(胡思敬編)	省	唐迄清	109	有	有	近全。內容不一,有敘其各書的著錄情況、所據本、校勘、論書等。	目錄	流傳罕,有刻本、稿本、抄本、叢書本等,其中多丁丙八千卷樓藏本。	校勘記、續記。	四庫提要,《四庫著錄江西先哲遺書鈔目》四卷。
宜黃叢書第一輯(未見)	縣	明2種,清1種。	3							

5. 湖北省

叢書名	收入地域範圍	收入時代起迄	收入書籍種數	編者總序	凡例	子目各書編者序跋及其內容	版本項	採用的版本	校記	其他
湖北叢書	省	漢1種,宋迄清。	31				各書首行書名下	抄本、稿本、刻本、叢書本。	校語性質的箚記7	
湖北先正遺書	省	周迄清	75	有	有	3種有	目錄,書前。	抄本、刻本、叢書本。		《四庫湖北先正遺書四卷存目四卷箚記》一卷另行
沔陽叢書	縣	明迄清	12	有		10種有。編刊經過。				附錄爲作者傳記資料
羅田王氏校印鄉哲遺書(未見)	縣	明1種,民2種,3種不詳。	6							

6. 湖南省

叢書名	收入地域範圍	收入時代起迄	收入書籍種數	編者總序	凡例	子目各書編者序跋及其內容	版本項	採用的版本	校記	其他
湖南叢書	省	唐、宋、清。	8種,若加上史語所多的1種,則爲9種。			2種有。編刊過程及所據本。		《續修四庫全書提要》云:「所收各書,原無刻本者,僅《周易總義》及《北海三攷》,其餘或覓善本,或求原本,均非潦草從事者。」	3種考證	有些有補遺

7. 福建省

叢書名	收入地域範圍	收入時代起迄	收入書籍種數	編者總序	凡例	子目各書編者序跋及其內容	版本項	採用的版本	校記	其他
浦城遺書	縣	宋迄清,宋居多。	14	有	有	全有。收入經過、校正。	凡例第五條	四庫本、抄本、刻本、叢書本、輯本、選本。		作者傳略

8. 廣東省

叢書名	收入地域範圍	收入時代起迄	收入書籍種數	編者總序	凡例	子目各書編者序跋及其內容	版本項	採用的版本	校記	其他
嶺南叢書（殘）	省	宋1種，明3種。	4			2種有。編刊過程。	首行書名下			
嶺南遺書	省	漢迄清	59	有		1種無。論書的內容。		多抄本		
廣東叢書三集	省	唐迄民國	22	有	一、二集。	第一集多有，多論版本；第二集敘其編刊過程。	目錄	多罕見本		第一集有作者傳略和遺像

9. 雲南省

叢書名	收入地域範圍	收入時代起迄	收入書籍種數	編者總序	凡例	子目各書編者序跋及其內容	版本項	採用的版本	校記	其他
雲南叢書（有未見）	省	宋、明、清。	197	有非編者序		多有。編刊過程。		多抄本、稿本。		
宣威叢書（未見）	縣	清（2種不知作者）	4							

10. 貴州省

叢書名	收入地域範圍	收入時代起迄	收入書籍種數	編者總序	凡例	子目各書編者序跋及其內容	版本項	採用的版本	校記	其他
黔南叢書（重刊本）	省	明迄民國	66	不詳	不詳	多有。詳略不一，內容主要有叢書編刊過程、作者事略、書之源流、書中文字之考證等。		多原刻本		多有作者傳略

11. 河北省

叢書名	收入地域範圍	收入時代起迄	收入書籍種數	編者總序	凡例	子目各書編者序跋及其內容	版本項	採用的版本	校記	其他
畿輔叢書	省	周迄清	179	有非編者序		不多，有與事者所作者。		傳抄本、刻本、叢書本等。		
屏廬叢刻		清	15	有		9種有。敘書之內容或來源。	總目	原刻本、抄本、抽錄本等。		

12. 山東省

叢書名	收入地域範圍	收入時代起迄	收入書籍種數	編者總序	凡例	子目各書編者序跋及其內容	版本項	採用的版本	校記	其他
齊魯遺書（未見）	不詳	清	18							
智盦叢刊三輯	縣	清，民國1種。	8	第一輯		不全有。編刊緣起或書的內容。		罕見本		

13. 河南省

叢書名	收入地域範圍	收入時代起迄	收入書籍種數	編者總序	凡例	子目各書編者序跋及其內容	版本項	採用的版本	校記	其他
三怡堂叢書	省	宋迄民國	19			5 種有。大抵為編刊緣起和作者生平等。		有四庫本、刊本、抄本等。		

14. 山西省

叢書名	收入地域範圍	收入時代起迄	收入書籍種數	編者總序	凡例	子目各書編者序跋及其內容	版本項	採用的版本	校記	其他
雪華館叢編（未見）	不詳	明迄民國，民國 1 種。	20							
山右叢書初編	省	唐迄民國	33							

15. 陝西省

叢書名	收入地域範圍	收入時代起迄	收入書籍種數	編者總序	凡例	子目各書編者序跋及其內容	版本項	採用的版本	校記	其他
關隴叢書（重刊本）	省	漢迄金	17	不詳	不詳	全有		輯本		每書皆有作者傳略
涇陽文獻叢書（未見）	縣	明迄民國，明 1 種，民國 2 種為編者所編。	12							
關中叢書	省	漢迄清	54	有	有	全有。凡例第五條云內容為「著書顛末」、「稿本淵源」、「訂證苦心」、「選擇用意」等。	見於序跋	叢書本、原刊本、抄本。《續修四庫全書提要》云：「惜關中書籍缺少，所據原刻，多不甚佳。」		

16. 東北三省

叢書名	收入地域範圍	收入時代起迄	收入書籍種數	編者總序	凡例	子目各書編者序跋及其內容	版本項	採用的版本	校記	其他
遼海叢書	東三省	唐迄民國	80	有	有	12 種有敘、2 種校錄。書的淵源流傳、各版本之差異及錯誤。	總目、提要。	抄本、稿本、原刊本、叢書本、輯本等。		提要（內容甚簡）

17. 省分不詳

叢書名	收入地域範圍	收入時代起迄	收入書籍種數	編者總序	凡例	子目各書編者序跋及其內容	版本項	採用的版本	校記	其他
蜀阜文獻匯刻（未見）		宋 1 種，明 7 種，民國 2 種。	10							

結　語

　　中國古籍流傳至今約有十萬種，其中有很多是藉由叢書而保存下來的。據《中國叢書綜錄》編例所言，將所收二千七百九十七部叢書刪去重複的子目，共得三萬八千八百九十一種，可知叢書在保存文獻上的重要性。叢書的編輯，始於南宋俞鼎孫、俞經的《儒學警悟》，到了明代有了很大的發展，不過多有割裂刪節，清代考據學興起，叢書編輯較精。

　　編輯叢書的宗旨多不出存佚和嘉惠士林，依據收書的內容，可分彙編和類編。本文目的在瞭解彙編中的郡邑類叢書，包括其實質內容、編刊情形、動機、興起、特色、價值等。

　　郡邑叢書編刊的動機在於保存先賢著作、掌故等地方文獻，借此闡揚先賢之言行以導正世風，正如唐文治〈太崑先哲遺書首集序〉所云：「愛國不在空言，當先愛鄉。愛鄉不在空言，當先愛鄉先哲。鄉先哲不在形跡，而在精神。先哲往矣，其精神何所寄？惟傳述其著作文字而已。……」較之於其他叢書，其編刊的動機除了存佚、嘉惠士林外，更多了一分對國家社會的關懷。

　　這種對鄉邦文獻的重視，由來已久，諸如地方掌故、方志、詩文總集、地方著述書目等皆是。值得注意的是，和郡邑叢書同樣具有地方文獻性質的叢書，有收地方掌故的史類輿地和收地方詩文的集類總集郡邑兩類；和郡邑叢書同樣基於感念先賢而編的叢書，有收一人著述的自撰叢書和收某一氏族的氏族叢書，亦可與郡邑叢書相輔相成。

　　文獻學家認為，郡邑叢書是收一地鄉人之著述為一編，但實際編刊有三種情形，一是專收一地鄉人之著述；二是以收鄉人著述為主，而兼收不限鄉人所著的地方掌故；三是以收地方掌故為主，但多是鄉人所作。本文整理出八十六部郡邑叢書，所收書的地域範圍有一省、一府、一縣、一鎮，其中以《遼海叢書》收入東北三省之

著述爲最大；所收書的時代起迄有長有短，其中以收明清著述者居多；所收書的種數，百種以上者四部，五十種以上者十六部，低於十種者十八部，介於百種和五十種者最多，有四十八部。

本文第二、三章試圖說明臺灣可見郡邑叢書的編刊情形，並在第四章分析其特色和價值。郡邑叢書的特色，是以收一地鄉人著述爲主，兼及不限鄉人所著的掌故，多舉當地賢哲之人，不過有的編者會收入先人或自己的著述。所收內容雖不限經史子集，但因繫於一地文獻，所以不少部叢書收有方志，或編者自行編輯的詩文集、金石略、人物志、藝文志或年譜等文獻。

古籍叢書的價值，除了所收書本身的價值外，還有保存和整理古籍的價值，對讀者而言，不但易於求書，還可以看到校正、篩選過的善本。從郡邑叢書的體例和內容兩方面可以發現，郡邑叢書的編者對所收書多有保存罕見本和校正、整理之功，至於保存地方文獻的價值，更是無庸置疑。

本文在瞭解郡邑叢書的過程中，不可避免的，會遇到編刊始末、子目出入情況、所收書價值、版本等不詳的問題，雖然對於各部叢書未能一一評價，但對這類叢書的實質內容、編刊情形、動機、興起、特色、價值等方面，已有所認識。不過，在有所瞭解之後，最重要的是去閱讀及使用叢書，進一步去發掘好書、好版本，去蕪存菁，啓發思考、增加學識，才是研究叢書最大的目的。

附錄一：叢書目錄表

叢書目錄	成書年代	作　者	收錄種數	說　　明
二酉洞	1699	日一色時棟	40	收有類書《三才圖會》1 種，故實收錄叢書 39 種。
彙刻書目	1799	清顧修	261	
彙刻書目外集	1820	日松澤老泉		
彙刻書目		清吳式芬		在補續《彙刻書目》
彙刻書目初編	1875	清陳光照		另有新編和補編
增補彙刻書目	1875	北京琉璃廠書坊		
續彙刻書目	1876	清傅雲龍，清胡俊章補遺	500	
行素草堂目睹書錄	1885	清朱記榮	353	
《(顧修)彙刻書目》增訂本	1886	清朱學勤	567	
叢刻書目	1886 至 1889	清王懿榮		承朱學勤
續彙刻書目	1914	羅振玉		
續彙刻書目閏集	1914	羅振玉		
叢書舉要	1914	楊守敬	901	稿本，未刊。
增訂《叢書舉要》	1918	李之鼎	1605	訂補楊守敬書
彙刻書目初編		周毓邠		
彙刻書目二編	1919	周毓邠		

叢書目錄	成書年代	作　者	收錄種數	說　明
續叢書舉要	1924 年舊作〔註1〕	王謇		
叢書書目彙編	1928	沈乾一	2200	首用書名首字筆劃排列
續補彙刻書目	1929	劉聲木		
再續補彙刻書目	1930	劉聲木	780	
叢書子目索引	1930	金步瀛	400	1935 年又增訂。浙江圖書館館藏。
叢書書目續編初集	1931	杜聯喆	200	補訂沈乾一書
叢書書目拾遺	1934	孫殿起	523	增補沈乾一書、杜聯喆書、劉聲木《續補彙刻書目》。
三續補彙刻書目	1935	劉聲木	700	補沈乾一書、杜聯喆書。
叢書大辭典	1936 年南京初版	楊家駱	6000	
中國叢書綜錄〔註2〕	1959～62 1982～83（新版）	上海圖書館	2797	收 41 圖書館所藏，新版增至 47 館。
叢書總目續編	1974，台北市德浩書局	莊芳榮	683	收 1949 至 1974 年重印及新編的叢書，但缺郡邑類。
台灣各圖書館現存叢書子目索引第一部	1975，舊金山，中文研究資料中心	王寶先	1500	台灣十所圖書館
台灣各圖書館現存叢書作者索引第二部	1977，舊金山，中文研究資料中心	艾文博		
中國近代現代叢書目錄	1979	上海圖書館	5549	1902 至 1949 年出版的西學、新學叢書。

〔註 1〕蘇州圖書館館 1929 年創刊號、第二期載。
〔註 2〕之前有單一圖書館叢書目的編纂，例如：

叢　書　目　錄	成書年代	作　者	收錄種數	說　明
金陵大學圖書館叢書子目備檢－著者之部	1935	曹祖彬	360	南京金陵大學館藏
國立清華大學圖書館叢書子目書名索引	1936	施廷鏞	1275	清華大學館藏

叢書目錄	成書年代	作　者	收錄種數	說　　明
中國叢書目錄及子目索引匯編	不詳，有 1982 年序	施廷鏞、嚴仲儀、倪友春	977	《中國叢書綜錄》已見者不再收錄
中國叢書綜錄補正	1984，揚州市江蘇廣陵古籍刻印社	陽海清		
中國古籍善本書目·叢部	1989，上海古籍出版社	中國古籍善本書目編輯委員會編		
中國叢書廣錄	1999，湖北人民出版社	陽海清	3279	收入歷來著錄的知見性目錄，《中國叢書綜錄》已收者不復收。
日本典藏中國叢書目初編	1999，杭州市杭州大學出版社	李銳清		中研院文哲所訂購中

附錄二：江浙兩省地圖

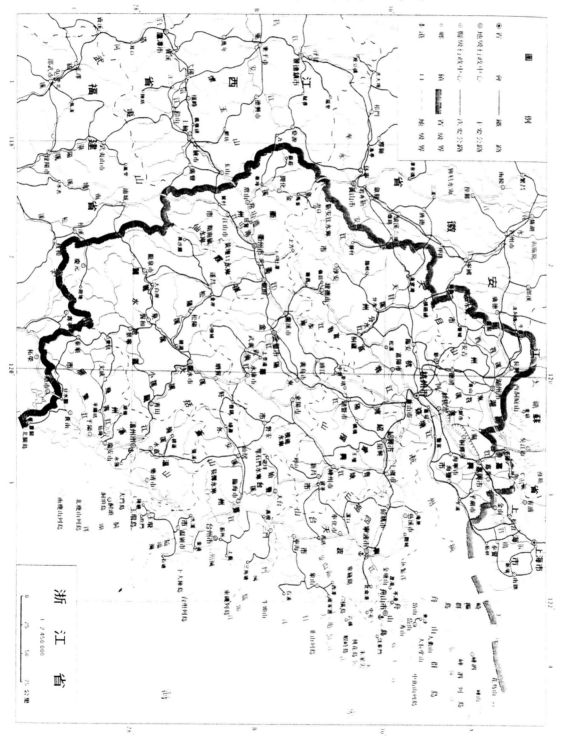

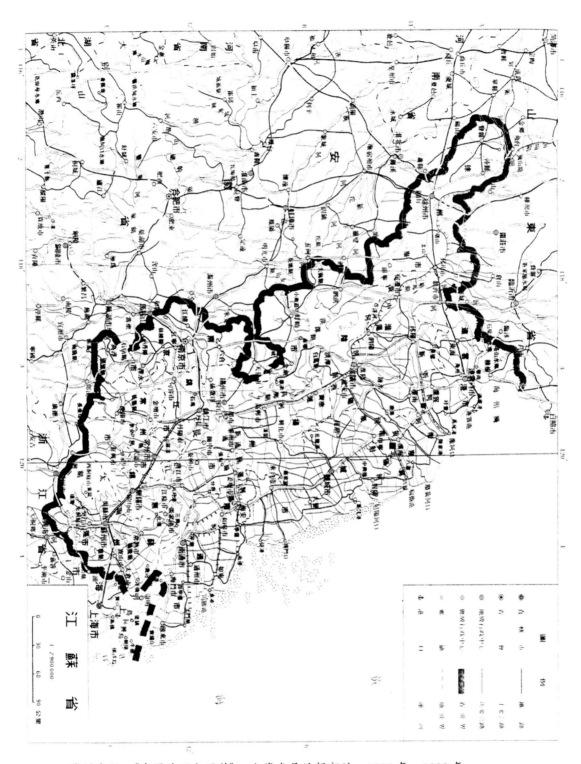

資料來源：《中國地理大百科》，光復書局編輯部編，1997 年～1998 年。

附錄三：臺灣未見郡邑叢書子目

　　臺灣未見郡邑叢書三十一部，其中菰村漁父《虞陽說匯》、《蔭玉閣叢書》、《海虞雜志》十三種、《海虞雜志》二十五種四部，子目已見於第一章，此不覆錄。其他二十七部，按其編刊先後次序排列，臚列所收書及作者如下：

一、《金華叢刻》

地域範圍為浙江省金華府，□金律孔時編。據《中國叢書廣錄》增。

1. 《金仁山年譜》1卷，（明）徐袍撰。
2. 《金仁山先生文集》1卷，（宋）金履祥撰。
3. 《正學篇》1卷，（宋）呂祖謙撰。
4. 《王魯齋先生傳集》2卷，（宋）王柏撰。
5. 《何北山先生正學篇》1卷，（宋）何基撰。
6. 《章楓山先生正學篇》1卷，（明）章懋撰。
7. 《大學疏義》1卷，（宋）金履祥撰。
8. 《論語集註考證》10卷，（宋）金履祥撰。
9. 《孟子集註考證》7卷，（宋）金履祥撰。
10. 《許白雲先生傳集》4卷，（元）許謙撰。
11. 《濂洛風雅》6卷，（宋）金履祥撰。
12. 《金華徵獻略》20卷目錄1卷，□王崇炳撰。

二、《乍川文獻》

地域範圍為浙江省乍浦鎮，（清）宋景關輯。

1. 《乍浦志》6卷首1卷末1卷《續纂》2卷，（清）宋景關撰。
2. 《龍湫集》6卷首1卷末1卷，（清）李天植撰。
3. 《九峰文鈔》2卷，（清）宋景關輯。

4. 賦稿合編

《話桑賦稿》1卷，（清）宋景關撰。

《與春賦稿》1卷，（清）陳鼎銘撰。

《漢閣賦稿》1卷，（清）林中麒撰。

《汾澤賦稿》1卷，（清）王映樞撰。

《蟾士賦稿》1卷，（清）吳誠撰。

《菊人賦稿》1卷，（清）吳謙撰。

《卬浦賦稿》1卷，（清）宋慎機撰。

《西棻賦稿》1卷，（清）方棟撰。

《潯初賦稿》1卷，（清）朱士棟撰。

《乳谿賦稿》1卷，（清）韋典韶撰。

《二如賦稿》1卷，（清）王景模撰。

《桑阿吟屋稿》4卷，（清）宋景關撰。

《待盧集》3卷，（清）劉錫勇撰。

《雲屋殘編》1卷，（清）徐士芳撰。

三、《酌古準今》

不詳地域範圍為江蘇省何地，（清）□編。

1. 《懷古錄》3卷，（元）謝應芳撰。

2. 《辨惑編》4卷《附錄》1卷，（元）謝應芳撰。

3. 《踵息盧稿》4卷，（清）謝珍輯

4. 《三近齋語錄》1卷，（明）毛憲撰。

5. 《踵息盧粹語》1卷，（清）謝珍撰。

6. 《易學贅言》2卷，（清）謝珍撰。

7. 《謝氏源流》1卷，（清）謝蘭生撰。

8. 《詠梅軒仰觀錄》2卷，（清）謝蘭生撰。

9. 《十家語錄摘要》2卷，（清）謝蘭生撰。

10. 《詠梅軒記》1卷《詠梅軒記增訂》1卷《賸稿》1卷《存要》1卷，（清）謝蘭生撰。

11. 《輿圖總論注釋》1卷，（清）謝蘭生撰。

12. 《緯青遺稿》1卷，（清）張紃英撰。

13. 《宛鄰詩》2卷，（清）張琦撰。

14. 《蓬室偶吟》1卷，（清）湯瑤卿撰。

15. 《立山詞》1卷，（清）張琦撰。

16. 《宛鄰文》2 卷，（清）張琦撰。

17. 《澹菊軒詩初稿》4 卷《澹菊軒詞》1 卷，（清）張綸英撰。

18. 《明發錄》1 卷，（清）張仲遠撰。

四、《續臺州叢書》

地域範圍為清浙江省臺州府，楊晨編。

1. 《五經論》1 卷，（宋）車似慶撰。

2. 《孝經述註》1 卷，（明）項霦撰。

3. 《孝經正義》1 卷，（明）陳選注。

4. 《參易發凡》1 卷，（清）楊鷹揚撰。

5. 《雙峰先生內外服制通釋》7 卷，（宋）車垓撰。

6. 《周易爻變義蘊》4 卷，（元）陳應潤撰。

7. 《伊洛淵源續錄》6 卷，（明）謝鐸撰。

8. 《天台前集》3 卷《前集別編》1 卷拾遺 1 卷《續集》3 卷續集拾遺 1 卷《續集別編》6 卷，（宋）李庚、林師蒧輯，別編宋林表民輯。

9. 《赤城新志》23 卷，（明）謝鐸修。

10. 《赤城集》33 卷，（明）謝鐸輯。

五、《東臺先哲遺書》

地域範圍為江蘇省東臺縣，清末宣統二年起，袁承業陸續編印。據《中國叢書廣錄》增。

1. 《陋軒集》6 卷，（清）吳嘉紀撰，袁承業注

2. 《江村集》2 卷，程岫撰。

3. 《明周源溪少溪元度三先生遺稿合刊》2 卷，（明）周瑞、周士宏、周莊撰。

4. 《汲古堂詩存》2 卷，沈聃開撰。

5. 《獨善堂文集 8 卷，王大經撰。

6. 《東臺詩徵》4 卷，袁承業撰。

7. 《震齋集》2 卷，汪濟撰。

8. 《依歸草文集》4 卷，（清）張符驤撰。

9. 《琴峰詩鈔》2 卷，畢嘉梓撰。

10. 《嘯竹詩鈔 8 卷，袁承福撰。

11. 《海燕草堂集》4 卷，周庠撰。

12. 《義竹詩鈔》2 卷，袁先忠撰。

13. 《春田詩鈔 8 卷，孔廣仁撰。

14. 《野言集》2 卷，袁承業撰。

15. 《水災吟前後編》2 卷，鄭鑾等撰。

16. 《東臺文獻徵存錄》2 卷，袁承業撰。

六、《越中文獻輯存書》

地域範圍為浙江省紹興府，（清）紹興公社輯。

1. 《蘇甘室讀說文小識》1 卷，（清）何壽章撰。

2. 《偶東餓夫傳》，（明）章正宸撰。

3. 《越縵堂日記鈔》1 卷，（清）李慈銘撰。

4. 《鄉談》1 卷，（清）田易撰。

5. 《憂菴大司馬並夫人合稿》1 卷，（清）姚啟聖、（清）沈氏撰。

6. 《筠菴文選》1 卷，（清）陶及申撰。

7. 《石家池王氏譜錄》1 卷，（清）王績銘撰。

8. 《柯山小志》3 卷，（清）周銘鼎撰。

9. 《越中園亭記》6 卷，（明）祁彪佳撰。

10. 《余忠節公遺文》1 卷，（明）余煌撰。

七、《齊魯遺書》

不詳其地域範圍為山東省何地，（清）□編。據《中國叢書廣錄》增。

1. 《詩古音》2 卷，（清）楊峒撰。

2. 《三古紀略》4 卷，（清）張侗撰。

3. 《史記斠》1 卷，（清）王筠撰。

4. 《青社遺聞》4 卷，（清）安致遠撰。

5. 《拙齋古文稿》1 卷，（清）高守訓撰。

6. 《益都金石記》4 卷，（清）段松齡撰。

7. 《楹書隅錄》4 卷《續》4 卷，（清）楊紹和撰。

8. 《夕霏亭集》1 卷，（清）黃垍撰。

9. 《南澗集》1 卷，（清）李文藻撰。

10. 《楊書巖先生古文稿》1 卷，（清）楊峒撰。

11. 《蜩鳴集》2 卷，（清）朱若賓撰。

12. 《彭城近草》1 卷，（清）宋統殷等撰。

13. 《麓臺集》1 卷，（清）高倫伯撰。

14. 《西江草》1 卷，（清）錢大受撰。

15. 《隴上吟》1 卷，（清）馮文炌撰。

16. 《聊齋詩草》1 卷，（清）蒲松齡撰。

17. 《練塘詩草》1卷，（清）張希傑撰。
18. 《柱山詩話》1卷，（清）黃立世撰。

八、《龍眠叢書》

地域範圍為安徽省桐城縣，桐城縣北有龍眠山，故名。（清）光聰諧輯。

1. 《望溪奏議》2卷，（清）方苞撰。
2. 《惜抱軒書錄》4卷，（清）姚鼐撰。
3. 《田間集》10卷，（清）錢澄之撰。
4. 《南澗詞選》2卷，（清）何采撰。
5. 《喪禮或問》2卷，（清）方苞撰。
6. 《心學宗》2卷，（明）方學漸撰。
7. 《三傳補注》2卷，（清）姚鼐撰。
8. 《白白齋貨殖傳評》2卷，（清）姚康撰。
9. 《昌谷集註》4卷，（清）姚文燮撰。
10. 《空明谷詞》1卷，（清）姚士陛撰。
11. 《馬太僕奏略》2卷，（明）馬孟禎撰。
12. 《左傳補註》2卷，（清）馬宗璉撰。
13. 《左忠毅公（光斗）年譜》2卷，（清）左宰撰。
14. 《猗覺寮雜記》2卷，（宋）朱翌撰。
15. 《歸雅堂詩集》3卷，□吳鏐撰。
16. 《黃山紀勝》4卷，（清）徐璈撰。
17. 《片舫齋詩集》12卷，（清）光標撰。
18. 《大易旁通》12卷，□光成采撰。

九、《翠微山房叢書》

地域範圍為浙江省金華府，（清）張作楠編。據《中國叢書廣錄》增。

1. 《九經發題》1卷，（宋）唐仲友撰。
2. 《古周易》1卷，（宋）呂祖謙輯
3. 《三國紀年》1卷，（宋）陳亮撰。
4. 《征南錄》1卷，（宋）滕元發撰。
5. 《艮嶽記》1卷，（宋）張淏撰。
6. 《革象新書》2卷，（元）趙友欽撰，（明）王禕刪定。
7. 《竹齋詩餘》1卷，（宋）黃機撰。
8. 《愚書》1卷，（宋）唐仲友撰。

9. 《臥游錄》1卷,(宋)呂祖謙撰。

10. 《金華游錄》1卷,(宋)方鳳撰。

11. 《南海古蹟記》1卷,(宋)吳萊撰。

12. 《龍門子凝道記》3卷,(明)宋濂撰。

13. 《楓山語錄》1卷,(明)章懋撰。

14. 《龍川詞》1卷補遺1卷,(宋)陳亮撰。

15. 《書集傳或問》2卷,(宋)陳大猷撰。

16. 《青溪寇軌》1卷,(宋)方勺撰。

17. 《華川卮辭》1卷,(明)王褘撰。

18. 《青巖叢錄》1卷,(明)王褘撰。

19. 《酌古論》4卷,(宋)陳亮撰。

20. 《入越記》1卷,(宋)呂祖謙撰。

21. 《欒城遺言》1卷,(宋)蘇籀撰。

22. 《格致餘論》2卷,(元)朱震亨撰。

23. 《局方發揮》1卷,(元)朱震亨撰。

24. 《春秋左氏傳說》20卷(存17卷),(宋)呂祖謙撰。

25. 《書疑》9卷,(宋)王柏撰。

26. 《詩疑》2卷,(宋)王柏撰。

27. 《日損齋筆記》1卷附錄1卷,(元)黃溍撰。

28. 《少儀外傳》2卷,(宋)呂祖謙撰。

29. 《涉史隨筆》1卷,(宋)葛洪撰。

30. 《中興論》1卷,(宋)陳亮撰。

31. 《諸子辨》1卷,(明)宋濂撰。

32. 《元眞子》3卷,(唐)張志和撰。

33. 《五氣大有寶書》1卷,(明)宋濂撰。

34. 《詩集傳名物鈔》8卷,(元)許謙撰。

35. 《螢雪叢說》2卷,(宋)俞成撰。

36. 《蘿山雜言》1卷,(明)宋濂撰。

37. 《燕書四十篇》1卷,(明)宋濂撰。

38. 《吳禮部詩話》1卷,(元)吳師道撰。

39. 《少室山房筆叢正集》32卷《續集》16卷,(明)胡應麟撰。

40. 《浦陽人物記》2卷,(明)宋濂撰。

41. 《甲乙剩言》1卷,(明)胡應麟撰。

42. 《四書叢說》8卷，（元）許謙撰。

43. 《雲谷雜記》4卷，（明）張淏撰。

44. 《泊宅編》3卷，（宋）方勺撰。

45. 《宋本泊宅編》10卷，（宋）方勺撰。

46. 《翠微山房文鈔》不分卷，（清）張作楠撰。

十、《蕭山叢書》

地域範圍為浙江省蕭山縣，（清）魯燮光輯。

1. 《周節婦志姜詩遺蹟》1卷，（清）魯燮光輯。

2. 《凌溪丁氏雙烈卷遺蹟》1卷，（清）魯燮光輯。

3. 《周荊山志雪堂贈言遺蹟》1卷，（清）魯燮光輯。

4. 《毛西河先生曼殊留視圖冊遺蹟》1卷，（清）魯燮光輯。

5. 《古永興往哲記》2卷，（清）蔡大績撰。

6. 《蕭山茂材錄》1卷，（清）魯燮光撰。

7. 《固陵雜錄》3卷，（清）魯燮光輯。

8. 《湘湖水利志》3卷，（清）毛奇齡撰。

9. 《金石志存》1卷，（清）魯燮光輯。

10. 《股堰備攷》1卷，（清）魯燮光輯。

11. 《明王遂東先生尺牘存本》1卷，（明）王思任撰。

十一、《赤城遺書彙刊》

地域範圍為清浙江省臺州府，金嗣獻編。

1. 《陳子高遺詩》1卷補遺1卷附錄1卷，（宋）陳克撰。

2. 《赤城詞》1卷，（宋）陳克撰。

3. 《四六談麈》1卷，（宋）謝伋撰。

4. 《密齋筆記》5卷《續記》1卷，（宋）謝采伯撰。

5. 《畫簾緒論》1卷，（宋）胡太初撰。

6. 《深雪偶談》1卷，（宋）方岳撰。

7. 《待清軒遺稿》1卷，（元）潘音撰。

8. 《介石稿》1卷附錄1卷，（明）許伯旅撰。

9. 《全室外集》9卷《續集》1卷，（明）釋宗泐撰。

10. 《掬清稿》4卷附錄1卷，（明）張羽撰。

11. 《定軒存稿》16卷附錄1卷拾遺1卷，（明）黃孔昭撰。

12. 《綠天亭詩集》3卷《文集》1卷，（清）林之松撰。

13. 《葵圃存草》1 卷，（清）林漢佳撰。

14. 《地理枝言》1 卷，（清）洪枰撰。

15. 《小有天園雜著》1 卷，（清）金壽祺撰。

16. 《棟香館詩鈔》1 卷，（清）陳琛撰。

十二、《雪華館叢編》

不詳其地域範圍為山西省何地，牛誠修輯。

經　類

1. 《讀易旁求》8 卷，（清）王亮功撰。

2. 《圖南齋著卜》2 卷，（清）鞏懿修撰。

3. 《春秋經論摘義》4 卷，（清）王亮功撰。

史　類

1. 《讀史贊要》1 卷，（清）王亮功撰。

2. 《三立閣史鈔》2 卷，（清）李鎔經撰。

集　類

1. 《傅文恪公全集》10 卷附錄 1 卷，（明）傅新德撰。

2. 《率眞鳴》1 卷，（明）鄭友周撰。

3. 《亦樂亭詩集》2 卷，（清）牛先達撰。

4. 《梅村文鈔》1 卷，（清）樊裕發撰。

5. 《圖南集》2 卷，（清）鞏懿修撰。

6. 《雜文偶存》2 卷，（清）李鎔經撰。

7. 《傲霜園詩鈔》1 卷，（清）薄承硯撰。

8. 《如嬰齋文鈔》1 卷，（清）梁述孔撰。

9. 《鞠笙遺集》2 卷，（清）邢崇先撰。

10. 《曝犢亭詩鈔》1 卷，（清）張聯奎撰。

11. 《晉昌遺文彙鈔》2 卷，牛誠修輯。

雜著類

1. 《誡勗淺言》1 卷，（明）傅新德撰。

2. 《樸齋省愆錄》8 卷，（清）王亮功撰。

3. 《順甫遺書》4 卷，（清）劉象豫撰。

4. 《鞠年譜》1 卷附日記，（清）邢崇先撰。

十三、《山陽叢書》

地域範圍為江蘇省淮安縣，山陽為淮安古名。段朝端編。據《中國叢書廣錄》增。

1. 《春秋傳説從長》12 卷，（清）阮芝生撰。
2. 《春秋杜註拾遺》1 卷，（清）阮芝生撰。
3. 《春秋異地同名考》1 卷，（清）丁壽徵撰。
4. 《夏小正傳校勘記》1 卷，（清）丁壽徵撰。
5. 《周禮異字釋》6 卷，徐嘉撰。
6. 《補後漢書藝文志》31 卷，（清）顧櫰三輯。
7. 《通俗文佚文》1 卷，（清）顧櫰三輯。
8. 《通俗文補音》1 卷，（清）顧櫰三輯。
9. 《風俗通義佚文》1 卷，（清）顧櫰三輯。
10. 《日知錄校正》1 卷，（清）丁晏撰。
11. 《律書律數條義疏》1 卷，（清）邱逢年撰。
12. 《金壺浪墨》1 卷，（清）潘德輿撰。
13. 《茶餘客話》22 卷，（清）阮葵生撰。
14. 《白牟山人年譜》1 卷，（清）魯一同撰。
15. 《山陽河下園亭記》1 卷，（清）李元庚撰。
16. 《淮城日記》1 卷，（明）張天民撰。
17. 《淮陰金石僅存錄》1 卷，羅振玉錄。
18. 《渾齋小稿》1 卷，（清）潘亮熙撰。
19. 《耳鳴山人賸稿》1 卷，（清）周寅撰。
20. 《盧靜齋詩稿》1 卷，（清）高士魁撰。
21. 《歷代鼎甲錄》1 卷，（清）楊慶之輯。
22. 《國朝人書評》1 卷，（清）陳墉撰。
23. 《義貞事跡》1 卷，（清）程鍾撰。
24. 《山陽詩徵》26 卷，（清）丁晏原輯，（清）王錫祺重編。
25. 《山陽詩徵續編》44 卷，（清）王錫祺編。

十四、《海陵叢刻》

地域範圍為江蘇省泰縣，海陵為泰縣古名，大陸改名泰州市。韓國鈞輯。

1. 《退庵筆記》16 卷附《宋石齋筆談》1 卷《六客之盧筆談》1 卷，（清）夏荃撰。
2. 《梓里舊聞》8 卷，（清）夏荃輯。
3. 《退庵錢譜》8 卷附《歷代錢譜考》1 卷《歷代年號重襲考》1 卷，（清）夏荃撰。
4. 《海陵集》23 卷《外集》1 卷，（宋）周麟之撰。
5. 《林東城文集》2 卷，（明）林春撰。
6. 《小學駢支》8 卷，（清）田寶臣撰。

7. 《運氣辯》不分卷,(清)陸儋辰撰。

8. 《依歸草初刻》10卷《二刻》2卷遺文1卷,(清)張符驤撰。

9. 《敬止集》3卷,(明)陳應芳撰。

10. 《春雨草堂別集》8卷,(清)宮偉鏐撰。

11. 《徵尚錄存》6卷,(清)宮偉鏐撰。

12. 《春秋長歷》10卷,(清)陳厚耀撰。

13. 《海安考古錄》4卷,(清)王叶衢撰。

14. 《繪事微言》4卷,(明)唐志契撰。

15. 《陸筦泉醫書》6卷,(清)陸儋辰撰。

16. 《柴墟文集》15卷附錄1卷,(明)儲巏撰。

17. 《東皋先生詩集》5卷附錄1卷,(元)馬玉麟撰。

18. 《發幽錄》1卷,(清)沈默撰。

19. 《雙虹堂詩合選》不分卷,(清)張幼學撰。

20. 《先我集》4卷,(清)陳文田輯。

十五、《臺州叢書己集》

地域範圍為清浙江省臺州府,楊晨輯。

1. 《湖山集》10卷補遺1卷,(宋)吳芾撰。

2. 《篔窗集》10卷補遺1卷,(宋)陳耆卿撰。

3. 《玉溪吟草》1卷,(宋)林表民撰。

4. 《項可立集》1卷,(元)項炯撰。

5. 《雨峰慚草》1卷,(元)陳德永撰。

6. 《檜亭稿》9卷拾遺1卷,(元)丁復撰。

7. 《楊仲禮集》1卷補遺1卷,(元)楊敬德撰。

8. 《顧北集》1卷,(元)泰不華撰。

9. 《羽庭詩集》4卷補遺1卷《文集》4卷補遺1卷,(元)劉仁本撰。

10. 《東軒集》1卷,(元)方行撰。

11. 《蒙泉集》1卷,(元)鄭守仁撰。

12. 《一愚集》1卷,(元)釋子賢撰。

十六、《楚州叢書》第一集

地域範圍為清江蘇省淮安府,冒廣生編。

1. 《枚叔集》1卷,(漢)枚乘撰,(清)丁晏輯。

2. 《陳孔璋集》1卷,(漢)陳琳撰,(清)丁晏輯,段朝端校補,冒廣生補。

3. 《渭南詩集》2 卷補遺 1 卷，（唐）趙蝦撰，段朝端校補。

4. 《節孝先生集》30 卷《語錄》1 卷事實 1 卷附載 1 卷，（宋）徐積撰。

5. 《清尊錄》1 卷，（宋）廉布撰。

6. 《陸忠烈公遺集》1 卷，（宋）陸秀夫撰。

7. 《龜城叟集輯》1 卷附錄 1 卷，（宋）龔開撰，冒廣生輯。

8. 《畫鑑》1 卷，（元）湯垕撰。

9. 《射陽先生文存》1 卷，（明）吳承恩撰，（清）吳進輯，段朝端補。

10. 《書法約言》1 卷，（清）宋曹撰。

11. 《毛朱詩說》1 卷，（清）閻若璩撰。

12. 《濟州學碑釋文》1 卷，（清）張弨撰。

13. 《葦間老人題畫集》1 卷，（清）邊壽民撰，羅振玉等輯。

14. 《赤泉元筌》1 卷，（清）任瑗撰。

15. 《山陽志遺》4 卷，（清）吳玉搢撰。

16. 《十憶詩》1 卷，（清）吳玉搢撰。

17. 《易蘊》2 卷，（清）楊禾撰。

18. 《寄生館駢文》1 卷附錄 1 卷，（清）蕭令裕撰，冒廣生輯。

19. 《永慕廬文集》2 卷，（清）蕭文業撰。

20. 《徐集小箋》3 卷，段朝端撰。

21. 《徐節孝（積）先生年譜》1 卷，段朝端撰。

22. 《張力臣（弨）先生年譜》1 卷，段朝端撰。

23. 《吳山夫（玉搢）先生年譜》1 卷，段朝端撰。

十七、《涇陽文獻叢書》

地域範圍為陝西省涇陽縣，柏堃輯。

1. 《涇獻文存》12 卷《外編》4 卷，柏堃輯。

2. 《涇獻詩》4 卷《外編》2 卷，柏堃輯。

3. 《王端節公遺集》4 卷，（明）王徵撰。

4. 《正學齋文集》3 卷，（清）王介撰。

5. 《艾陵文鈔》16 卷《詩鈔》2 卷，（清）雷士俊撰。

6. 《荷塘詩集》12 卷，（清）張五典撰。

7. 《徐太常公遺集》4 卷，（清）徐法績撰。

8. 《靜志齋吟草》1 卷，（清）徐韋佩撰。

9. 《後涇渠志》3 卷，（清）蔣湘南撰。

10. 《牛涇村遺著三種》，（清）牛振聲撰。

《省克捷訣》1卷

《訓士瑣言》1卷

《勇節孝彙編》1卷

十八、《蜀阜文獻彙刻》

不詳其地域範圍，徐仲達編。據《中國叢書廣錄》增。

1. 《蜀阜存稿》1卷，（宋）錢時撰。

2. 《地理真訣》2卷，徐宗顯撰。

3. 《地理件目》2卷，徐宗顯撰。

4. 《徐純齋公文集》5卷，（明）徐鑑撰。

5. 《徐康懿公餘力稿》5卷，（明）徐貫撰。

6. 《太參吾溪詩集》1卷，（明）徐楚撰。

7. 《鳳谷公詩集》1卷，（明）徐應簧撰。

8. 《蜀阜小誌》1卷，（明）徐楚撰。

9. 《蜀阜徐氏文獻錄》1卷附《百梅詩》1卷，（明）徐應簧撰。

十九、《羅王氏校印鄉哲遺書》

地域範圍為湖北省羅田縣，王葆心編。據《中國叢書廣錄》增。

1. 《經義積微記》4卷，（明）姚晉圻撰。

2. 《皖游紀聞》，張星煥撰。

3. 《轆轤亭筆記》，張星煥撰。

4. 《竹中記》，□魏晉撰。

5. 《西除集》，□魏晉撰。

6. 《鄧雲山先生詞二種》，□鄧譯撰。

二十、《處州叢書》

地域範圍為清浙江省處州府，端木或等編。據《中國叢書廣錄》增。

1. 《周易玩辭》10卷，（宋）項安石撰。

2. 《東谷易翼傳》2卷，（宋）鄭汝諧撰。

3. 《周易指》38卷《易例》1卷《易圖》1卷《易斷詞》1卷，（清）端木國瑚撰。

4. 《四書纂疏》26卷，（宋）趙順孫撰。

5. 《論語意原》4卷，（宋）鄭汝諧撰。

6. 《綱目發明49卷，（宋）尹起莘撰。

7. 《戰國策》10卷，（宋）鮑彪撰。

8. 《漢雋》10卷，（宋）林越撰。

9. 《石林奏議》15 卷，（宋）葉夢得撰。

10. 《咸淳臨安志》100 卷，（宋）潛說友撰。

11. 《成化處州府》，（明）劉宣撰。

12. 《括蒼金石志》12 卷，（清）李遇孫撰。

13. 《淳化閣帖釋文辨正》10 卷，□王尚廥撰。

14. 《石林燕語》10 卷，（宋）葉夢得撰。

15. 《四朝聞見錄》5 卷附錄 1 卷，（宋）葉紹翁撰。

16. 《邇言》8 卷，（宋）劉炎撰。

17. 《吹劍錄》1 卷《外集》1 卷，（宋）俞文豹撰。

18. 《催官篇》2 卷，（宋）賴文俊撰。

19. 《芥隱筆記》1 卷，（宋）龔頤正撰。

20. 《項氏家說》10 卷附錄 2 卷，（宋）項安石撰。

21. 《平安悔稿》12 卷《後編》6 卷《丙辰悔稿》1 卷補遺 1 卷，（宋）項安石撰。

22. 《遂昌雜錄》1 卷，（宋）鄭元祐撰。

23. 《靈棋經》2 卷，（明）劉基撰。

24. 《草木子》4 卷，（明）葉子奇撰。

25. 《太元本旨》9 卷，（明）葉子奇撰。

26. 《梅山續稿》17 卷，（宋）姜特立撰。

27. 《水心文集》29 卷補遺 1 卷《別集》16 卷，（宋）葉適撰。

28. 《月洞詩集》2 卷，（宋）王鎡撰。

29. 《文說》1 卷，（元）陳繹曾撰。

30. 《此山集》10 卷，（元）周權撰。

31. 《午溪集》10 卷，（元）陳鎰撰。

32. 《僑吳集》10 卷，（元）鄭元祐撰。

33. 《木訥齋文集》5 卷附錄 1 卷，（元）王毅撰。

34. 《玉井樵唱》3 卷，（元）尹廷高撰。

35. 《劉文成公集》20 卷《郁離子》4 卷《翊運錄》1 卷，（明）劉基撰。

36. 《自怡集》1 卷，（明）劉璉撰。

37. 《易齋集》2 卷，（明）劉璟撰。

38. 《滑疑集》8 卷，□韓錫胙撰。

39. 《漁村記》2 卷，□韓錫胙撰。

40. 《太鶴山人集》17 卷，（清）端木國瑚撰。

二一、《義烏先哲遺書》

地域範圍為浙江省義烏縣,黃侗輯。

1. 《我疑錄》1卷附《讀古本大學》1卷,(清)程德調撰。

2. 《存悔堂詩草》1卷,(清)程德調撰。

3. 《粲花館詩鈔》1卷《詞鈔》1卷,(清)樓杏春撰。

二二、《江陰先哲遺書》

地域範圍為江蘇省江陰縣,謝鼎鎔輯。

1. 《讀史諍言》4卷,(清)章詒燕撰。

2. 《未庵初集》4卷,(清)曹禾撰。

3. 《奇姓通》14卷,(明)夏樹芳撰。

4. 二介詩鈔

《黃介子詩鈔》4卷首1卷,(明)黃毓祺撰。

《李介立詩鈔》4卷首1卷,(清)李寄撰。

二三、《檇李叢書》

地域範圍為清浙江省嘉興府,金兆蕃輯。

1. 《春秋平義》12卷,(清)俞汝言撰。

2. 《春秋四傳糾正》1卷,(清)俞汝言撰。

3. 《嘉禾徵獻錄》50卷《外紀》6卷,(清)盛楓撰。

4. 《古禾雜識》4卷,(清)項映薇撰,(清)王壽補,吳受福續補。

5. 《寒松閣談藝瑣錄》6卷,(清)張鳴珂撰。

6. 《衍石齋晚年詩稿》5卷,(清)錢儀吉撰,錢振聲輯。

7. 《采山堂遺文》2卷,(清)周篔撰,余霖輯。

8. 《萬松居士詞》1卷,(清)錢載撰。

9. 《芙馨館詞》1卷,(清)朱爲弼撰。

二四、《萬潔齋叢刊》

不詳其地域範圍為浙江省何地,周延年輯。

1. 《平津館金石萃編》20卷,(清)嚴可均輯。

2. 《蛾子時述小記》1卷,(清)董熜撰。

3. 《讀國語簡記》1卷,(清)董熜撰。

4. 《東游草》1卷《鶴野詞》1卷,(清)王翰青撰。

附

1. 《兩漢訂誤》4卷,(清)陳景雲撰。

2. 《廣藝舟雙輯評論》1卷,黃紹箕撰。

二五、《宣威叢書》

地域範圍為雲南省宣威縣，繆秋沈輯。

1. 《乾隆宣威州志殘》1卷（存卷2），（清）饒夢銘撰。
2. 《咸同宣威大事記》1卷，（清）繆濟齋撰。
3. 《可鑒編稿存》1卷，（清）□撰。
4. 《三朝紀略》1卷，（清）□撰。

二六、《宜黃叢書》第一輯

地域範圍為江西省宜黃縣，吳士偉編。

1. 《譚襄敏公奏議》10卷，（明）譚綸撰。
2. 《譚襄敏公遺集》3卷《末》1卷，（明）譚綸撰。
3. 《謝子約書》12卷，（清）謝階樹撰。
4. 《黃樹齋先生年譜》1卷，（清）黃爵滋撰。（據《中國叢書廣錄》增）

二七、《南京文獻叢刊》

盧前編。據《中國叢書廣錄》增。

1. 《洪武京城圖志記》1卷，（明）王俊華撰。
2. 《正德江寧縣志》10卷，（明）王誥、劉雨撰。
3. 《萬曆上元縣志》12卷，（明）程三省、李登撰。
4. 《牛首山志》2卷，（明）盛時泰撰。
5. 《棲霞小志》1卷，（明）盛時泰撰。
6. 《覆舟山小志》1卷，汪闓撰。
7. 《江南好辭》1卷，（清）張汝南撰。
8. 《歲華憶語》1卷，夏仁虎撰。
9. 《獻花岩志》1卷，（明）陳沂撰。
10. 《金陵古今圖考》1卷，（明）陳沂撰。
11. 《鳳麓小志》4卷首1卷末1卷，（清）陳作霖撰。
12. 《秦淮志》12卷，夏仁虎撰。
13. 《南京氣候志》1卷，盧鋆撰。
14. 《里乘備識》1卷，王孝烇撰。
15. 《鄉飲贈談》1卷，王孝烇撰。
16. 《北窗瑣識》1卷，王孝烇撰。
17. 《游梁雜識》1卷，王孝烇撰。
18. 《冶城話舊》2卷，盧前撰。

19. 《陷京三月回憶錄》1 卷，蔣公穀撰。

20. 《日寇禍京始末記》1 卷，陶秀夫撰。

21. 《丁丑劫後里門聞見錄》1 卷，陸詠黃撰。

22. 《白門食譜》1 卷，張通之撰。

23. 《冶城蔬譜》1 卷，（清）龔乃保撰。

24. 《劍青室隨筆》1 卷，（清）王柳門撰。

25. 《千一齋脞錄》2 卷，程先甲撰。

26. 《鄂渚紀聞》1 卷，（清）劉源深撰。

27. 《榷軒隨筆》1 卷，（清）夏仁溥撰。

28. 《竹鎮雜記》1 卷，（清）李敬撰。

29. 《餘生偶筆》1 卷，（清）王杰撰。

30. 《硯北瑣談殘稿》1 卷，（清）汪傳緒撰。

31. 《敦復自省錄》1 卷，（清）汪傳緒撰。

32. 《択餉解滇日記》1 卷，（清）汪□煇撰。

33. 《石壽山房集》4 卷，（清）盧崟撰。

34. 《獵吳草》1 卷，蔣汝正撰。

35. 《高子安遺稿》1 卷，（清）高德泰撰。

36. 《淡言齋詩鈔》1 卷，李籛撰。

37. 《粉槃□》1 卷，（清）端木綵撰。

38. 《香月樓殘稿》1 卷，陳道南撰。

39. 《弢素遺稿》1 卷，石凌漢撰。

40. 《壽盦詩存》1 卷，程晉燾撰。

41. 《覆瓿集賸稿》1 卷，侯日昌撰。

42. 《續金陵文鈔》2 卷，陳詒紱撰。

43. 《燹餘雜詠》2 卷，（清）伍承欽撰。

44. 《娛目軒詩集》1 卷，張通之撰。

45. 《庠序懷舊錄》1 卷，張通之撰。

46. 《趨庭紀聞》1 卷，張通之撰。

47. 《秦淮感逝》1 卷，張通之撰。

48. 《金陵四十八景題詠》1 卷，張通之撰。

49. 《爲谿齋詩集》2 卷，楊炎昌撰，楊熙昌編。

50. 《醉侯詩鈔》2 卷，（清）劉源深撰。

51. 《冬飲廬文稿》1 卷《詩稿》1 卷《詞稿》1 卷，王瀣撰。

52. 《冬飲盧藏書題記》1 卷，王瀣撰。

53. 《潤龕書畫跋》2 卷，劉文燿撰。

54. 《青谿詩話》1 卷，（清）陳澹然撰。

55. 《盋山談藝錄》1 卷，顧雲撰。

56. 《鐙影錄》1 卷，孫正礽撰。

57. 《東壩三官廟神籤詞》1 卷，（清）金和撰。

58. 《詩法撮要》1 卷，（清）陳熙春輯。

59. 《南岡草堂墨餘集》1 卷，秦際唐撰。

60. 《金陵詞鈔續編》6 卷，仇埰編。

61. 《秋夢錄》1 卷，王孝烇撰。

62. 《東城志略》1 卷，陳作霖撰。

63. 《至正金陵新志》10 卷，（元）張鉉撰。

64. 《景牧自訂年譜》，吳向之撰。

65. 《續冶城疏譜》1 卷，王孝烇撰。

參考書目

本文討論的叢書、第一章第二節所列書目茲不再列。以下分專著（含論文集）、論文、期刊三種。

一、專　著（含論文集）

（一）文獻學

1. 《經籍會通》，明胡應麟，新華書店，1999 年。
2. 《書林餘話》，葉德輝，上海書店（國民叢書），據民國 17 年上海商務印書館本影印。
3. 《目錄學研究》，汪辟疆（原名汪國垣，字辟疆），上海商務印書館，1955 年再版（1934 年初版）。
4. 《古今典籍聚散考》，陳登原，上海書店（國民叢書），據民國 25 年上海商務印書館本影印。
5. 《版本目錄學論叢》（一）（二），昌彼得，學海出版社，民國 66 年。
6. 《中國古代書史》（又名《書於竹帛》），錢存訓，香港中文大學，1981 年再版（1975 年初版）。
7. 《中國圖書版本學論文選輯》，學海出版社編輯部，學海出版社，民國 70 年。
8. 《中國文獻學》，張舜徽，木鐸，民國 72 年。
9. 《中國圖書、文獻學論集》，王秋桂、王國良編，明文書局，民國 75 年增訂版。
10. 《圖書板本學要略》，屈萬里、昌彼得合著，潘美月增訂，中國文化大學出版部，民國 75 年。
11. 《文獻學講義》，王欣夫，上海古籍出版社，1986 年（臺灣商務印書館，民國 81 年）。
12. 《中國古典文獻學》，吳楓，齊魯書社，1987 年再版（1982 年初版）。

13. 《中國圖書和圖書館史》，謝灼華等，武漢大學出版社，1987 年（天肯文化，民國 84 年）。

14. 《書林清話》，葉德輝，文史哲出版社，民國 77 年（9 年初版）。

15. 《中國書籍編纂史稿》，韓仲民，中國書籍出版社，1988 年。

16. 《中國印刷術的發明及其影響》，張秀民，文史哲出版社，民國 77 年。

17. 《清代各省禁書彙考》，雷夢辰，書目文獻出版社，1989 年。

18. 《古典文獻學》，羅孟禎，重慶出版社，1989 年。

19. 《古籍叢書概說》，劉尚恆，上海古籍出版社，1989 年。

20. 《中國禁書大觀》，安平秋、章培恒主編，上海文化出版社，1990 年。

21. 《歷代刻書考述》，李致忠，巴蜀書社，1990 年。

22. 《古典目錄學》，來新夏，北京中華書局，1991 年。

23. 《中國出版史》，宋原放、李白堅，中國書籍出版社，1991 年。

24. 《古籍叢書述論》，李春光，遼海書社，1991 年。

25. 《中國目錄學》，昌彼得、潘美月，文史哲出版社，民國 80 年再版（75 初版）。

26. 《中國古籍版本學》，曹之，武漢大學出版社，1992 年。

27. 《中國文獻學新探》，洪湛侯，台灣學生書局，民國 81 年。

28. 《古籍版本概要》，陳宏天，遼寧教育出版社，1991 年。

29. 《中國古代藏書史話》，焦樹安，臺灣商務印書館，民國 83 年。

30. 《中國古文獻學史》，孫欽善，中華書局，1994 年。

31. 《中國圖書論集》，程煥文編，北京商務印書館，1994 年。

32. 《版本學研究論文選集》，中國圖書館學會學術委員會古籍版本研究組，書目文獻出版社，1995 年。

33. 《認識古籍版刻與藏書家》，劉兆祐，臺灣書局，民國 86 年。

34. 《古籍知識手冊》，高振鐸主編，萬卷樓，民國 86 年。

35. 《福建古代刻書》，謝水順、李珽，福建人民出版社，1997 年。

36. 《鐵琴銅劍樓研究文獻集》，仲偉行、吳雍安、曾康編，上海古籍出版社，1997 年。

37. 《中國目錄學》，劉兆祐，五南圖書出版公司，民國 87 年。

38. 《中國古代藏書樓研究》，黃建國、高躍新主編，北京中華書局，1999 年。

（二）書目、提要

1. 《四庫全書總目》，清紀昀等，藝文印書館。

2. 《彙刻書目》，清顧修，清朱學勤補，廣文書局《書目叢編五編》，民國 60 年。

3. 《行素草堂目睹書錄》，清朱記榮，成文出版社《書目類編叢書類》，民國 67 年，據清光緒 11 年朱氏槐盧家塾刊本。

4. 《書目答問補正》，清張之洞著，清范希曾補正，漢京文化事業有限公司，民國73年。

5. 《續彙刻書目》，羅振玉，成文出版社《書目類編叢書類》，民國67年，據民國3年連平范氏雙魚堂刊本。

6. 《增訂叢書舉要》，楊守敬撰，李之鼎增訂，湖北人民出版社，湖北教育出版社，1997年。

7. 《彙刻書目初編》，周毓邠，成文出版社《書目類編叢書類》，民國67年，據民國8年上海千頃堂書局石印本。

8. 《彙刻書目二編》，周毓邠，成文出版社《書目類編叢書類》，民國67年，據民國8年上海千頃堂書局石印本。

9. 《書目長編》，邵瑞彭，成文出版社《書目類編叢書類》，民國67年，據民國17年排印本。

10. 《叢書書目彙編》，沈乾一，成文出版社《書目類編叢書類》，民國67年，據民國十七年上海醫學書局排印本。

11. 《叢書書目拾遺》，孫殿起，出版資料不詳。

12. 《續修四庫全書提要》，臺灣商務印書館，民國60年。

13. 《中國善本提要》，王重民，上海古籍出版社，1983年。

14. 《叢書集成初編目錄》（含提要），北京中華書局，1983年。

15. 《叢書集成新編提要、總目、書名及作者索引》，新文豐出版公司編輯部，新文豐出版公司，民國75年。

16. 《叢書集成續編提要、總目、書名及作者索引》，新文豐出版公司編輯部，新文豐出版公司，民國80年。

17. 《叢書集成三編提要、總目、書名及作者索引》，新文豐出版公司編輯部，新文豐出版公司，民國88年。

（三）社會思想、文化史

1. 《中國保甲制度》，聞鈞天，上海書店《國民叢書》，據民國24年上海商務印書館本。

2. 《明代思想史》，容肇祖，上海書店《國民叢書》，據開明書店1941年刊本。

3. 《里甲制度考略》，江士傑，上海書店《國民叢書》，據民國33年上海商務印書館本。

4. 《清代思想史綱》，譚丕謨，上海書店《國民叢書》，據開明書店1947年刊本。

5. 《近代學風之地理的分布》，梁啓超，臺灣中華書局，民國45年。

6. 《明清筆記談叢》，謝國楨，北京中華書局，1960年。

7. 《中國會館史論》，何炳棣，台灣學生書局，民國55年。

8. 《宋明清理學體系論史》，黃公偉，幼獅書店，民國60年。

9. 《中國文化地理》，陳正祥，木鐸，民國 73 年。

10. 《浩瀚的學海》，林慶彰主編，聯經《中國文化新論・學術篇》，民國 70 年。

11. 《吾土與吾民》，杜正勝主編，聯經《中國文化新論・社會編》，民國 71 年。

12. 《中國經濟制度史論》，趙岡、陳鍾毅，聯經，民國 75 年。

13. 《中國近三百年學術史》，梁啓超，臺灣中華書局，民國 76 年。

14. 《清代宗族法研究》，朱勇，湖南教育出版社，1987 年。

15. 《歷代職官沿革史》，陳茂同，華東師範大學出版社，1988 年。

16. 《中國人口遷移史稿》，石方，黑龍江人民出版社，1990 年。

17. 《浙江文化史》，滕復等人，浙江人民出版社，1992 年。

18. 《中國家族制度史》，徐揚杰，人民出版社，1992 年。

19. 《中國科舉考試制度》，張希清著，吳宗國審定，新華出版社《神州文化集成》，1993 年。

20. 《明代經學研究論集》，林慶彰，文史哲出版社，民國 83 年。

21. 《中國的年譜與家譜》，來新夏，臺灣商務印書館，民國 83 年。

22. 《中國書院史》，李國鈞主編，湖南教育出版社，1994 年。

23. 《中國近三百年學術史》，錢穆，臺灣商務印書館，民國 84 年。

24. 《明清徽商與淮揚社會變遷》，王振忠，生活、讀書、新知三聯書店，1996 年。

25. 《中國書院制度研究》，陳谷嘉、鄧洪波主編，浙江教育出版社，1997 年。

（四）中國歷史地理

1. 《中國歷代地方行政區劃》，楊予六，中華文化出版事業委員會，民國 46 年。

2. 《清代通史》，蕭一山，臺灣商務印書館，民國 52 年。

3. 《清史紀事本末》，黃鴻壽，三民書局，民國 62 年。

4. 《中國現代史》，張玉法，東華書局，民國 77 年。

5. 《清代政區沿革綜表》，牛平漢主編，中國地圖出版社，1990 年。

6. 《中華民國史地理志（初稿)》，國史館，國史館，民國 79 年。

7. 《中華民國行政區劃與目前大陸地區行政區劃對照研究報告》，臺灣師範大學地理系，民國 82 年。

8. 《清代全史》，李洵等主編，遼寧人民出版社，1995 年。

（五）方 志

1. 《中國方志叢書》，成文出版社。

2. 《中國地方志論集（1911～1949)》，吉林省圖書館學會，吉林省地方志編纂委員會，吉林省圖書館學會，1985 年。

3. 《中國地方志論集（1950～1983)》，吉林省圖書館學會，吉林省地方志編纂委員會，吉林省圖書館學會，1985 年。

4. 《方志學基礎》，王复（復）興，山東大學出版社，1987 年。

5. 《方志學》，黃葦等著，復旦大學出版社，1993 年。

（六）傳　記

1. 《清史列傳》，中華書局，台灣中華書局，民國 53 年。

2. 《中國藏書家考略》，楊立誠、金步瀛，文海出版社，民國 60 年。

3. 《民國人物小傳》，劉紹唐主編，傳記文學雜誌社編輯，傳記文學出版社，民國 64 年。

4. 《近代藏書三十家》，蘇精，傳記文學雜誌社，民國 72 年。

（七）筆記、文集

1. 《蛾術編》，清王鳴盛，揚州市：江蘇廣陵古籍刻印社，1992 年。

2. 《陶廬雜錄》，清法式善，北京中華書局，1959 年。

3. 《霞外攟屑》，清平步青，上海古籍出版社，1982 年。

4. 《藝風堂文集》，繆荃孫，文海出版社，民國 62 年。

5. 《藝風堂文續集》，繆荃孫，文海出版社，民國 62 年。

二、論　文

1. 《清代禁燬書目研究》，吳哲夫，嘉新水泥公司文化基金會，民國 58 年。

2. 《鐵琴銅樓藏書研究》，藍文欽，臺大圖書館學研究所碩士論文，民國 73 年。

3. 《晚清藏書家繆荃孫研究》，張碧惠，臺大圖書館學研究所碩士論文，民國 74 年。

4. 《清代藏書家張金吾研究》，王珠美，臺大圖書館學研究所碩士論文，民國 77 年。

5. 《清丁丙及其善本書室藏書志研究》，沈新民，文化大學史學研究所碩士論文，民國 77 年。

6. 《鮑廷博知不足齋叢書之研究》，蔡斐雯，臺大圖書館學研究所碩士論文，民國 83 年。

7. 《黎庶昌、楊守敬古逸叢書研究》，連一峰，文化大學史學研究所碩士論文，民國 86 年。

三、期　刊

期刊資料大多篇幅短小，僅列重要或文中引用（打星號）者。

1. *〈處州叢書序目〉，端木彧，《浙江省立圖書館館刊》，1933 年 12 月，第 2 卷第 6 期。

2. *〈刊《仙居叢書》緣起及目錄〉，陳訓慈等，《浙江省立圖書館館刊》，1934 年 12 月，第 3 卷第 6 期。

3. *〈晚近浙江文獻述概〉，陳訓慈，《文瀾學報》，1935 年，第 1 卷。

4. *〈安徽文獻述略〉，吳景賢，《學風》，1935 年，第 5 卷第 1 期（1～11 頁）。

5. *〈《永嘉叢書》覽要表並引〉，孫延釗，《浙江省立圖書館館刊》，1935 年 12 月，第 4 卷第 6 期。

6. *〈甌風社記〉，劉紹寬，《浙江省立圖書館館刊》，1935 年 6 月，第 4 卷第 3 期。

7. *〈叢書概述〉，施廷鏞，（北京）《圖書館》，1963 年第 1 期（45～49 頁）。

8. *〈陶福履校刊《豫章叢書》緣起、內容及版本特點〉，王咨臣，《江西大學學報（社會科學版）》，1980 年第 1 期（73～79 頁）。

9. 〈中國的叢書〉（上）（下），章永源，《百科知識》，1982 年第 4 期（31～33 頁）、第 5 期（37～39 頁）。

10. 〈簡述十七種清代自著叢書的淵源流變〉，陽海清，《圖書館》（原名湘圖通訊），1983 年第 4 期（6～9 頁）

11. 〈所見最早的叢書目錄《二酉洞》〉，鮑國強，《文獻》，1986 年第 2 期（284～286 頁）。

12. *〈《遼海叢書》述略〉，劉發，《古籍整理出版情況簡報》，1986 年第 6 期（15～21 頁）。

13. *〈《畿輔叢書》簡介〉，李希泌，《古籍整理出版情況簡報》190 期，1988 年（20～21 頁）。

14. *〈金毓黻與《遼海叢書》〉，羅繼祖，《遼海文物學刊》，1988 年第 1 期（1～3 頁）。

15. 〈《四明叢書》考評〉，丁良敏，《圖書館研究與工作》，1991 年第 2、3 期合刊（101～103 頁）。

16. 〈張壽鏞及其《四明叢書》〉，瞿嘉福，《東南文化》，1992 年第 1 期（242～251 頁）。

17. 〈清代廣東所刻叢書〉，李緒柏，《中山大學學報（社會科學版）》，1992 年第 3 期（83～90 頁）。

18. 〈《中國叢書綜錄》訂誤〉，沈治宏，《圖書館員》，1992 年第 3 至 6 期，1993 年第 1 至 4 期。

19. 〈安徽叢書編審會與《安徽叢書》〉，徐學林，《出版史料》，1992 年第 1 期（118～119 頁）。

20. 〈清代學術流變與叢書彙刻之關係〉，王武子、曹海東，《圖書館論壇》，1993 年第 3 期（94～95 頁）。

21. *〈《中國叢書綜錄》訂補（三）輯佚、郡邑、宋至明獨撰部分〉，李清銳，《國立中央圖書館館刊》新 28 卷第 1 期，1995 年 6 月（189～212 頁）。

22. *〈《中國叢書綜錄》訂誤〉，張宗茹，《山東師範大學報（社會科學版）》，1995 年第 5 期（99～100 頁）。

23. *〈古籍叢書目糾誤錄〉，曹祖培，《河南圖書館學刊》，1996 年 9 月，第 16 卷第 3 期（26～28 頁）。

24. 〈江西先賢著作的珍貴匯編——介紹兩部《豫章叢書》〉，胡迎建，《文史知識》，1998 年第 1 期（100～103 頁）。

25. 〈論「叢書」〉，劉兆祐，《應用語文學報》，民國 88 年 6 月。